ANTONIA MERZ

EIN PAAR,
EIN TANDEM
UND 15.000 KM
NACH
INDONESIEN

Buch

Antonia und Daniel kündigen ihre Jobs, um bei alten Freunden in Indonesien eine Pizza zu essen – ohne dafür zu fliegen. Auf dem Tandem reisen sie über den Balkan, die Türkei, Georgien, Aserbaidschan, den Iran, fast alle Stan-Länder, China und Südostasien. Was sie erwartet? Eine Welt, die sich ihnen öffnet. Mit all ihren Reizen, ihren Wundern und Begegnungen. Und all ihren Härten, Ungerechtigkeiten und Strapazen.

Was macht es mit zwei Menschen, die glauben, einander zu lieben, stundenlang denselben Rhythmus zu treten? Und dabei so exponiert zu sein, wie nur möglich. Auf einem Tandem, für jeden sicht- und berührbar, nie für sich allein. Antonia nimmt uns mit auf die Reise. In ihrem eigenen Kopf. Wir dürfen teilhaben – an den widersprüchlichen Gefühlen, den Herausforderungen, aber vor allem an all dem Glück, das uns berührt.

Autorin

Antonia Merz, geboren 1985, hat die Welt bereist – auch mit dem Flugzeug –, bis ihr Studium der Nachhaltigkeit und die Arbeit in einer NGO sie unter anderem das Fliegen aufgeben hat lassen. Reisen finden jetzt per Tandem oder Zug statt, meist von Basel in der Schweiz aus, wo sie lebt und arbeitet. Antonia bloggt auf wanderwonder.de.

ANTONIA MERZ

EIN PAAR, EIN TANDEM UND 15.000 KM NACH INDONESIEN

Was wir auf unserer Reise durch 22 Länder über uns und die Welt erfahren haben

GOLDMANN

Alle Ratschläge in diesem Buch wurden vom Autor und vom Verlag
sorgfältig erwogen und geprüft. Eine Garantie kann dennoch nicht
übernommen werden. Eine Haftung des Autors beziehungsweise
des Verlags und seiner Beauftragten für Personen-, Sach- und
Vermögensschäden ist daher ausgeschlossen.

Wir haben uns bemüht, alle Rechteinhaber ausfindig zu machen,
verlagsüblich zu nennen und zu honorieren. Sollte uns dies im
Einzelfall aufgrund der schlechten Quellenlage bedauerlicherweise
einmal nicht möglich gewesen sein, werden wir begründete
Ansprüche selbstverständlich erfüllen.

Sollte diese Publikation Links auf Webseiten Dritter enthalten,
so übernehmen wir für deren Inhalte keine Haftung,
da wir uns diese nicht zu eigen machen, sondern lediglich auf
deren Stand zum Zeitpunkt der Erstveröffentlichung verweisen.

Penguin Random House Verlagsgruppe FSC® N001967

1. Auflage
Originalausgabe März 2023
Copyright © 2023: Wilhelm Goldmann Verlag, München,
in der Penguin Random House Verlagsgruppe GmbH,
Neumarkter Str. 28, 81673 München
Umschlag: Uno Werbeagentur, München
Umschlagmotiv: Antonia und Daniel auf dem Tandem: © Alfian Riyadi
Alle weiteren Bilder © Antonia Merz
Redaktion: Nina Schnackenbeck
Satz: Uhl + Massopust, Aalen
Druck und Bindung: CPI books GmbH, Leck
Printed in the EU
GS · IH
ISBN 978-3-442-17963-3

www.goldmann-verlag.de

INHALT

1 Good Night, Baby 11

2 Europa im Zeitraffer 20

3 Vor dem Aus 31

4 Leidenschaft 39

5 Geerdet 46

6 Ganz nah dran 54

7 Inspiration 59

8 (Über-)Leben in der Islamischen Republik 69

9 Eine Frage der Eh(r)e? 77

10 Von der Anstrengung, eine Frau zu sein 83

11 Was nicht dem Koran entspricht, gibt es nicht 92

12 Süße Unbefangenheit 95

13 Zettelwirtschaft 103

14 Bis hierhin und nicht weiter 106

15 Wer hat hier die Hosen an? 113

16 Liebe 118

17 Grenze und Grazie 124

18 Wille 133

19 Menschlichkeit 143

20 Servus, schon satt? 152

21 Es werde Licht 162

22 Bröckelnder Pamir 170

23 Reifezeit 178

24 (Keine) Goldige(n) Zeiten 186

25 Freundschaft 192

26 Einfaches Glück 199

27 Geborgenheit 203

28 Die Pferde im Dorf lassen 208

29 Starke Frau, weites Land 214

30 Satt 219

31 Verwöhnprogramm und Vorurteile 225

32 Hanmonie? 228

33 Trennung auf Zeit 234

34 Tagträume 239

35 Heimwe(h)g 244

36 Das Leben dahinter 249

37 Der innere Welpe 256

38 Trostlosigkeit 259

39 Mein eigenes Bett 265

40 In der Schweiz Asiens 272

41 Ohne Tandem? 275

42 Knietief in der Scheiße 279

43 Finito 290

44 Angekommen? 295

45 Leere 299

46 Heimat 308

47 Was bleibt? 311

48 Epilog 314

Danke, Daniel.

1 GOOD NIGHT, BABY

Ich schlage die Augen auf und blicke in totale Dunkelheit. Ich bekomme kaum Luft. Es ist heiß. Ich spüre die feuchten Stellen auf meinem Rücken. Ein Geräusch lässt mich erstarren. Ich kann nicht sagen, was es ist, und lausche angestrengt. Vielleicht kommt es wieder.

Erst jetzt nehme ich die anderen Geräusche wahr. Als wäre ich aus der Stille des Wassers aufgetaucht. Mit einem Schlag sind alle meine Sinne hellwach. Meine Augen starren weit aufgerissen in tiefe Dunkelheit. Daniel atmet gleichmäßig neben mir. Der Schlafsack, der an mir klebt, raschelt bei der kleinsten Bewegung. Ich versuche, meine schnelle Atmung in den Griff zu bekommen. Mich überkommt die Ahnung, dass etwas nicht in Ordnung ist. Mein frisch erwachtes Selbst ist in Alarmbereitschaft und lauscht – da ist es wieder! Ein glucksender, röhrender Laut, der durch die verwundbare Zeltwand dringt. Zu groß für einen Frosch, zu tierisch für einen Menschen, zu grotesk für ein gesundes Tier. Ein Hirsch würde nicht auf sich aufmerksam machen, sondern still hoffen, dass das seltsame rote Ding, das aussieht wie ein großer Stein und so komisch riecht, ihn noch nicht entdeckt hat. Also muss es ein Raubtier sein. Etwas, das scharfe Zähne hat. Ich denke an den Hirten in Georgien, der uns von den Bären erzählt hat. Aber in einem anderen Tal. Wir sind erst heute nach Aserbaidschan eingereist und direkt in diese abgelegene Gegend gefahren. Wir konnten noch mit niemandem über wilde Tiere reden. Ob sich Bären hier auch wohlfühlen?

Wir sind mitten im Nichts und schutzlos. Seit acht Uhr abends ist kein Auto mehr auf der nahen Schotterpiste gefahren, ich kenne keine Notrufnummer, und die nächsten Nachbarn wohnen sicher zwei Kilometer entfernt. Ich zwinge mich wieder, meine Atmung zu kontrollieren, ziehe meinen Arm aus dem Schlafsack und stupse Daniel an. Der ist sofort hellwach und setzt sich auf. Da ist es wieder.

»Was ist das?«

»Keine Ahnung.«

Ist es nur eines oder sind es mehrere? Ich verfluche die Tatsache, dass uns gerade heute das Pfefferspray verloren gegangen ist.

Wieder ein Röhren. Ich setze mich ebenfalls auf und wir besprechen flüsternd, was wir tun sollen. Das Messer ist in der gelben Tasche und die ist am Tandem, unerreichbar für uns. Daniel hat einen großen Ast zwischen Innen- und Außenplane des Zelts bereitgelegt. Für den Fall, dass das Rudel Straßenhunde, das uns am Tag begegnet ist, nachts auf die Idee kommen sollte, uns einen Besuch abzustatten.

»Ich geh raus.« Ich stelle mir vor, wie er die Außenplane des Zelts öffnet und ein vor Tollwut schäumender Straßenköter ihn anfletscht. Wenn es mehrere sind, haben wir schlechte Karten. Daniel setzt die Stirnlampe auf, knipst sie an und öffnet langsam den Reißverschluss des Zelts, während er den Holzknüppel umfasst.

Ein kühler Schwall Luft lässt mich erschaudern. Sein Rücken versperrt mir die Sicht nach draußen, aber direkt vor dem Zelt scheint das Vieh nicht zu sitzen. Ich kauere hellwach und ange-spannt hinter ihm.

»Und? Und?« Mein ganzer Körper ist im Fluchtmodus. Gänse-haut überzieht die feuchten Stellen und jeder meiner Muskeln ist angespannt. Daniel zwängt sich aus dem Zelt und richtet sich auf. Ich schiebe meinen Kopf vorsichtig durch die frei gewordene Öffnung. Daniel leuchtet in die Richtung, aus der das Geräusch gekommen ist. Wir blicken in zwei reflektierende Augen, unge-fähr sechs Meter vom Zelt entfernt! Einen Moment verharren wir still. Dann schlägt Daniel mit dem Stock hart auf den Boden. Das Etwas macht sich davon.

»Was war das?« Ungefähr so groß wie ein großer Fuchs oder ein kleines Reh. Und definitiv etwas mit scharfen Zähnen.

Ein Gefühl von großer Zuneigung für Daniel überkommt mich und die Anspannung löst sich teilweise. Ich schäle mich aus mei-nem viel zu warmen Hochtourenschlafsack und sauge die kühle Nachtluft, die weiter durch die offene Zelttür hereindringt, ein. Wir legen uns wieder hin und versuchen, die Anspannung abzu-schütteln. Es wird eine unruhige Nacht.

* * *

Als ich das nächste Mal die Augen aufschlage, blicke ich in die golden erhellte Kuppel des Zelts. Die Nacht ist überstanden. Ich muss grinsen. Denn die Geschichte ist so alt wie die Menschheit: Dunkelheit ist uns unheimlich und lässt so manches größer er-scheinen als es ist. Die totale Dunkelheit ist ungewohnt, man muss sich mehr auf seine anderen Sinne verlassen. Nachts (in einem Zelt) kommt einem jedes Geräusch lauter vor. Man hat Angst. Angst, verletzt oder gar getötet zu werden. Es ist ein ungewohntes

Gefühl für uns behütete Mitteleuropäer, die wir sonst in unseren massiven Häusern und weichen Betten nächtigen. Meist umgeben von Nachbarn und einem Telefonanschluss in der Nähe, mit dem man leicht Hilfe holen kann. Nie fällt es mir leichter, realistische Worst-Case-Szenarien zu entwickeln, als nachts, in völliger Dunkelheit in einem Zelt, nur durch eine dünne Nylonschicht getrennt von dem Draußen. Die Angst grätscht sofort in meine rationalen Überlegungen. Diese Angst ist eigentlich unser Freund. Sie soll uns schützen, sie warnt und weckt uns, wenn etwas nicht planmäßig verläuft, und gibt uns die Kraft, körperlich über uns hinauszuwachsen, wenn es nötig ist.

Ich muss an die letzte Nacht denken, die ich vor mehr als drei Monaten in meinem eigenen Bett verbracht habe. Die war auch etwas unruhig. Aber anders.

* * *

Ich höre Daniel neben mir tief und gleichmäßig atmen. Meine Sinne sind hellwach. Ich bleibe still liegen und versuche die Zeit auszudehnen. Dies sind die letzten Stunden, die ich in dieser Wohnung verbringen werde. Zumindest für die nächsten Monate.

Ein Jahr davor. Wir sitzen an einem Sonntagmorgen beim gemütlichen Frühstück nebenan im Wohnzimmer, als Daniel zum wiederholten Mal das Thema »Nach Indonesien fliegen« auf den Tisch bringt.

»Ich will den Ort sehen, an dem du ein Jahr lang gelebt hast.« Das war, bevor wir uns kennengelernt haben und bevor ich beschlossen habe, keine Langstreckenflüge mehr zu buchen. So wie ich mir andere kleine und größere Aufgaben stelle, um herauszufinden, ob es wirklich so schwer ist, einen für Mutter Erde verträglichen Lebensstil zu führen. Das Ganze ist ein Prozess, der bis zu diesem Zeitpunkt ungefähr bereits sieben Jahre andauert. Ich arbeite für eine Umweltschutzorganisation und das Wissen, das ich über den Zustand unserer Erde angesammelt habe, lässt mir keine andere Wahl: Fliegen fällt aus. Daniel kennt das Spiel schon. Schließlich haben wir die letzten sechs Jahre miteinander verbracht. Na ja, mehr oder minder. Zuerst war ich nämlich noch in Hamburg und habe Praktika und meinen Nachhaltigkeits-Master gemacht, während er seinen Master in Informatik abgeschlossen und den ersten Job begonnen hat. Erst drei Jahre später sind wir dann zusammen in diese Wohnung gezogen und konnten ausprobieren, ob wir uns auch noch lieben, wenn wir am selben Ort leben.

Hat ganz gut funktioniert. Trotzdem lässt Daniel die Idee, nach Indonesien zu reisen, nicht los. An diesem Morgen ist er irgendwie hartnäckiger.

»Dann lass uns hinlaufen, wenn du nicht fliegen willst.« Ich stelle mir kurz vor, einen riesigen Rucksack durch die Welt zu schleppen, und spüre es in meinem unteren Rücken ziepen.

»In den Bergen wandern – mega! Aber durch die Welt pilgern zu Fuß? Nein, danke.« Wir lachen über die Idee, werden aber still, als uns der naheliegende Gedanke kommt, den Daniel zuerst ausspricht:

»Radeln?« Daniel ist begeisterter Radsportler, mit Team, Trikot, Wettkämpfen und rasierten Waden. Und ich finde es auch ganz nett, mir den Fahrtwind bei einer leicht abschussigen Fahrt ins Gesicht wehen zu lassen. Aber …

»… dann muss es ein Tandem sein! Ich schnaufe dir doch nicht hinterher, während du locker flockig über die Berge ziehst!« Ich will nicht immer das Gefühl haben, dass er auf mich warten muss. Auch wenn Daniel mir das nie vorwerfen würde.

Daniel fährt so routiniert Rad wie er atmet. Ich hingegen bin schon am Rande des Wahnsinns, wenn wir zusammen Rennrad fahren und ich gleichzeitig lenken und daran denken muss, die Schuhe aus den Pedalen auszuklicken, wenn ich anhalte.

Wir nehmen betreten einen Schluck aus unseren Kaffeetassen und blicken uns fragend an.

»Echt jetzt?« Ich denke darüber nach, was wir uns in Konstanz alles aufgebaut haben, all die Beziehungen zu lieben Menschen, die engen Kontakte. Ich denke an meinen Job bei *Filme für die Erde* in der Schweiz, den ich liebe, und an das Team. So was ist nicht leicht zu finden. Und ich denke an meine Mami. Die mich schon wieder für ein Jahr gehen lassen müsste. Aber na ja, wir haben das schon zweimal geübt. Einmal direkt nach dem Abi, als ich meine Koffer für acht Monate Brasilien packte, und eben für Indonesien.

»Echt jetzt!« Wir stoßen mit unseren Kaffeetassen an und versprechen einander, dass wir das machen werden.

»Dann schau ich gleich mal, wie eine mögliche Route aussehen könnte.«

»Lass uns Nana und Matze besuchen. Wir brauchen eh viele Kohlenhydrate nach so einem Ritt und die machen die beste Pizza in Yogyakarta.« Matze kenne ich vom Indonesischstudium, mittlerweile ist er als ausgebildeter Koch in die Pizzeria seiner indonesischen Frau Nana eingestiegen.

Ich hebe den Zeigefinger, um die wichtigste Bedingung noch einmal zu unterstreichen:

»Und es wird nicht geflogen! Nicht zwischendrin und nicht auf dem Rückweg!« Daniel nickt ergeben.

Stunden später präsentiert er mir eine mögliche Route:

»Über den Balkan in die Türkei, von dort durch den Iran und ein paar der Stan-Länder, über China, Myanmar, Thailand, Malaysia und Singapur bis nach Indonesien, was meinst du?« Mir gefällt die blaue Linie, dich sich um die halbe Weltkarte spannt.

»Wie viele Kilometer sind das?«

»Ungefähr 15 000. Aber du weißt, wie das läuft. Hier sind viele Straßen mit eingeplant, die wir am Ende nicht fahren können oder wollen. Deswegen können das auch locker 20 000 Kilometer werden.« Ich schaue ihn erschrocken an.

»Ach, das ist ungefähr das, was ich im Jahr mit dem Rennrad fahre.« Daniel radelt im Schnitt drei Stunden pro Tag, überschlage ich. Das kann ich auch – wenn ich den ganzen Tag Zeit habe.

»Mmmh, klingt machbar. Und was ist mit dem Winter? Kommen wir um den rum?« Ich denke an diverse schlaflose Nächte in den eiskalten Bergen und mein Frostbeulenalarm schlägt sofort an.

»Hab ich natürlich dran gedacht. Ich denke, wenn wir im April losfahren, könnten wir den Herbst in Zentralasien erwischen und müssten auch auf dem ersten Drittel unserer Reise nicht so sehr frieren.« Klingt gut in meinen Ohren.

»Also kündigen wir spätestens zum Jahresende unsere Jobs. Die Wohnung? Zwischenmiete?« Daniel nickt.

In den nächsten Tagen beginnen wir unseren Freunden und Familien von unserem verwegenen Plan zu erzählen. Irgendwie merken sie gleich, dass es uns ernst ist, und während wir uns selbst immer wieder zuhören, kommt uns die Idee tatsächlich immer weniger abwegig vor. Wir klären mehr und mehr Details. Die Liste der Fragen zur Ausrüstung ist lang. Auf einem Tandem haben wir nur so viel Platz für Gepäck wie ein einzelner Radler. Wir sind aber zu zweit, und ich bin eine Frostbeule. Also müssen wir pragmatisch entscheiden, welcher Schlafsack dick genug ist, um mich vor der Kälte zu schützen, die uns im Hochgebirge erwartet, aber nicht zu voluminös für den täglichen Transport auf dem Tandem. Auch unsere Kleidung muss auf ein Minimum beschränkt werden. Und irgendwann sehe ich endlich ein, dass ich meinen Föhn zu Hause lassen muss.

Dann wäre da noch das Bürokratische. Gilt es als triftiger Grund, mit einem Rad die halbe Welt bereisen zu wollen, um einen zweiten Reisepass beantragen zu können? Den einen werden wir brauchen, um weiterreisen zu können, während der andere bei einer Botschaft liegt und ein Visum für ein nächstes Land bekommt. Eine Auslandskrankenversicherung wollen wir auf jeden Fall, aber welche ist die beste? Für welche Länder benötigen wir ein Visum und wie lange braucht es, das zu beantragen? Unser Wohnzimmer wird zur Reisezentrale, und es gibt eine Menge To-do-Listen, die wir erstellen, pflegen und sogar abarbeiten müssen.

Irgendwann merken wir allerdings, dass man nicht alles planen kann, und dass es auch wichtig ist, die Momente *vor* der Reise bewusst zu erleben. Ich finde für mich die Metapher des Zwischendecks: das Gefühl, sich auf dem Zwischendeck zu befinden, also nicht mehr ganz im Maschinenraum des normalen Alltags, bei dem die Prioritäten klar gesteckt sind und der Fokus klar ist, aber auch noch nicht ganz auf der Sonnenterrasse, auf der Überraschungen und Abenteuer warten und die nächsten Schritte nur von *meinen* Entscheidungen abhängen. Ich habe schon bei früheren Reisen gelernt: Es kommt immer – genau – anders als man denkt. Sowieso.

Ich nehme mir also vor, im Moment und den Tag von vorn nach hinten zu leben. So kann ich allem die nötige Aufmerksamkeit schenken und verpasse nicht das, was gerade noch passiert, weil ich in Gedanken bereits einen Pass hochkeuche. Und genau ab da beginne ich tatsächlich, mich zu entspannen und dem Neuen einfach hinzugeben.

Auch jetzt, wo ich hier so in unserem Bett liege, mache ich mir bewusst: Es gibt nichts mehr zu tun. In wenigen Stunden werden wir aufstehen, unsere Radtaschen fertig packen und mit unseren Freunden die ersten 40 Kilometer der geplanten Tour anfahren. Was danach kommt, weiß niemand. Aber in der Hülle der Nacht bin ich auf einmal tief davon überzeugt, dass dies der richtige Schritt ist. Und ich bin fest entschlossen, diesen Traum Wirklichkeit werden zu lassen. Tritt für Tritt.

So entscheide ich, die Zeit weiterlaufen zu lassen und mich dem Leben anzuvertrauen, auch wenn nichts sicher ist und ich die Verletzlichkeit meines Seins gerade sehr bewusst spüre. Ich berühre Daniels Arm und spüre seine Wärme. Sie trägt mich zurück in den Schlaf. Als ich die Augen wieder öffne, beginnt unser Abenteuer.

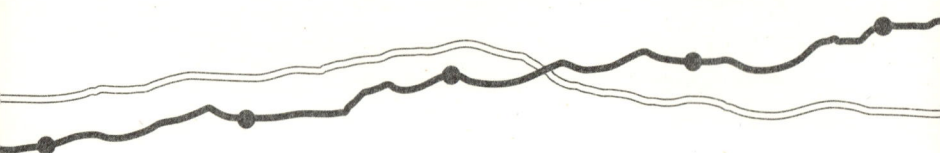

2 EUROPA IM ZEITRAFFER

IN ÖSTERREICH

Der Parkplatz eines Supermarktes irgendwo in Österreich. Wir sind bereits zwei Wochen unterwegs. Morgen ist Ostern. Wir sitzen neben dem Tandem und knabbern an einem Schokoriegel. Die beiden Radler, die neben uns geparkt haben, kommen gerade aus dem Laden. Sie sind Mitte 50 und haben unser Tandem vorher schon interessiert begutachtet, uns aber nicht angesprochen. Da fasst sich der Mann ein Herz und spricht uns an.

»Servus, wo soll's denn hingehen?«

»Nach Indonesien.« Das will er genauer wissen. Wir zeigen ihm die geplante Route auf unserer in der Lenkertasche verstauten Weltkarte.

»Und wie läuft das mit der Navigation?«

»Halt immer gen Osten.« Er nickt beeindruckt. Er hätte uns auch einfach einen Vogel zeigen können.

»Von Deutschland nach Indonesien mit dem Rad? Das weiß doch keiner, ob das funktioniert.«

»Stimmt, aber wir werden es versuchen.«

IN SERBIEN

Mieses Regenwetter. So schlechtes Wetter hatten wir seit Beginn unserer Reise vor drei Wochen noch nie. Nicht in Slowenien, nicht in Kroatien, aber hier in Serbien erwischt uns der April. Voll.

Wir freuen uns bereits den ganzen Tag auf eine warme Stube und darauf, unsere Regenjackenkapuzen endlich abnehmen zu können. Meine Ohren fühlen sich darunter an wie eingesperrt. Das führt wiederum dazu, dass sie denken, wir seien drinnen, während meine Augen und mein Gesicht meinem Hirn jedoch melden, dass wir draußen sind. Weil nämlich der kalte Regen direkt in mein Gesicht klatscht. Das ist verwirrend, um nicht zu sagen nervtötend. Trotzdem hat es irgendwie etwas Heimeliges, die endlosen Alleen im Regen entlangzufahren. Die noch brachliegenden Felder, die Kuhlen, in denen sich Pfützen bilden, der raue Wind. Man spürt, dass man lebt.

Wir erreichen eine Kleinstadt und halten direkt auf ein Hotel zu. Es erinnert mich an eines der Gasthäuser im Schwarzwald, die in den 70ern höllisch chic waren und jetzt trist vor sich hingammeln. Der Putz blättert überall ab, manche Fenster sind zugenagelt, und in den anderen verhindern dicke, weiße Rüschenvorhänge den Blick nach innen. Ich steige trotzdem vom Rad und versuche, die Türklinke nach unten zu drücken. Ich erschrecke ein wenig, als die Tür tatsächlich nachgibt. Ich rufe zweimal »Haloooooo?« in den dunklen Flur dahinter, dann verlässt mich der Mut und ich trete den Rückzug an. Daniel googelt nach der Touristeninfo und tatsächlich – im Stadtzentrum soll es eine geben. Der Platz erinnert mich ebenfalls an den Schwarzwald. Denn dort habe ich das letzte Mal eine so hässliche 70er-Jahre-Plattenbauwüste gesehen. Und bei Regenwetter sieht das Ganze noch trostloser aus.

Die drei Damen der Touristeninfo sind sichtlich schockiert,

als wir ihr heimelig warmes Büro betreten. Unsere Schuhe hinterlassen kleine Dreckpfützen auf dem Boden und von unseren Jacken tropft der Regen. Eine der Damen kann tatsächlich Englisch, und sie empfiehlt uns nicht nur ein günstiges Hotel, sondern auch noch ein Restaurant und ein Café. Mit so vielen Vergnügungsmöglichkeiten mitten auf dem Land haben wir gar nicht gerechnet. So starten wir positiv überrascht unsere Runde durch die Etablissements und sind hocherfreut: Das Hotel ist frisch renoviert und blitzsauber. Trotzdem murrt der Besitzer kein bisschen wegen der Dreckspur, die wir hinter uns herziehen. Das Café ist der Place to be, und wir schlürfen Kaffee, während draußen der Regen gegen die Fensterscheiben prasselt. Es ist ein wohliges Gefühl, inmitten der Einheimischen einen Nachmittag im Café zu verbringen und sich wie im Urlaub zu fühlen. Abends suchen wir das Restaurant, und ich ernte nichts als ein ungläubiges Kopfschütteln, als ich einen Passanten danach frage. Er deutet auf die kyrillischen Schriftzeichen direkt über uns.

»Du stehst direkt davor, Mädchen, kannst du nicht lesen?«, scheint er sagen zu wollen. Ne, kann ich tatsächlich nicht. Für mich sieht diese Schrift aus, als seien alle Buchstaben verdreht. Irgendwie bin ich sogar ein bisschen bockig, weil ich mir denke: *Wie soll ich das denn lesen können?*

Drinnen erwartet uns ein uriges Ambiente mit Holzvertäfelung, weißen Tischdecken und einem Kellner mit Fliege. Auf allen anderen Tischen türmen sich die Fleischberge, und ich staune, wie viel Tier in einen Menschen passt. Zwischendurch wird immer mal wieder am Sliwowitz genippt und es sieht einfach herrlich gemütlich aus. Die Platte, die vor uns beiden steht – die heiße Platte mit Gemüse –, ist im Gegensatz dazu reichlich mickrig bestückt, und ich fühle mich ein wenig geizig. Dabei essen wir Gemüse, weil es uns schmeckt und uns zufrieden macht, und nicht, weil wir uns das Fleisch nicht leisten können. Immer wenn ich selbst wählen kann, nehme ich eben lieber die vegetarische Alternative, um die Ressourcen unseres Planeten nicht noch weiter überzustrapazieren. Ich binde das nicht jedem auf die Nase, ich esse einfach so, und wenn es jemanden interessiert, dann erkläre ich es. Eine lange Geschichte, die ich an diesem Abend sicherlich nicht mehr loswerde, und so lehne ich mich zurück und genieße das dämmrige Licht, die von Essensdüften geschwängerte Luft und meinen kugelrunden Bauch. Echtes Ferienfeeling in Serbien.

IN BULGARIEN

Ich sitze auf einer kleinen Lichtung in der Hocke und mache Pipi. Da bemerke ich etwas aus dem Augenwinkel. Im nächsten Moment klatscht etwas Weiches, Feuchtes gegen mein Knie. Ich springe erschrocken auf und schaue auf eine Kröte, die vor mir im Gras liegt. Ich kann nur ihren Bauch sehen und für einen Moment frage ich mich, ob sie tot ist. Dann kommt langsam wieder Leben in sie. Sie war nur starr vor Schreck. Genau wie ich. Ich ziehe meine Hose hoch. Nie ist man allein.

* * *

Ich liege im Brombeerstrauch, meine linke Pobacke schmerzt ziemlich. Gerade sind wir noch über einen Feldweg geholpert. Im nächsten Moment finde ich mich hier wieder. Daniel steht über mir mit Entsetzen in den Augen.

»Alles okay?«

»Ich glaub schon.«

Ich sehe an mir herunter, und er hebt das Tandem von meinem linken Bein. Dann wirft er es auf die Seite und flucht wie wild. Ich befreie mich vorsichtig aus den Dornen und schwanke zwischen Schmerz, Wut und Mitgefühl für Daniel.

»Es tut mir leid. Ich hab's versaut! Wir sind gecrashed.« Ich muss unwillkürlich grinsen und erinnere mich an die Anfänge unserer Tandemkarriere. Wie Daniel aufgrund seiner Rennraderfahrung eine viel höhere Trittfrequenz als ich vorlegte, und wie wir üben mussten, uns irgendwo zwischen Wie-wild-Kurbeln (meine Sicht) und Durch-die-Gegend-Eiern (seine Sicht) einzuschwingen. Oder wie ich an jeder Kreuzung einen mittleren Herzkasper erlitt, weil Daniel »schnittig« auf diese zuhielt und bereits über die Kreuzung drüber war, während ich einem entsetzten Autofahrer in die Augen sah, weil ich auf dem hinteren Teil des Tandems immer noch *auf* der Kreuzung »stand«. Oder wie er dank seiner jahrelangen Übung locker zwischen zwei Pfosten hindurchmanövrierte oder auf dem Randstein balancierte, während ich uns schon dabei sah, wie wir mit unseren riesigen Satteltaschen zwischen den Pfosten stecken bleiben und nach vorn absteigen würden, und wie dabei mein Knie auf der Straße zerschellen oder wir vom Randstein kippen würden. Oder wie wir uns selbst beibringen mussten, beim Anfahren nicht zweimal mit dem auf dem Boden stehenden Fuß anzuschubsen, sondern gleichzeitig den eingeklickten Fuß nach unten zu drücken und mit diesem Schwung direkt aufzusteigen. Und natürlich musste ich auch einen Teil meines emanzipierten Mitbestimmungsrechts überdenken und dieses dem Team unterordnen.

Es hat uns ein paar Diskussionen, das Abgleichen von Wahrnehmungen und viel Vertrauen gekostet, um unsere Bewegungen zu synchronisieren. Trotzdem stecken wir eben in zwei verschiedenen Körpern und deshalb geht nicht immer alles ohne Lernerfahrungen vonstatten.

Genau in diesem Moment erleben wir wieder eine solche, und ich entscheide über meinen inneren Tumult. Ich entscheide mich *gegen* die quengelnde Stimme, die Daniel gern die Verantwortung geben würde, und übernehme sie für mich selbst.

»Daniel, wir sind jetzt fast zwei Monate unterwegs. Wenn *ich* uns durch die Gegend lenken würde und es uns in dieser Zeit jede Woche nur *einmal* umgehauen hätte, wären wir schon mindestens achtmal auf der Fresse gelandet. Also hast du uns sieben Mal erspart.« Ich ziehe ihn zu mir her und nehme mir vor, ihm nie das Gefühl zu geben, dass er für mich verantwortlich ist, nur weil er lenkt. Ich habe selbst entschieden, hinten auf dem Tandem zu sitzen. Mit allen Konsequenzen.

* * *

Wir sind in Karabunar, einem Dorf 100 Kilometer hinter der bulgarischen Hauptstadt Sofia. Es ist von Weinreben umgeben. Der lokale Wein wird von älteren Damen an bunten Ständen in Plastikflaschen verkauft. Wir halten an einem davon an, die ältere Dame fragt: »Sofia?« Wir nicken. Dann zeigen wir ihr auf der Karte, dass wir aus Deutschland hergeradelt sind. Sie schlägt die knochigen Hände über dem Kopf zusammen und macht große Augen. Wir zeigen auf den Wein und versuchen mit Händen und Füßen zu erklären, dass wir nur einen halben Liter kaufen wollen, indem wir die Zwei-Liter-Plastikflasche in vier Teile teilen und dann bei einem den Daumen recken. Sie schaut uns verdutzt an. Dann will sie uns mit ernstem Gesicht resolut eine Zwei-Liter-Flasche Wein in die Hand drücken. Wir winken ab und kaspern uns pantomimend einen vor ihr ab. Wir sind so viel geradelt (mit den Händen kurbeln wir die imaginären Pedale vor unserer Brust), jetzt sind wir müde (Handflächen aufeinander, Wange drauf und Augen zu), wir können nicht so viel trinken (Kopf in den Nacken, die Flasche ansetzen und dann den Kopf schütteln). Sie bricht in hohes Lachen aus. Wir wissen nicht, ob aufgrund unserer Darbietung oder aufgrund der lächerlichen Weinmenge, die wir verlangen. Sie kriegt sich nicht mehr ein. Wir machen uns Sorgen um ihr Herz. Also nehmen wir die große Flasche und halten ihr den Geldbeutel hin. Sie schüttelt den Kopf. Ich schüttle auch den Kopf. Ich tue, als würde ich Trauben pflücken, sie stampfen und zu Wein machen. Ehrliche Arbeit verdient ehrliche Bezahlung, will ich damit zum Ausdruck bringen. Die alte Dame nimmt meine Hände, zieht mich zu sich herunter und küsst meine Stirn. Dabei murmelt sie wahrscheinlich einen Segen. Mein Widerstand ist gebrochen. Sie bekommt eine Umarmung statt Geld und wir radeln klingelnd von dannen. Sie hat Tränen in den Augen. Wir werden noch Tage später von dem Wein trinken und auf die alte Dame mit den runzligen Händen anstoßen.

IN GRIECHENLAND

Wir fahren nur 30 Kilometer durch das schöne Griechenland. Bei unserem Tempo sind das ohne Pausen eineinhalb Stunden. Gerade lang genug, um einen Drink in einer Dorfbar zu nehmen und eine echte griechische Grillplatte mit einem Haufen Fleisch darauf zu verschlingen – zu verführerisch weht der Grillgeruch zu uns herüber. Als wir unser Tandem vor der Bar parken, werden wir von dem älteren, ausschließlich männlichen Publikum kritisch beäugt. Wir sagen »καλή μέρα« – »Kalimera« und eilen an die Bar – wir haben ganz schön Hunger. Nach kurzer Pantomime ist klar: Es gibt hier nichts zu essen. Also bestelle ich, was meine liebste griechische Freundin bestellen würde: einen Frappé. Ein recht süßes Instantgetränk, das wohl an Eiskaffee erinnern soll. Wir liegen damit eindeutig im Trend und so langsam wagen sich die älteren Männer an uns heran. Einer wird vorgeschoben, denn er kann Deutsch.

»Wo geht's hin?«

»In die Türkei.« Wir haben es schon bis hierher geschafft und sind ein wenig stolz. Er beugt sich verschwörerisch zu uns herüber und lässt uns wissen, dass die Türken ein fürchterliches Volk seien. Seine schwarzen Augenbrauen sind dabei fest zusammengekniffen, der Ausdruck seiner dunklen Augen ernst. Wir grinsen ihn an und sagen, wir werden es herausfinden.

AN DER GRENZE VON GRIECHENLAND ZUR TÜRKEI

Vier Wochen, so schnell schafft man es also mit dem Rad von Deutschland bis in den äußersten Westen der Türkei. Als wir an der Grenze stehen, komme ich mir ein bisschen vor wie im CERN. Oder sonst einem Ort mit hochsensiblen Geheimnissen. Der Stacheldraht begrenzt die schmale Straße. Überall sind Schilder, die einem verbieten, Fotos zu machen oder anzuhalten. Als wir auf der anderen Seite ankommen, klopft man uns erst mal auf die Schulter. Gut, dass ihr da seid. Hier ist alles besser. Dabei sind wir nicht aus einem autoritären Spitzelstaat gekommen, in dem wir um unser Leben bangen mussten, sondern aus der Europäischen Union. Aus Griechenland. Die türkischen Beamten bitten uns freundlich, unsere Taschen zu öffnen, und wir erleben die erste ernsthafte Grenzkontrolle unserer Reise. Während ein Beamter unsere Taschen ein wenig lustlos inspiziert, geben wir einem anderen unsere Personalausweise. Kaum zu glauben, aber deutsche Staatsbürger dürfen hier mit Perso einreisen. Ganz im Gegensatz zu den Türken, die ein Visum für

Deutschland benötigen. Der Beamte schaut sich die Ausweise an und gibt uns zu verstehen, dass wir kurz warten sollen. Wir treten ein Stück von dem Grenzhäuschen zurück und schauen nervös zu, wie der andere Beamte immer noch in unseren Taschen herumwühlt.

»Antonia!« Mein Kopf fährt herum, als ich meinen Namen höre. Ich kann aber nicht zuordnen, woher die Stimme kam. Am ehesten aus dem Grenzhäuschen, in dem sich noch der Beamte mit unseren Ausweisen befindet. Aber der blickt ungestört auf sein Pult. Ich beschließe, mich verhört zu haben, und entspanne mich wieder.

»Daniel!« Daniel und ich schauen nun beide zum Grenzhäuschen, dann er zu mir und zuckt die Schultern. Ich jedoch drehe meinen Kopf nicht ganz zurück, sondern linse aus dem Augenwinkel immer noch halb in Richtung Kabine.

»Antonia!« Ha, jetzt habe ich sie! Die Kollegin des Ausweisprüfers hat gerade ganz klar meinen Namen gerufen. Aber ohne aufzublicken.

»Krass, die prüfen, ob wir auf unsere Namen reagieren.«

»Weil die denken, wir haben die Ausweise geklaut?«

»Möglich.« Ich fühle ein mir neues Gefühl. Zumindest an einer Grenze: Wut. Man unterstellt mir, dass ich etwas Unrechtes im Schilde führe. Mein Ego plustert sich auf. Hallo, was soll das? Dann sehe ich der Wahrheit ins Auge: Ich bin es einfach gewohnt, immer ganz problemlos durchzuflutschen. Ist das nicht so, fühle ich mich sofort ungerecht behandelt. Wie oft das wohl Menschen passiert, die keinen deutschen Pass haben?

Der Beamte im Kasten winkt uns nun zu sich und übergibt uns unsere Persos.

»Have a great journey.«

»Teşekkür.« – »Dankeschön.«

IN DER TÜRKEI

Ich schneide Tomaten. Wir sitzen auf einer Bank am Straßenrand in einem Dorf auf dem Land. Wir sind müde und dreckig und lassen uns unsere Vesper schmecken. Ich lecke meine Finger ab. Zwei alte Herren gehen vorbei. Der eine trägt ein Tweed-Jackett. Er bleibt stehen, hebt seine rechte Hand zu seinem Herzen und deutet eine kleine Verbeugung an, bei der er seinen Kopf elegant leicht schräg legt. Aus seinem Mund kommt ein leises, aber herzliches »*Hoş geldiniz!*« – »Seid willkommen.« Ich führe reflexartig ebenfalls meine rechte Hand ans Herz und bedanke mich: »Teşekkür«. Erst später lernen wir die richtige Antwort: »Hoş bulduk« – »Es freut mich, hier zu sein.« Ich bin tief gerührt von dieser Geste und muss seitdem jedesmal an diesen Herrn denken, wenn uns jemand auf diese Weise begrüßt.

* * *

Die Sonne glitzert auf dem Bosporus, im Hintergrund ragen die filigranen Türme der Blauen Moschee in den wolkenlosen blauen Himmel über Istanbul. Ich lehne mich zurück und lasse meinen Blick über die Menge schweifen. Das hier könnte auch ein Biergarten sein. So viel Grün und umhereilende Kellner. Nur stecken die nicht in Lederhosen, sondern in schwarzen Hosen und weißen Hemden. Und sie servieren keine Maß, sondern schön geschwungene Teegläschen mit heißem »Chai« – Schwarztee – darin. An den Tischen sitzen Hipster, türkische Großfamilien, verliebte Pärchen, elegante Ehepaare und genießen ihren Tee oder haben – wie wir – eine Auswahl an – wohlgemerkt, selbst mitgebrachten! – Leckereien vor sich. Ein perfekter Sonntagmorgen in Moda, dem alternativen Stadtviertel Istanbuls. Unsere neu gewonnenen Freunde Ibo, Türke, selbst begeisterter Radler, und Marion, Französin, haben uns hierhergebracht, zu einem ihrer Lieblingsplätze, nachdem wir eine Tour durch den Feinkostmarkt von Moda gemacht haben, wo wir uns unsere Schätze selbst ausgesucht haben.

Es geht hier etwas gesitteter zu als auf den Märkten, die wir bisher kennengelernt haben. Dort stapelten sich Granatäpfel, Orangen, Karotten und Tomaten zu kunstvollen Türmen auf. Das Fleisch lag offen auf der Theke und der süß säuerliche Geruch ließ mich die Luft anhalten. Es gab türkischen Frühstücksschafskäse direkt aus der Lake, Honig in der Wabe, Pyramiden aus Gewürzen, die die Verkäufer mit Schäufelchen umgraben. Knusprige Simits, eine Art Bagel mit Sesamsamen, getrocknete Tees und Kräuter von alten Frauen, die verrunzelt und eingefallen neben ihren wenigen, selbst hergestellten Produkten hockten und zu uns aufschauten. Hier in Moda gibt es für fast jedes Lebensmittel ein eigenes Geschäft und man darf alles nach Herzenslust probieren.

Ich erwache aus meinem Tagtraum aus Farben und Gerüchen, weil Ibo mir ein Stück Brot mit einer weißen Creme vor die Nase hält. »Damit schafft ihr jeden Berg!« Ich beiße herzhaft in das Brot. Der Belag ist milchig, frisch und fast ein bisschen süß.

»Das ist Kaymak.«

»Eigentlich nichts anderes als Schichtsahne, man nimmt sie hier zum Kochen oder bestreicht eben Brot damit«, ergänzt Marion schulterzuckend.

Ich als Butterfetischistin und heimliche Sahnebecher-Ausleckerin bin begeistert – und das alles mit diesem Ausblick!

3 VOR DEM AUS

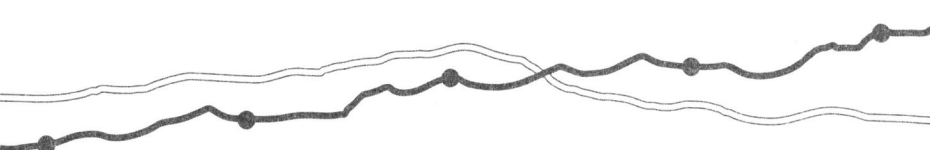

Ich versuche den Schmerz zu ignorieren. Meine Aufmerksamkeit auf den Punkt in mir zu konzentrieren, der diesen pochenden, schabenden Schmerz in meinen Knien ausblenden kann. Das hat die letzten Wochen ganz gut funktioniert. Nur wird der Schmerz immer schlimmer, meine Nerven immer dünner und ich merke, wie meine Lippen anfangen zu beben.

Eigentlich sollte ich diesen Teil der Radelei gerade genießen. Nachdem wir uns entschieden haben, den »Hell of a Highway«, die D100, DIE Straße, die die Osttürkei mit der Westtürkei verbindet, zu verlassen, um dem gefährlichen und hässlichen Verkehr zu entkommen, radeln wir nun durch welliges Hinterland. Mit nur einer Spur in jede Richtung, und so abgelegen, dass ohnehin fast nie ein Auto vorbeikommt. Die Landschaft ist herrlich. Sattes Grün umgibt uns und die Menschen in den Dörfern nicken uns freundlich zu, wenn wir vorbeigondeln. Aber dieser Schmerz krallt sich erbarmungslos in meine Knie, jedes Mal, wenn einer meiner Füße am höchsten Punkt der Umdrehung angekommen ist und ich Druck auf das Pedal ausübe, um die nächste Runde zu beginnen. Ich versuche auszurechnen, wie oft pro Minute ich diese Bewegung mache und ob es wohl eine Schmerzgrenze gibt, die sich in Schmerz pro Minute berechnet.

Wir haben gerade wieder eine kleine Anhöhe geschafft, und ich bitte Daniel, anzuhalten. Ich versuche so vorsichtig wie möglich auf dem rechten Fuß zu landen, aber es hilft nichts. Der Schmerz treibt mir die Tränen in die Augen und den Schweiß auf die Stirn. Ich muss all meine Willenskraft aufbieten, um den anderen Fuß aus der Fahrradschuhbindung zu klicken, und stehe dann für einen Moment um Fassung ringend mit dem Rücken zu Daniel. Er bemerkt sicher an meiner Körperhaltung und daran, dass ich immer öfter still bin, dass etwas nicht stimmt. Ich drehe mich schweigend um, ohne ihm in die Augen zu blicken, und halte den Lenker, sodass er das Tandem routiniert auf den Standständer hieven kann. Dann kommt er um das Rad herum und nimmt mich schweigend in den Arm. Ich bebe in seiner Umarmung und frage mit erstickter Stimme:

»Wie soll ich das aushalten? Wir sind erst sieben Wochen unterwegs und brauchen sicher noch viermal so lange, bis wir in Indonesien sind.«

Meine Knie waren schon immer Memmen. Seit mir mit 18 Jahren Arthrose in beiden Knien diagnostiziert wurde, mache ich regelmäßig meine Übungen. Wir haben sogar, weil ich ahnte, dass meine Knie zum Problem werden könnten, eine Veranstaltung des Allgemeinen Deutschen Fahrrad-Clubs besucht, bei der ein radbegeisterter Arzt alle Räder individuell auf ihre Besitzer und Besitzerinnen eingestellt hat. Mit all diesen Maßnahmen haben wir es bis in die Türkei geschafft. Ein bisschen mehr als 3000 Kilometer weit. Immerhin. Und jetzt kist es vorbei. Wir müssen aufgeben.

Ich bereue jetzt den Moment in Bulgarien vor ungefähr drei Wochen, als ich in einer Hauruckaktion Daniel gebeten hatte, meinen Sattel nach unten zu stellen, weil ich in dieser Position nicht mehr sitzen konnte. Wir waren den ganzen Tag auf ebenen Straßen gefahren und der Druck auf den immer gleichen Stellen am Po war einfach nicht mehr zu ertragen. Aus hygienischen Gründen hatten wir uns vor Fahrtantritt gegen gepolsterte Fahrradhosen entschieden und einen Ledersattel gewählt, der sich mit der Zeit perfekt an den eigenen Allerwertesten anpasst. Dass der Weg dorthin schmerzhaft werden würde, war mir klar, aber irgendwann ist eben eine Grenze erreicht. Eine von Weinreben gesäumte Landstraße in Bulgarien war meine Grenze. Daniel warnte mich, dass die Änderung der Sattelhöhe andere Probleme hervorrufen könnte, aber ich war so entnervt, dass er nachgegeben hat – leider.

Eine Woche später begannen die »anderen« Schmerzen. Erst ab und zu. Am Anfang erholten sich meine Knie noch nach einer kurzen Pause. Inzwischen quäle ich mich den ganzen Tag über und werde abends schmerzlich an meine Schwachstellen erinnert, wenn ich mich in den Schneidersitz setzen will. Als Wohltat empfinde ich es mittlerweile, morgens ohne Schmerzen aufzuwachen. Sobald wir aber auf dem Tandem sitzen, kommen sie langsam wieder. Wir haben den Sattel seitdem schon ein paarmal wieder verstellt, und ich bin ganz gut im Umgang mit körperlichen Leiden. Aber jetzt und hier ist Schluss. Ich kann nicht mehr. Ich frage mich, ob es schwierig wird, ein Reiserad für Daniel zu finden. Und ich überlege, was *ich* stattdessen machen könnte. Ich bin nicht bereit, einfach wieder nach Hause zu fahren.

Ich löse mich aus Daniels Umarmung und die gewohnte Grimmigkeit erfasst mich. Das kann doch nicht sein! Ich will hier nicht aufgeben!

»Wir müssen aufhören, wenn es nicht geht. Das ist okay, es ist unsere Reise. Wir müssen niemandem etwas beweisen.« Er will mich nicht leiden sehen.

»Du hast recht. Aber ich schreibe Thomas noch *eine* Mail.

Wenn er keinen Rat weiß, geben wir auf.« Thomas ist der radbegeisterte Arzt, dessen Veranstaltung wir besucht haben. Und gerade nach Malawi gezogen. Ferndiagnose via Internet ist in einer globalisierten Welt eben nötig.

Gerade holt uns ein junger Mann ein, den wir vorher am Berg überholt hatten. Er ist zu Fuß unterwegs in dieser abgelegenen Gegend und erinnert mich an einen Freund. Ich schaue dem Fremden wehmütig ins Gesicht und denke: *Gerade wäre es auch schön, zu Hause zu sein und ihn mal wieder in die Arme schließen zu können.* Meine Nerven liegen blank. Ich drehe mich weg und dehne meine Beine in der Hoffnung, ein wenig Erleichterung zu bewirken.

Während ich über das schöne Tal blicke und versuche, irgendwie den Druck aus meinen Knien zu strecken, muss ich an unsere erste Etappe in Österreich denken. Da waren wir ganz frisch unterwegs und wollten bald die Grenze zu Slowenien überqueren. Damals hatte ich ein Ziehen im Bauch, weil ich Angst hatte vor dem, was kommen würde. Weil ich unsicher war, ob Wildzelten in Ländern, die dem Alkoholkonsum stärker zugeneigt sind, eine gute Idee ist, und ob es aus demselben Grund wirklich sicher ist, auf den Straßen zu fahren. Jetzt muss ich über meine Angst grinsen. Sie war völlig unbegründet und ein Produkt meiner Vorurteile, gepaart mit der Angst vor dem Ungewissen. Von dieser Angst habe ich mich nicht aufhalten lassen. Ich habe einfach dem Leben vertraut und wieder die Erfahrung gemacht, dass es richtig ist, Dinge auszuprobieren und sich sein eigenes Bild zu machen.

Der Balkan war herrlich ländlich und die Menschen nur am Anfang einer Begegnung zurückhaltend. Und wir haben auch im letzten Dorf wunderbare Bars gefunden, in denen uns und dem wettergegerbten, vorrangig männlichen Publikum leckerer Kaffee serviert wurde. Bis zum Nachmittag habe ich kein Bier und keine Klaren auf den Tischen gesehen und konnte mein Vorurteil korrigieren: Die Männer des Balkans sind in Wirklichkeit Kaffeetanten – wer hätte das gedacht? Ich muss über mein Kopfkino lachen und schöpfe so langsam wieder Hoffnung. Diese schöne Erinnerung kann aber leider nicht den Schmerz aus meinen Knien vertreiben – der Körper lässt sich eben nicht so einfach überlisten wie der Geist.

Ich signalisiere Daniel, dass ich mich fertig gedehnt habe und wir weiterziehen können. Doch schon als ich mein linkes Bein einklicke, durchfährt mich wieder dieses Stechen. Ich versuche, nicht die Nerven zu verlieren, und tröste mich damit, dass es erst mal bergab geht.

Ich schreibe die Mail an Thomas noch am selben Abend und muss nur eine Woche auf seine Antwort warten. Er rät auf jeden Fall weiterzumachen, wenn auch mit einer kleinen Verschnaufpause und einer Umstellung des Sattels – so weit nach oben wie möglich. Und natürlich ein paar Schmerztabletten, die die Schmerzerinnerung meines Körpers durchbrechen sollen. Allein seine Anteilnahme lässt mich neuen Mut fassen, und ich setze mir selbst eine zweiwöchige Frist. Bis dahin muss ich eine Verbesserung spüren, sonst war's das. Ich teile Daniel meine Entscheidung mit.

»Und auch wenn ich nicht mehr kann – du fährst weiter. Meine körperlichen Grenzen sind nicht deine. Du kannst nicht meinetwegen das Abenteuer deines Lebens verpassen.« Daniel will nichts davon hören. Er will, dass wir uns darüber erst Gedanken machen, wenn klar ist, dass ich wirklich nicht mehr weiterkann.

Die zwei Wochen verstreichen und ich spüre tatsächlich eine Besserung, trotz unseres täglichen Pensums von 60 Kilometern, das wir nach einer dreitägigen Ruhepause in reduzierter Form – sonst fahren wir eher 80 – wieder aufgenommen haben. Meine innere Balance kehrt zurück, mein Kampfgeist, meine positive Einstellung. Ich muss an all die Menschen denken, die an chronischen Erkrankungen leiden und trotzdem stark sind – das bewundere ich. Ich kann meine Schmerzfreiheit richtig genießen und habe wieder Spaß an der Bewegung. Ich nehme mir vor, es mehr zu schätzen, wenn ich gesund bin. Eben das, was man immer tut, wenn die Erinnerung an das Leiden noch ganz frisch ist.

Das war kurz vor knapp. Daran hätte unser Abenteuer scheitern können. Das wäre schade gewesen, aber nicht das Ende der Welt. Ich glaube, ich kann das so gelassen sehen, weil ich meine Erwartungen immer recht niedrig gehalten habe. So kann ich den Gedanken zulassen, dass ich Schwächen habe. Manchmal muss man einfach wissen, wann es genug ist, und sich dann eine andere Herausforderung suchen. Das ist keine Niederlage, kein Aufgeben, kein Versagen. Es ist das Annehmen von Dingen. Das Zugeben von Schwächen in dem Wissen, dass man an diesen auch wachsen kann. Deshalb war für mich die Ankunft in der Türkei bereits ein Erfolg.

Ich wünsche mir, dass ich das in meinen beruflichen Alltag mitnehmen kann. Es würde vieles einfacher machen und vor allem meine Nerven schonen.

Mit dem Tandem weiterfahren zu können, verstehe ich als Geschenk. Als die Möglichkeit, all die Erfahrungen, die ich sammle, nicht einfach hinzunehmen, sondern sie zu genießen, zu feiern, aktiv wertzuschätzen. Danke, Universum.

* * *

Daniel grinst und hält mir sein Smartphone vor die Nase. Eine Nachricht von Sarper aus Istanbul: »Just eating in our fish restaurant«, mit einem Foto von einem gegrillten Fisch. *Unser* Fischrestaurant also. Ein warmes Gefühl der Rührung überkommt mich. Sarper war einer unserer Warmshowers-Gastgeber und wir waren bestimmt seine anstrengendsten Gäste.

Wir schlagen am Muttertag bei ihm auf und wollen nur noch kurz den Reifen unseres Tandems aufpumpen, bevor wir etwas essen gehen, als klar wird: Da ist so einiges im Argen. Der Hinterreifen lässt sich nicht mehr aufpumpen und gibt komische Geräusche von sich. Sarper fackelt nicht lange, sondern fährt uns samt Tandem mit seinem Pick-up zum Radmechaniker seines Vertrauens in die nächste Stadt. Dort die niederschmetternde Diagnose: Unser kleiner Crash vor der Hagia Sophia am Tag zuvor hat unsere Nabe zerstört. Das Ding in der Mitte des Rads, das die Speichen aufnimmt, und an dem Rad und Rahmen miteinander verbunden sind. Wir hatten einfach so fasziniert die eindrucksvolle, inzwischen säkularisierte Moschee betrachtet, dass wir nicht-sehenden Auges in einen Gullydeckel gekracht sind, der ungefähr 20 Zentimeter eingesunken war. Mir hat es fast das Rückgrat gebrochen, aber abgesehen davon hatten wir angenommen, wir wären noch mal mit einem Schrecken davongekommen. Und nun heißt es: ohne Ersatzteil kein Weiterfahren. Sarper übersetzt die Worte von Mikell, dem Fahrradmech:

»Er sagt, er habe das Teil nicht da, könne es aber morgen in Istanbul holen, wenn die das vorrätig haben. Und ihr könnt natürlich so lange bei mir bleiben, wie ihr wollt!«

Wir nehmen sein liebes Angebot an und versuchen uns in die Situation hineinzuentspannen. Besonders Daniel gelingt das nicht so gut. Er will weiter, nachdem wir fast eine Woche in Istanbul Pause gemacht haben. Aber das Tandem bleibt da und Sarper kurvt mit uns zurück in seine Stadt. Dort laden wir an einem Fischrestaurant ein verführerisch duftendes Food-Paket ein und er zeigt uns seinen »Schrebergarten am Meer«, eine kleine Wohnung, in der er sein Kajak lagert, und wir genießen den Fisch beim rot glühenden Sonnenuntergang über dem Marmarameer. Er macht das oft, sagt er, allein oder mit seiner Partnerin, und es ist für ihn eine willkommene Abwechslung zu seinem anstrengenden Alltag als Augenarzt in einer Klinik. Darum ist er Stammkunde in dem Fischrestaurant.

Wir bleiben noch ganze zwei Tage bei Sarper, genießen das Frühstück, das er uns jeden Morgen liebevoll bereitet, sitzen mit ihm in seinem gemütlichen, weitläufigen Wohnzimmer oder am Meer und diskutieren über die politische Situation in der Türkei, über Moskau und er erzählt uns von seinen vielen Reisen.

Und jetzt ist es also *unser* Fischrestaurant. Es macht uns glücklich, dass er bei alltäglichen Dingen an uns denkt. Wir wünschen ihm »*Afiyet olsun!*« – »Guten Appetit!«

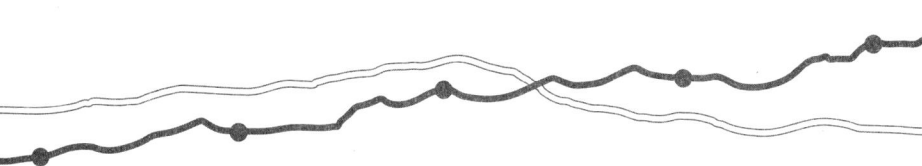

4 LEIDENSCHAFT

Zugegeben, ich bin ein wenig beschwipst. Die Lichter, die sich im Schwarzen Meer spiegeln, schwanken. Oder bin ich das? Ich bin froh, dass ich den Weg vom Festland über den Wellenbrecher bis hierher geschafft habe. Zwischen den großen Steinen klaffen immer wieder tiefe Abgründe und dort hineinzuplumpsen, wäre sicher nicht besonders angenehm. Özgür berührt meinen Arm, um mir noch ein Bier zu reichen. Ich grinse ihn an. Er hat sein hellgraues Jackett, das so gut zu seinen strahlend blauen Augen passt, längst ausgezogen und am Strand zurückgelassen. Die obersten Knöpfe seines weißen Hemds sind offen und lassen ihn etwas derangiert wirken. Auch er schwankt. Diesmal bin ich mir sicher, dass er selbst die Ursache ist.

Wir haben Özgür erst an diesem Morgen kennengelernt. Bei einem Termin mit dem Bürgermeister von Gerze, einem beschaulichen Städtchen an der Schwarzmeerküste der Türkei. Özgür ist Bauingenieur und dort als Stadtplaner angestellt. Da er jedoch eine große Leidenschaft für das Fotografieren und Filmen hegt, hat er »ganz nebenbei« einen Film über Gerze gedreht, der auch noch den ersten Platz bei einem Wettbewerb von Cittaslow belegt hat. Genau deswegen hatte ich einen Tag zuvor, als ich eben diesen Film im Netz entdeckt hatte, die Stadt Gerze auch um ein

Interview für unseren Reiseblog wanderwonder.de gebeten. Die Slow-Food-Bewegung, die schon 1986 in Italien gegründet wurde, kenne ich als dem Dolce Vita verfallene Italienliebhaberin schon lange. Sie versucht, weltweit eine Gegenbewegung zu Fastfood und Einheitsessen zu schaffen. Und zwar über regionale und saisonale Produkte, die ökologisch vertretbar kultiviert werden, und über Kreativität bei deren Zubereitung, um die Menschen wieder für den echten Geschmack von Lebensmitteln zu sensibilisieren. Die Bewegung prägte Schlüsselbegriffe wie »buono, pulito e giusto – gut, sauber und fair« und setzt sich für die Erhaltung alter Pflanzen- und Haustierrassen sowie althergebrachter Herstellungsmethoden ein.

Wann immer ich also die rote Schnecke sehe, das Logo der Slow-Food-Bewegung, weiß ich: Hier gibt es etwas zu entdecken! Das orangefarbene Weichtier, das ich am Ortseingang von Gerze entdecke, symbolisiert dabei die Auszeichnung zur Cittaslow, also zu einer Stadt, die sich dazu entschieden hat, einen lebenswerten Ort für Bürger und Touristen zu schaffen. Ich bin neugierig, welche Maßnahmen eine Stadt wie Gerze – fernab der üblichen Touristenpfade – umgesetzt hat, um den Cittaslow-Anforderungen gerecht zu werden.

Neben dem Bürgermeister sind Özgür als Filmemacher sowie zwei Projektkoordinatoren anwesend. Bereits meine erste Frage nach den Gründen für die Teilnahme an dem Projekt Cittaslow beantwortet der Bürgermeister in den blumigen Worten, für die ich die Menschen hier so liebe, und die nichts an Schönheit einbüßen bei der Übersetzung durch Caner, einen der Projektkoordinatoren:

»Mit dem Projekt möchten wir den Lebensstil bewahren, der Gerze prägt. Das sind der quirlige Markt, die schönen Cafés, in denen man sich kennt und trifft. Es ist auch die natürliche Schönheit von Gerze und es ist das Handwerk, das wir bewahren wollen.«

Eines dieser Handwerke dürfen wir im Anschluss kennenlernen: In der Werkstatt eines einheimischen Holzkünstlers bestaunen wir Spielzeug aus Holz und dürfen auch selbst ein paar Figuren sägen. Es ist herrlich zu sehen, mit wie viel Liebe dieses alte Handwerk betrieben wird, und wie viel Kultur darin verborgen ist. Auch die Frau von Özgür, Şule, nimmt gerade an einem der Kurse teil, die der »Master« gibt.

Abends tauschen wir in einem der stimmungsvollen Fischrestaurants direkt am Meer Ideen zum Thema »Cittaslow-Maßnahmen« aus. Diesmal ohne Pressesprecher, der den ganzen Tag wie wild Bilder von uns geknipst hat. Nach und nach verabschiedet sich auch die restliche Entourage, bis nur noch Özgür, Şule, Caner, Daniel und ich übrig sind. Je mehr Zeit wir miteinander verbringen, umso intensiver werden die Diskussionen. Am Ende landen wir auf diesem Wellenbrecher, weil unsere Gastgeber ihr Gerze so sehr lieben, dass sie uns noch mehr davon zeigen wollen. Es ist die erste Nacht des Ramadans, der Fastenzeit in der Türkei, und das Bier wurde aus einer ungeklärten Quelle direkt zu uns auf den Wellenbrecher gespült. Normalerweise gibt es während des Ramadans keinen Alkohol zu kaufen. Es liegt ein wenig Anarchismus in der Luft.

Wir sind alle erschöpft von dem langen und ereignisreichen Tag, den intensiven Gesprächen – und der Alkohol tut sein Übriges. Özgür ist erfüllt von der Idee, einen weiteren Film über Gerze zu drehen. Einen, der noch mehr von den manchmal versteckten Perlen dieser Stadt zeigt. Er deutet an, dass er dafür Radfahrer brauchen könnte. Ich schaue Daniel an und wir kommen stumm überein, Özgür diesen einen Tag zu schenken.

»Dann bleiben wir noch einen Tag und das Tandem fährt unter deiner Regie.«

Özgür ist ganz aus dem Häuschen.

Als wir uns am folgenden Tag zum Frühstück treffen, sieht Özgür arg mitgenommen aus. Die blauen Augen sind rot umrandet und auch das Katerfrühstück hilft wenig gegen den rebellierenden Magen. Doch der Tatendrang ist größer. Kurzerhand wird ein Lieferwagen mit offener Ladefläche organisiert und wir kurven kreuz und quer durch das schöne Umland, um ein paar Einstellungen mit Fahrrad einzufangen, inklusive Schwebestativ, das Özgür nur unter Aufbietung all seiner Kräfte halten kann, und einer Drohne, die jede unserer Bewegungen einfängt. Manche Einstellungen drehen wir wieder und wieder, und auf Özgürs Stirn sammeln sich vor Anstrengung die Schweißperlen. Er ist Feuer und Flamme für das Projekt, und wir anderen lassen uns von ihm anstecken.

Abends, nachdem wir das Fastenbrechen in einem Restaurant begangen haben, werden wir vom Hotel in die Wohnung von Şule und Özgür umgesiedelt. Trotz des kräfteraubenden Tages können wir noch nicht ins Bett, sondern diskutieren bis spät in die Nacht über Cittaslow, unsere Erfahrungen bei der Reise und türkisches Essen. Dieses dürfen wir dann auch noch mal genießen: beim atemberaubenden Sonntagsbrunch, den Şule uns auftischt. Ich bin sicher, ich habe noch nie so viele Dinge auf einem privaten Frühstückstisch gesehen. Da gibt es neben dem duftenden »Ekmek« – Brot – verschiedenste Schälchen, zum Beispiel mit Pekmek, einer Mischung aus Traubenmelasse und Sesampaste, das obligatorische Tellerchen mit geschnittenen Gurken und Tomaten und eine Pfanne mit »Menemen« – Rührei türkischer Art.

Eine Sache schmeckt besser als die andere. Losfahren bedeutet an diesem Morgen Losrollen. Wir sind berauscht von so viel Energie, Tatendrang und Leidenschaft und strampeln trotzdem ein wenig widerwillig davon. Schon wieder müssen wir Menschen verlassen, die sich nach Heimat anfühlen und die uns tief beeindruckt haben. So radeln wir eine Weile schweigend und ein wenig wehmütig dahin.

* * *

Es erstaunt mich immer wieder, wie ein Mensch, der vielleicht sonst eher zurückhaltend ist, leuchten kann, wenn es um seine Leidenschaft geht. Dann wird ein sonst stiller Beobachter zu einem quasselnden, vor Begeisterung strotzenden Erzähler, dessen Energiefeld man sich kaum mehr entziehen kann. Auch wenn das Thema vielleicht weit von dem entfernt ist, was einen selbst interessiert. Es ist eine magische Verwandlung. Menschen, die echte Leidenschaft besitzen, scheinen mitten in ihrem Element zu stehen, im Strom des Universums.

Sicher ist es nicht immer leicht, diese zu finden. Manchmal wird einem der Weg dorthin von äußeren Umständen, vermeintlichen Konventionen oder den eigenen, selbst gebauten Schranken verwehrt. Sicher ist jedoch eines: Hat man seine eigene Leidenschaft entdeckt, erkennt man sie sofort. Es ist ein erhebendes, leichtes, leuchtendes Gefühl. Es ist, als hätte man seinen Platz im Universum gefunden. In diesem komplexen, vielschichtigen Orchester aus Abermillionen von Bewegungen. Man hat genau das kleine Fleckchen ausgemacht, das für einen selbst bestimmt ist. Man bewegt sich exakt im Strom mit allen anderen Lebewesen, allen Zeiten, der Vergangenheit, dem Jetzt und der Zukunft. Man kann sich keinen Ort vorstellen, an dem man lieber wäre. Alles ergibt plötzlich einen Sinn. Nicht nur von einer kognitiven, logischen Sichtweise aus, sondern auch von einer tieferen, stärkeren, viel befriedigenderen, inneren Warte aus. Man bemerkt vor seinem inneren Auge das Zusammenspiel allen Lebens um sich herum und fühlt sich als Teil davon.

Während wir in diesem Strom stehen, sind wir zu Unglaublichem fähig. Wir können andere begeistern, sie inspirieren, sie an einem Punkt berühren, durch den sie fähig werden, ihre eigene Leidenschaft zu entdecken. Es ist eine urgewaltige und trotzdem sanfte, alles verändernde und stille Kraft, die durch uns hindurchströmt. Es ist eine Erfahrung, die demütig macht vor dem Leben an sich und die uns unser Einssein mit allem Lebenden und den Wert all dessen, was auf der Welt ist, vor Augen führt.

Diese Momente sind nicht allgegenwärtig, sie sind rar. Innerhalb eines Lidschlags können wir in die Tiefen des Lebens sehen. Diese Momente sind es wert, sich für sie zu öffnen. Sich zu öffnen bedeutet, sich die Zeit zu nehmen, wirklich in sich hineinzuhorchen. Es braucht mal mehr, mal weniger Zeit, aber man wird den Punkt erreichen. Manchmal ist es vielleicht eine leise, piepsige Stimme, ein unbestimmtes Gefühl oder einfach nur die weite Leere. Es wird etwas daraus hervorkommen, was sinnvoll, wertvoll ist. Es wird uns Stück für Stück zu dem führen, wofür wir bestimmt sind. Wenn wir es zulassen. Wenn wir mutig sind und bereit, uns auch den Dingen zu stellen, für die wir nicht bestimmt sind, und unseren eigenen Abgründen. Das ist manchmal eine sehr hässliche Sache, aber sie ist heilend und macht den Weg frei für das, was wir wirklich sind.

Ich stelle mir eine Welt vor, in der jeder seine Leidenschaft gefunden hat, und diese in einer offenen, freundlichen Art mit anderen teilen will. Irgendwie glaube ich, dass es eine Welt wäre, in der Menschen ihr Ego meist vergessen würden, eine Welt, die mehr auf Wertschätzung des anderen und des Lebens an sich aufbauen würde als unsere heutige. Jeder würde den anderen auf einer ganz anderen Ebene verstehen können und wir als Menschheit würden unseren Platz inmitten allen Lebens finden. Unseren Platz inmitten des Universums.

Ich glaube nicht, dass das eine romantische Wunschvorstellung ist. Einmal in diese Tiefen gesehen zu haben, ist eine verwandelnde Erfahrung, und vielleicht würde sie uns als Menschheit so stark verändern, dass eine solche Welt möglich wäre. Ich bin jedenfalls dabei. Ich möchte weiter daran arbeiten, in diesem Strom des Universums zu schwimmen und meine Leidenschaft zu teilen. Özgür hat die Tür einen Spalt aufgehalten und ich war neugierig zu sehen, was sich dahinter verbirgt. Özgür heißt übersetzt aus dem Türkischen übrigens »frei«, »unabhängig« oder »freier Wille«. Vielleicht gehört auch das zur Leidenschaft untrennbar dazu.

Ein Augenblick in der Türkei

Ein flaches Gebäude am Eingang eines Dorfes, das in einem langen Tal liegt. Wir essen zu Mittag. Es gibt köstliche türkische Linsensuppe. Ich bin die einzige Frau unter den Arbeitern, die hier Mittag machen – außer der vollbusigen Omi mit Kopftuch, die kocht. Ich sage ihr, wie sehr mir das Essen schmeckt. Sie ist verzückt, kichert wie ein junges Mädchen und drückt mich an ihre weichen Brüste.

5 GEERDET

Ich lasse den Blick über die satten grünen Hügel schweifen, die mich umgeben. Direkt unter mir reihen sich im Garten die gepflegten Gemüsebeete ordentlich in der dunklen Erde aneinander. Ich atme die klare Abendluft ein und bin glücklich. Es ist einer dieser Momente, in denen alles möglich scheint, weil man sich der tiefen Verbundenheit zur Natur und allen Dingen, die sie hervorbringt, bewusst wird. Wie habe ich dieses Gefühl vermisst.

Die vergangenen sechs Wochen waren radeltechnisch gesehen eine Katastrophe. Riesige Straßen mit viel Verkehr und teils halsbrecherischen Manövern der Auto- und Lastwagenfahrer.

Besonders die letzten zwei Wochen in der Türkei, in denen wir täglich an der Schwarzmeerküste entlanggeradelt sind, waren nervtötend eintönig und dabei geradezu hässlich. Die vierspurige Straße, auf der wir unterwegs waren, führte zwar direkt am Meer entlang, doch es gab keinen Strand. Die Straße wurde aufgeschüttet und mit grauen Steinen befestigt, die dem Ganzen einen irgendwie tristen Industriecharme verliehen. Eine Leitplanke verhinderte, dass wir einfach das Ufer erreichen konnten. Aber das Schlimmste waren die Tunnel. Dunkle Löcher, die sich schier endlos durch die schroff abfallende Küste bohrten. Sie waren schlecht beleuchtet, und wir mussten leider feststellen, dass die Türken nicht viel davon halten, das Licht einzuschalten, wenn sie in einen Tunnel einfahren. Wir haben zwar Lichter hinten am Gepäck befestigt, und ich hatte eines um mein Handgelenk gebunden, mit dem ich auf uns aufmerksam machen konnte, indem ich wild winkte. Trotzdem war jeder Tunnel ein wiederkehrender Albtraum.

Kurz nachdem wir reinfuhren, sahen wir nichts, weil die Augen sich erst an die Dunkelheit gewöhnen mussten. Ich saß die meiste Zeit aufrecht und den Kopf nach hinten gedreht auf dem Rad, um herannahende Gefahren frühzeitig zu erkennen. Daniel gab vorn alles fürs Team und trat wie wild in die Pedale, um so schnell wie möglich wieder aus dem Grauen raus zu sein. Dabei verließ er sich völlig auf meine Ansagen, auch wenn das Donnern eines herannahenden Lastwagens seine Fluchtreflexe aktivierte. Es war ein fürchterliches Gefühl, zwei große Scheinwerfer in einem Affenzahn von hinten auf sich zukommen zu sehen, während das Donnern immer ohrenbetäubender wurde. Jedes Mal nagte die Frage »Hat er uns gesehen?« an mir. Rechts von uns war die Tunnelwand, an der wir zerquetscht worden wären, wenn uns ein Fahrer übersehen hätte. Zum Davonfahren waren wir zu langsam, nach links ausweichen hätten wir im Ernstfall auch nicht mehr können, weil wir das vorbeidonnernde Fahrzeug dann touchiert hätten.

Das unangenehme Ziehen in meinem Magen ließ immer erst nach, wenn ich sah, wie die Scheinwerfer ein wenig nach links ausscherten. Das war das Zeichen, dass man uns gesehen hatte und zum Überholen ansetzte. Dann war nur noch die Frage, ob der angenehme Mindestabstand von einem Meter eingehalten werden würde oder man so knapp an uns vorbeizöge, dass Daniel einen kleinen Satz machte vor Schreck. Ich versuchte ihm stets über den tosenden Lärm hinweg zuzuschreien, wenn es eng wurde. Wir waren beide stets voller Adrenalin, wenn das Licht am Ende des Tunnels erreicht war und wir überlebt hatten. Ein paar Fahrradkollegen haben uns erzählt, dass eine Radlerin aufgegeben hat, weil sie die Tunnel nicht mehr ertragen hat. Ich kann das gut nachfühlen.

Roi reißt mich aus meinen Gedanken. »Essen, bitte«, sagt er mit dem Anflug eines schwäbischen Akzents. Ich muss lächeln, als ich daran denke, wie wir Roi vor gerade mal zwei Stunden kennengelernt haben. Der Mann in der Touristeninformation des kleinen georgischen Dorfes, in dem wir abends gelandet sind, hatte ihn angerufen, um zu fragen, ob er uns als Homestay-Gäste beherbergen will. Wir hatten von der Möglichkeit gehört, gegen Bezahlung bei Familien übernachten zu können. Uns schien das eine willkommene Gelegenheit, einmal in den Alltag der Georgier zu blicken, die in dieser hügeligen Landschaft leben und den Ruf haben, unglaublich herzlich zu sein. Wir waren etwas überrascht, als ein agiler Roi mit kurzen Stoppeln auf dem Kopf und im Gesicht in einem Trainingsanzug vor uns stand und in gebrochenem Deutsch fragte, ob wir uns sein Haus mal ansehen wollten. Klar wollten wir. Oben am Hang wurden wir bereits mit Kaffee und Kuchen empfangen und Roi erzählte uns von sich.

Er hat ein paar Jahre in Deutschland gelebt und dort als Ringertrainer gearbeitet. Jetzt hat es ihn jedoch wieder in sein Heimatland gezogen, er macht den Sportunterricht an der lokalen Schule und trainiert die georgische Ringer-Nationalmannschaft. Er kann darum auch besonders gut einschätzen, welche körperlichen Strapazen so eine »kleine Radtour« von Deutschland über Georgien bis nach Indonesien bedeutet, und wir sind froh, als er sagt:

»Ab in die Dusche, dann essen.«

Als er mich vom Balkon hereinholt, fällt mir die Kinnlade runter. Ein voll gedeckter Tisch erwartet uns. Wie hat seine Frau das so schnell gezaubert? Roi erklärt uns die Gerichte. Es gibt viel mit

Gemüse und auch interessant Klingendes wie »Käse in geschmolzener Butter« oder »herzhaftes Pflaumenmus«. Roi klärt uns darüber auf, dass seine Mutter nicht mitessen wird, weil sie Muslima sei und noch im Rahmen des Ramadans faste. Seine Frau sei jedoch Katholikin und sie würde uns Gesellschaft leisten. Die Kinder würden dann später mit Omi essen. Es schmeckt wunderbar und Roi freut sich, dass wir kräftig zulangen.

»Meine Frau ist Lehrerin. Sie fährt täglich ein bis zwei Stunden mit öffentlichen Marschrutkas – Sammeltaxis – zur Schule. Das ist unbequem, aber Bildung ist wichtig, die Kinder müssen lernen.« Wir nicken anerkennend und haben nichts hinzuzufügen.

Den Rest des Abends verbringen wir im Kreis der Familie. Als ich in das durchgelegene Kinderbett falle, bin ich tiefenentspannt. Sicher, es war eine harte Etappe, wir sind den ganzen Tag bergauf geradelt und haben am Abend dann noch viel geredet. Doch ich fühle mich pudelwohl unter der schweren Daunendecke und inmitten dieser geschwungenen Hügel. Es wird mir noch einmal bewusst, wie sehr ich sie vermisst habe. Die Natur. Und wie sehr ich vermisst habe, dass sie von ihren Bewohnern geschätzt wird. Hier, auf diesem Berg, leben die Menschen mit ihr im Einklang. Es ist auffallend sauber in Georgien im Gegensatz zur Türkei. Nirgends liegt Müll herum. Vielleicht liegt das daran, dass die Georgier stolz sind auf die wilde Schönheit ihrer Natur. Sie leben ein naturverbundenes Leben, und wir lernen in Georgien viele pflanzliche Heilmittel kennen. Auch wenn sie uns selten schmecken, wie zum Beispiel das nach Furz riechende Heilwasser, das wir in Borjomi bekommen und das besonders gut bei Magenbeschwerden helfen soll. Oder der Blütenstaub von Tannen, der in kleinen Tütchen abgepackt und eigentlich dem Essen untergemischt wird, um das Immunsystem zu stärken. Als wir ihn geschenkt bekommen, weiß ich das alles noch nicht, genehmige mir einen großen Löffel und sterbe daraufhin fast an einem Hustenanfall, weil der feine Staub so sehr meine Lunge reizt. Vor der aserbaidschanischen Grenze werden wir das kleine Plastikpäckchen an einem Abfalleimer wieder los, um keinen unnötigen Verdacht auf uns zu lenken, auch wenn das Pulver nicht weiß, sondern gelb ist.

An diesem Abend, als ich der Stille draußen lausche, spüre ich die tiefe Verbundenheit mit der Natur wieder ganz deutlich und merke, wie sehr sie mir gefehlt hat zwischen all dem Beton und der künstlichen Umgebung an der Schwarzmeerküste. Dort habe ich mich wie ein Eindringling gefühlt. Als würde ich nicht dort hingehören. Das lag nicht an den Menschen, sondern an der Gleichförmigkeit der Tage und der Abwesenheit von wilder Natur. Exakt mit dem Grenzübertritt nach Georgien hat sich dieses Gefühl geändert, und seit wir in dieser Bergregion radeln, spüre ich, wie meine innere Balance, meine Neugier und dieser innere Drang, entdecken zu wollen, wiederkommt. Sogar Daniel fällt auf, wie gern ich wieder lache, wie ungestüm ich bin und wie sehr ich es genieße, hier zu sein.

Ich frage mich, wie sehr das eigene Wohlbefinden von äußeren Umständen beeinflusst wird, ohne dass wir uns dessen bewusst sind. Ich hatte meiner Meinung nach auch eine tolle Zeit in der Türkei – bis zu dem Zeitpunkt eben, an dem ich wieder in der Natur war und die Veränderung an mir selbst beobachten konnte. Ich liebe Natur, das wusste ich schon immer. Aber dass sie mich so sehr beeinflusst, hätte ich nicht erwartet. Dazu kommt, dass ich die Vorstellung frustrierend finde, dass mein Glück so stark von den äußeren Umständen abhängt. Ich will mein Leben selbst gestalten und im Zweifel muss ich eben eine Weile in einer Situation ausharren, bevor ich sie verändern kann. Meine Vorstellung ist, dass es einen Ort in meinem Inneren geben muss, an den ich immer wieder zurückkehren und zumindest kurz glücklich sein kann, auch wenn das Umfeld gerade nicht meinem Wohlfühlanspruch gerecht wird. Eine spannende Suche. Ich atme noch einmal tief ein. Tiefe Freude ist alles, was ich fühle.

Nicht nur die Frau von Roi überrascht uns mit ihren kulinarischen Besonderheiten, sondern auch der Rest von Georgien ist dahingehend außergewöhnlich. Wir lernen schnell die gängigen Klassiker kennen, die mir jetzt noch das Wasser im Mund zusammenlaufen lassen. Dazu zählen »Khinkali«, eine Art überdimensionale Ravioli in Birnenform, die mit allem Möglichen gefüllt sein können: von Kartoffeln über Pilze bis hin zu Fleisch. Diese werden gegart und man isst sie mit den Fingern, indem man sie an ihrer festen Spitze packt und dann rundherum abbeißt. Ein herrlich sinnliches Erlebnis. Daneben gibt es noch das obszön leckere »Khachapuri«, ein Hefeteigschiffchen, gefüllt mit Käse und einem rohen Ei, das man erst mal schön mit dem Käse durchmischt, bevor man losgenießt. Das lernen wir allerdings erst von einer netten Bedienung in Tiflis. Davor schlagen die Georgier sicherlich die Hände über dem Kopf zusammen, während sie unseren stümperhaften Versuchen, das Khachapuri zu essen, zuschauen. Und dann wäre da noch »Lobio«, das wolkig weiche, frittierte Gebäck mit Linsenfüllung, das zwar sicher nicht gesund, aber dafür ein echtes Wohlfühlerlebnis ist.

Georgien setzt also durchweg hohe Standards für genussvolle Momente und das Beste: Es gibt massenweise einheimischen Wein von Spitzenqualität. Wir sind im Himmel!

Ein Augenblick in Georgien

Ich denke an unseren Freund Ibo aus Istanbul und wie er uns mit seinem Spitzbubenlächeln rät: »Fahrt nach Georgien. Es ist grün und sie haben guten Wein!« Wenn jemand, der so guten Geschmack hat, das sagt, dann sollten wir das wohl tun, anstatt über Erzurum von der Türkei aus direkt in den Iran zu fahren. Voilà – Route geändert, auf ins Abenteuer!

Nach sechs Wochen Türkei und zehn Wochen auf dem Rad erblicken wir ein Straßenschild mit einer Schrift voller Kringel: »ბათუმი 14«, und »თბილისი 408«. Ich bewundere mal wieder Menschen, die solche Schriftzeichen lesen können. Ich finde sie einfach hübsch, kann mir aber nicht vorstellen, sie je lernen zu können. Da fällt mir ein: Wir haben versäumt, unser Sprachenritual zu pflegen. Sonst lernen wir immer die wichtigsten Wörter in der Landessprache. Wir holen das sofort nach und befragen den Translator, der glücklicherweise immer noch türkisches Internet hat, nach »Hallo«, »Danke«, »Tschüss«. Der spuckt die Wörter in lateinischem Alphabet aus: »Gamardschoba«, »Madloba«, »Nachvamdis«. Wir sind gewappnet. Auf geht's. Noch 14 Kilometer bis Batumi und nur noch schlappe 408 Kilometer bis zur Hauptstadt Tiflis.

Batumi, das wir eine gute halbe Stunde später erreichen, ist DER Badeort am Schwarzen Meer in Georgien, und wir können es kaum fassen, wie hier nahtlos moderne Hochhäuser, Parks und Ruinen im Sowjetstil ineinander übergehen. Auch der Hinterhof unseres ansonsten sehr gepflegten Hostels gleicht einer Blechhalde. Wir sitzen gerade im Garten und genießen die Sonne, als wir es kaum fassen können: Bestimmt zehn Fernradler tröpfeln nach und nach in das Hostel.

»Fahrt ihr auch über den Pamir?«, ist die meistgestellte Frage, als wir später mit einem Bierchen beisammensitzen. Weder Daniel noch ich wissen, was der Pamir ist. Also fragen wir nach.

»Ihr kennt den Pamir nicht?« Weit aufgerissene Augen starren uns an.

»Ne«, gibt Daniel zu.

Man erbarmt sich unser und klärt uns auf:

»Das ist ein Hochgebirge, das sich durch Kirgistan, die autonome Provinz Xinjiang, Afghanistan und Tadschikistan zieht. Darüber führt die M41 oder der ›Pamir-Highway‹. Es ist die zweithöchste befestigte Straße der Welt, von Duschanbe nach Osch in Kirgistan. Heute reist jeder Fernradler dorthin, weil es wunderschön sein soll.«

Daniel und ich schauen uns an.

»Ist aber anstrengend. Die ganze Strecke liegt über 3500 Höhenmetern, der höchste Punkt ist der Ak-Baital mit 4655«, schiebt einer hinterher. Ach so, na dann müssen wir als bergbegeisterte Fast-Schweizer da unbedingt hin. Wir prosten unseren neuen Freunden zu.

In den nächsten beiden Wochen frage ich mich, ob die Ausläufer des Kaukasus mit dem Pamir vergleichbar sind. Denn ich muss ganz schön schnaufen, während wir auf den unbefestigten Straßen durch das schöne Berggebiet rund um den Goderdzi-Pass strampeln.

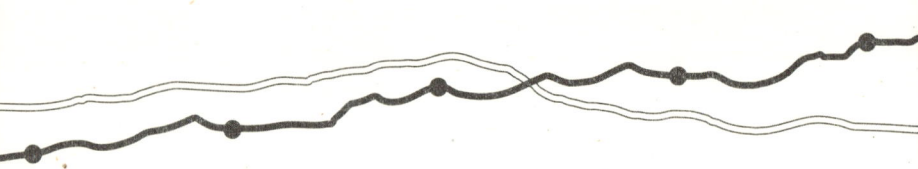

6 GANZ NAH DRAN

Zwei Wochen später sind wir bereits in Aserbaidschan, in der geschichtsträchtigen Karawanserei in Şəki – Sheki. Ich sitze im Innenhof und bewundere die gleichmäßig geschwungenen Arkaden, die in der Sonne ockerfarben erstrahlen. Am Morgen waren wir im Khanpalast und haben die bunten Glasfenster und die zeitgenössischen Gemälde bewundert. Der Herrscher hatte einen exquisiten Geschmack. Da gab es Bildnisse feiner Prinzessinnen in Aladinhosen und von Männern in bunten Gewändern und mit kunstvoll geschwungenen Turbanen auf dem Kopf – manche kampfbereit hoch zu Ross oder mit nackten Oberkörpern hinter Kanonen stehend; andere bei einer Besprechung mit dem Khan in seinen illustren Räumen sowie viele bunte Pflanzen- und Tierdarstellungen. Ein Kamel war keins dabei – obwohl auf ihren Rücken all die Waren transportiert wurden, die nicht aus der Umgebung kamen. Wie Frachtschiffe heutzutage. Und das von Europa bis nach Asien und umgekehrt. Mit einer Reisegeschwindigkeit von 40 Kilometern pro Tag. Diese Reisen waren anstrengend und eine Karawanserei wie diese war ein willkommenes und sicheres Nachtlager. Hier konnte man sich waschen, kochen, beten oder in diversen Tee- oder Kaffeestuben oder -gärten einkehren. Waren die Tiere versorgt und der Hunger gestillt, versammelte man sich gern im Innenhof und lauschte der Musik, die dort gespielt wurde.

Was muss das für eine wilde Mischung aus Ansichten, Religionen, Hautfarben gewesen sein!

Ich blicke mich um. Ein schwules Pärchen aus Spanien, ein Deutscher mit einer Gitarre, ein Paar aus Belgien, ein Harvard-Absolvent und wir. Na ja. Es hat sich nicht viel geändert. Außer, dass wir mit Drahteseln anstatt Kamelen unterwegs sind.

Zu gern würde ich in das normale Leben der Einheimischen schnuppern. Hinter die auffällig hohen Mauern und Tore, die der gängige Baustil zu sein scheinen. Vielleicht finden wir ja sogar hier wieder ein Homestay ...?

* * *

Ich drehe mich noch einmal um und blicke in die weit aufgerissenen Augen von Dschale. Sie blickt mir nach, während sie hinter ihrer Mutter steht und sie an den Schultern hält, die Emotionen verzerren ihr schönes Gesicht. Da ist Trauer und Hilflosigkeit in diesem Blick. Vielleicht Angst. Verletzlichkeit. Aber auch eine Stärke, die sich noch nicht ganz entfaltet hat. Ich bin hin- und hergerissen: Bleiben und damit die Familie wenigstens noch ein paar Tage von ihrem Unglück ablenken oder unsere Reise fortsetzen?

Wir waren drei Tage lang bei dieser Familie und ich bin zutiefst gerührt von dem Vertrauen, das sie uns entgegengebracht haben. Obwohl sie einen Monat zuvor den Mann, Vater, Bruder beziehungsweise Großvater verloren haben, haben sie uns in ihr Haus eingeladen. Die Schwere der Trauer war deutlich zu spüren. In den kurzen Momenten des Innehaltens. Wenn alle Teetassen gefüllt waren, aber man doch das Gefühl nicht loswurde, dass eine fehlte. Im Schluchzen der 23-jährigen Dschale, die ihren Vater verloren hat und deren Tränen aus mandelförmigen Augen meine Haut zwischen Hals und Schulter befeuchten, ihr gepresster Atem an meiner Brust. Und im Abwesendsein der Mutter, die in unbeobachtet geglaubten Momenten immer wieder wie aus einem Traum hochschreckte und sich im Raum jedes Mal neu orientieren musste.

Da waren aber auch Freude und Heiterkeit. Bei den gemeinsamen Abendessen mit Familie und Freunden an einer großen Tafel, beim Fotomachen in allen möglichen Posen. Beim Staunen darüber, wie Daniel und ich uns die Zähne schrubbten, weil das Waschbecken direkt neben dem Wohnzimmertisch angebracht war. Oder als Dschale und ihr Cousin Elwin uns mit einem unterdrückten Grinsen fragten, ob wir vielleicht noch mehr Süßigkeiten in unseren Tee wollten, weil sie genau wussten, wie merkwürdig wir es finden, dass man in Aserbaidschan alles, von Marmelade bis zu Bonbons, im Tee versenkt, um ihn zu süßen. Im herzhaften Losprusten von Dschale, als sie unsere Gesichter sieht.

Und bei mir immer wieder das Gefühl von Unsicherheit. Soll ich trösten? Darf ich? Was ist angemessen und womit übertrete ich die unsichtbare Grenze der Diskretion und der Privatsphäre? Dazu kommt eine mir fremde Kultur, die meinen sonst so sicheren inneren Kompass verzerrt. Was gilt in diesem Kulturkreis als angemessen nach einem Trauerfall? Was sind No-Gos? Ich versuche, so mitfühlend wie möglich zu sein, aber auch mal den Clown zu geben, um einen Moment des Durchatmens zu schaffen. Manchmal ertappe ich mich dabei, wie ich auf die Toilette schleiche, in der Hoffnung, nicht auf Dschales Mutter zu treffen. Denn ich kann sie nicht einschätzen. Ich kann nur ahnen, dass sie durch den Tod ihres Mannes tief erschüttert ist. Weil sie ihren Gefährten verloren hat. Kann eine Frau in Aserbaidschan allein eine Familie ernähren? Die Verantwortung scheint schwer auf ihr zu lasten. Das kann ich an ihrem betont aufgerichteten Rücken und den leicht zusammengekniffenen Mundwinkeln erkennen. Sie reißt sich zusammen. Und dabei scheinen ihr die alltäglichen häuslichen Aufgaben Erleichterung zu verschaffen. Wenn sie diese ausführt, ihre gewohnten, routinierten, notwendigen Handgriffe, sind ihre Bewegungen schnell und fließend, der Rücken entspannt sich und sie lächelt sogar, wenn man das Frühstücksei lobt.

Es ist nicht die positivste Homestay-Erfahrung, die wir machen. Das ist auch nicht unsere Erwartung. Ich bin dankbar für das Vertrauen und die Offenheit in den Momenten, in denen der Schmerz zutage tritt. Der Tod gehört zum Leben, auch wenn wir das gern ausblenden wollen. Und deswegen muss er auch ins Leben integriert und darf nicht weggeschoben werden. Es muss Zeit geben, um zu trauern, um zu vermissen, um sich an all das Erlebte mit dem Verstorbenen zu erinnern. Aber man darf sich auch nicht auferlegen, nicht mehr lachen zu dürfen oder sich zu schämen, weil man Freude für etwas empfindet. Das Leben geht weiter, auch wenn das brutal klingt. Ich denke immer: Wenn ich mal tot bin, würde ich mir wünschen, dass alle meine Liebsten wieder glücklich werden. Mit einer neuen Partnerin, mit einer anderen Sicht auf die Dinge, mit der Selbstverständlichkeit, dass ich tot bin und nicht sie – und sie trotzdem und weiterhin genießen können und auch sollten. Das ist natürlich alles ganz leicht gesagt, und ich habe das Glück gehabt, bisher nur *einen* wichtigen Menschen in meinem Leben verloren zu haben. Kurzum, ich bin überzeugt davon, dass wir das Thema »Tod« in unser Leben lassen sollten. Und deswegen bin ich auch am Tisch geblieben, wenn die Trauer überhandgenommen hat, und habe nicht versucht, die Situation »zu retten« und alle aufzuheitern. Die Trauer darf da sein. Auch wenn es unangenehm ist, ihr zuzuschauen.

Dschale blickt jetzt nach unten zu ihrer Mutter. Die ist inzwischen auf das Sofa im Flur gesunken oder eher darauf zusammengebrochen. Sie hält sich ihre rechte Bauchseite und hat das Gesicht im anderen Arm vergraben. Ich fürchte, ihre Fassade bröckelt, vielleicht bricht ein körperlicher Schmerz die bis jetzt gewahrte Starre auf oder sie versucht, sich an sich selbst festzukrallen. Ich stehe immer noch am selben Fleck und weiß nicht, was ich tun soll. Daniel ist bereits draußen, um das Tandem abflugbereit zu machen. Die Stimmen der Kinder schallen bis in den Flur. Sie feuern Daniel an. Ich blicke wieder auf Dschale, sie hebt noch einmal den Kopf, unsere Blicke treffen sich, die Trauer trifft mich. Dann senkt sie wieder den Blick und ich trete in das gleißende Sonnenlicht vor der Tür.

7 INSPIRATION

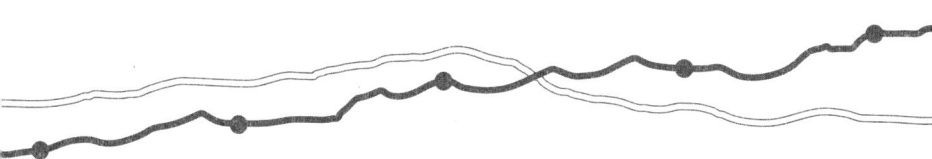

Mein Haar weht im Fahrtwind des weißen Lada 2107. Die Sonne steht schon tiefer und das Licht ist golden. Ich genieße den Geruch von Sommer und Meer und das kribbelnde Gefühl, einen Ausflug zu unternehmen. Turan sitzt vorn neben dem Taxifahrer und unterhält sich angeregt mit ihm. Ab und zu schnappe ich ein türkisches Wort auf, das ich wiedererkenne, und freue mich darüber. In Aserbaidschan können wir unser mageres Türkisch wieder einsetzen. Der große, schlanke Mann auf dem Beifahrersitz in seinem strahlend weißen Hemd passt perfekt zu meiner Sonntagsausflugsstimmung – und das, wenn man bedenkt, welch Zufall uns hierhergeführt hat.

Wir wollen in einer Apotheke in Lənkəran – Lankaran – im Süden von Aserbaidschan Kontaktlinsenwasser kaufen und sind ziemlich erstaunt, als der Mann hinter dem Tresen uns in feinstem Englisch bedient. Wir kommen ins Gespräch und einen Moment später schließt er, ohne zu zögern, den Laden, um uns zu einem späten Mittagessen einzuladen.

Und jetzt sitzen wir also in diesem Lada, der wie viele andere die Straßen von Aserbaidschan prägt. Turan übersetzt ab und zu, was »sein« Taxifahrer – er fährt täglich mit ihm – erzählt, und seine Augen sprühen vor Unternehmungslust. Diesen Ausdruck kenne ich. Ihn haben nur Menschen, deren innere Kraft so hell leuchtet, dass sie die Augen erreicht. Ich muss an Özgür denken. Der wache, interessierte Ausdruck ist derselbe. Turan hat eigentlich Wirtschaft studiert, findet aber im strukturschwachen Aserbaidschan keine passendere Arbeit als die Geschäftsleitung der Apotheke, in der wir ihn angetroffen haben. Außerdem steht ihm seine Vergangenheit im Weg. Er hat sich als Student für die Demokratie und somit gegen das konservative Regime eingesetzt. Keine guten beruflichen Referenzen im noch immer autoritär geführten Aserbaidschan.

Wir sind an unserem Ziel angekommen. Es ist ein nobles Restaurant in einem Hotel direkt am Strand des Kaspischen Meers. Der Kellner in weißem Hemd mit Fliege führt uns am Pool, an frisch verputzten Zimmern und einer Tür vorbei, aus der laute Musik dringt. Er platziert uns an einen Tisch mit Blick auf den Steinstrand und die haarigen Rücken von ein paar Jungs, die sich in die Fluten stürzen. Turan bestellt für uns, ich lehne mich zurück und genieße seine vollendeten Gastgeberqualitäten. Wir unterhalten uns angeregt über Allah und die Welt. Turan ist ein interessanter und intelligenter Gesprächspartner, dessen Meinungen wohlüberlegt klingen.

»Ich war nach dem Studium ein Jahr arbeitslos. Wegen meines politischen Engagements war es schwer, eine Anstellung zu bekommen. Meine Mutter hat sich immer so viele Sorgen um meine Zukunft gemacht, da habe ich schlussendlich den Job als Geschäftsführer in der Apotheke angenommen. Nicht besonders spannend und intellektuell alles andere als fordernd, aber wenigstens habe ich meine Mama glücklich gemacht.« Er hält für einen recht langen Moment inne.

»Ich fand das Jahr davor viel spannender. Ich habe so viel gelesen, so viele Dokumentationen geschaut, einfach um des Lernens willen gelernt, und mir ist nie langweilig gewesen.«

»Ich finde, dass es immens wichtig ist, dass man sich politisch einmischt«, sage ich, wie um ihn zu beruhigen. Turan reagiert nicht darauf. Darum füge ich schnell hinzu: »Aber ich kann das leicht dahersagen. In Deutschland ist das nicht gefährlich. Da darf man offen sagen, was man denkt, ohne dafür bestraft zu werden.« Turan nickt nur und wechselt das Thema.

»Meine Mutter würde sich freuen, euch kennenzulernen, und hat mich gebeten, euch zu fragen, ob ihr uns heute Abend die Ehre erweist, uns zu besuchen?«

Heute Abend geht leider nicht. Daniel und ich nehmen uns pro Monat einen Tag, an dem wir nicht radeln und den Abend zu zweit verbringen. Sonst sind wir irgendwann nur noch ein Team und kein Paar mehr. Und dieser Abend ist heute. Leider, irgendwie. Das findet Daniel wohl auch, denn er überlegt kurz und schlägt dann vor:

»Wir bleiben gern noch eine weitere Nacht, um deine Familie kennenzulernen!»

Ich freue mich. Ich bin gespannt auf Turans Familie und finde es wunderbar, noch eine Nacht in unserem abgefahrenen Kulturhotel zu bleiben, das vor Antiquitäten und aserbaidschanischer Folklore nur so strotzt. Aber ich wundere mich über Daniels Angebot, denn ihn hat eine innere Unruhe erfasst, seit wir entschieden haben, über den Pamir zu fahren. Er macht sich dauernd Sorgen, dass wir wegen der einen Nacht hier oder da zu viel auf dem Pamir im Schneesturm stecken bleiben werden. Ich kann das, ehrlich gesagt, nicht mehr hören. Vor allem kann ich mir nicht vorstellen, dass es je wieder kalt werden wird. So warm, wie es in diesem Land ist. Daniel rechnet mir regelmäßig vor, dass wir spätestens Ende Oktober in Osch in Kirgistan angekommen sein müssen: »Du weißt, wie unberechenbar das Hochgebirge ist. Auf über 3000 Höhenmetern! Wenn wir da in eine Kältewelle kommen, kann das lebensgefährlich werden.«

Ich wische mir eine Schweißperle von der Stirn und folge wieder dem Gespräch am Tisch.

»Bevor ihr euch morgen vielleicht wundert: Ich wohne noch bei meinen Eltern. Bei uns ziehen die Kinder nämlich erst von zu Hause aus, wenn sie selbst eine Familie gründen. Aber ich will nicht heiraten.« Das lässt mich aufhorchen. Eine Familie zu gründen scheint eine logische und unabdingbare Folge des Erwachsenwerdens zu sein, und das nie stärker als in den Ländern, die wir inklusive der Türkei durchreist haben. Und ich bin gespannt, warum dieser kluge Mann die Fragen des Lebens nicht mit einer Partnerin diskutieren möchte.

»Entschuldige, Turan, darf ich nachfragen, warum nicht?«

»Die aserbaidschanischen Frauen sind nicht wie du. Sie sind nicht streitbar. Sie lesen nicht. Sie suchen einfach materielle Sicherheit und erwarten, dass der Mann alle Verantwortung übernimmt.« Mich ehrt das Kompliment, aber ich lache ihn aus.

»Turan, vielleicht ist die Mehrheit so, aber es gibt sicher Ausnahmen. Du musst sie nur finden.« Er lässt sich nicht weiter darauf ein, sondern verlangt nach der Rechnung. Ich kann es nicht lassen zu zeigen, dass es auch anstrengend sein kann, wenn Frauen selbstbestimmt sind:

»Lass mich bezahlen!« Er schüttelt lachend den Kopf.

Dann warten wir im Schatten der Bäume auf unser Lada-Taxi. Kinder tollen in ballonartigen Tüllkleidern um uns herum. Sie kommen aus der Tür mit der lauten Musik gelaufen und Turan meint, es handele sich entweder um eine Hochzeit oder einen pompösen Geburtstag.

Wir kommen nochmals auf »seine« Zeit zu sprechen.

»Ist dir wirklich nie langweilig gewesen?«, frage ich ihn und schaue ihn mit schräg gelegtem Kopf von der Seite an.

Seine Augen blicken mich schelmisch an.

»Für mich gibt es nichts Interessanteres, als das zu lernen, worauf ich Lust habe.«

An diesen Satz werde ich noch oft denken. Auf der Reise und auch danach. Er wird mich immer daran erinnern, dass wir uns so selten fragen, was wir wirklich wollen, sondern einfach machen, was man als *normal* betrachtet: essen, schlafen, arbeiten, repeat.

Als wir am nächsten Tag im selben Lada sitzen und zu Turans Familie unterwegs sind, habe ich bereits das Gefühl, hier zu Hause zu sein. Turan begrüßt auch uns wie alte Freunde und freut sich sichtlich auf den Abend mit uns und seiner Familie. Wieder einmal wird mir klar: Es ist ein Geschenk, in die Leben anderer Menschen eingeladen zu werden und miterleben zu dürfen, was sie beschäftigt, erfreut und inspiriert.

Turans Mama hat während ihres Studiums Deutsch gelernt und begrüßt uns herzlich in unserer Muttersprache. Wir sind hingegen erst mal sprachlos. Über den Abend beginne ich zu verstehen, woher ihr Sohn seinen wachen Blick und diesen Lebensdrang hat, der geradezu ansteckend ist. Ein Abend mit einer bunten Mischung aus Englisch, Deutsch und Aserbaidschanisch. Wir müssen essen, bis wir nur noch kugeln können, und ich darf kein bisschen helfen, abzuräumen oder abzuspülen.

Beim Einschlafen, in unserem Hotelbett, denke ich an die vergangenen Stunden zurück – an Turan, seine Wachheit, sein Interesse, das von innen sprühende Leben. All das hat mich tief beeindruckt und ich habe es genossen, mit ihm zu lachen, zu diskutieren, zu streiten und mich in seiner Lebendigkeit zu sonnen. Ich frage mich, woher es kommt, dieses Leuchten. Ist es die innere Einstellung zum Leben? Das Verstehen des Lebens? Oder die Erkenntnis, was wirklich zählt? Ich weiß es nicht genau. Was ich weiß, ist, dass ich es bewundernswert finde, so frei von gesellschaftlichen Konventionen zu sein, so alternativlos der eigenen, inneren Stimme zu folgen und so viel Zufriedenheit auszustrahlen und dabei streitbar zu bleiben. Ich nehme mir vor, mir mein Leben genauso zu eigen zu machen wie er. Frei zu sein im Innern. Inspiration weiterzugeben. Unsere Reise scheint mir die ideale Zeit, um dies zu tun oder zumindest zu probieren. Ich bin sowieso schon außerhalb meiner Komfortzone und weit weg von den eigenen sozialen Normen. Ich erkenne die in meiner eigenen Kultur versteckten informellen Regeln viel leichter, weil ich sie mit denen in anderen Ländern vergleichen kann. Nehmen wir Turan: In einem Land, in dem die Männer die Frauen ernähren sollen, 30-Jährige schräg angelinst werden, weil sie nicht verheiratet sind und keine vier Kinder haben, nimmt er sich die Freiheit, ein Jahr lang zu machen, was er will. Das nenne ich Mut. Ich bewundere ihn für seine Freiheit im Kopf.

Ich ziehe den Vergleich zu Deutschland. Ich denke darüber nach, wie Turans Auszeit in unserer leistungsorientierten Gesellschaft aufgenommen werden würde. Etwas nur für sich zu tun, ohne ein konkretes Ziel vor Augen, ohne effizient zu sein? Ich sehe die hochgezogenen Augenbrauen und das verständnislose Kopfschütteln der Gesellschaft vor meinem inneren Auge. Klar, nach dem Abi darf man sich mal ein Jahr in Australien austoben. Aber einfach zu Hause zu sein, um sich seine eigene Welt zu eröffnen? Eher verpönt. In einer Gesellschaft, in der es schick ist, im Stress zu sein, verliert man schnell die Verbindung zu seiner inneren Stimme. Es gibt einfach zu viel, das einen von ihr ablenkt. Und dann ist es einfacher, dem zu folgen, was alle machen, was als »normal« gilt. Und als »normal« gilt eben so ziemlich alles, was zielorientiert ist. Etwas zu tun um des Tuns willen, ist weniger anerkannt.

Ich nehme mir vor auszuprobieren, wie es ist, einfach Dinge zu tun, weil sie mir Spaß machen. Ohne ein zeitliches Limit, ohne ein Ziel, ohne den Druck, es besonders effizient machen zu müssen. Ich bin gespannt. Danke für die Inspiration.

Augenblicke in Aserbaidschan

»Guten Morgen, Kamerad!«, röhrt Telman über seinen stattlichen Bierbauch hinweg. Ich frage mich in diesem Moment, ob er ihn auch benutzt, um die Autos zu stoppen, die auf der kleinen Straße an seinem Stand mit hausgemachtem Eingemachten vorbeifahren wollen.

Auch uns beeindruckt der kugelrunde Vorbau so sehr, dass wir an seinem Stand anhalten, um seine Auslage zu bewundern, und kurzerhand beschließen, neben Telman zu picknicken. Als er im nächsten Moment trotz des beachtlichen Kessels behände über den angrenzenden Zaun hinwegsteigt, um uns zwei Gurken aus seinem Garten zu holen, bin ich tief beeindruckt. Wir machen es uns im Schatten neben seinem Stand gemütlich und er erklärt uns in einer Mischung aus Russisch und Deutsch, dass er zu Sowjetzeiten einen Teil seines Wehrdiensts in der damaligen DDR ableisten musste und dabei ein wenig Deutsch gelernt hat. Noch so einer. Vielen der älteren Männer, die wir in Aserbaidschan treffen, ist es ähnlich ergangen. Verrückt, wenn man darüber nachdenkt, wie groß die UdSSR einmal war und wie viele Nationen und Ethnien sie unter sich vereint hat. Und wie die willkürlichen Grenzziehungen noch bis heute nachwirken.

Als wir fertig sind mit unserer Mittagspause, danken wir Telman mit einem »*Teşekkür ederim*« für seine Gesellschaft. Er grinst herzlich und wendet seinen riesigen Bauch wieder der Straße zu, um den Autos die Durchfahrt an seinem Stand zu erschweren. Ein herrliches Bild.

* * *

Es gibt einen Witz, der geht so: »Wenn du aus Kurdamir kommst und stirbst, dann kommst du nicht in die Hölle, sondern direkt wieder nach Kurdamir. Die Hitze macht einfach keinen Unterschied.«

Es ist noch kühl, aber die Sonne scheint schon über das trockene Land. Alles ist in eine Nuance aus Gold und Ocker getaucht. Meine Sinne sind noch nicht ganz erwacht. Es ist früher Morgen in der »Wüste von Aserbaidschan«, nahe der Stadt Kürdəmir. Trotzdem ist schon einiges los am Straßenrand. Ein Mann treibt seine knochigen Kühe auf dem staubigen Seitenstreifen entlang. Sie hinterlassen eine Staubwolke, obwohl sie gemächlich gehen. Das Land ist so trocken, dass auch die Straße voller Erde ist, die der Wind dorthin getragen hat. Der Mann hebt seinen kurzen Stock, um uns zu grüßen, als wir an ihm vorbeipedalieren. Ich winke zurück, Daniel nickt.

Uns kommen hübsch angezogene Kinder entgegen, die schnellen Schrittes unterwegs sind. Die Mädchen tragen weiße Blusen und blaue Faltenröcke, die Jungs weiße Hemden und blaue Anzughosen. Die Kinder sehen uns meist schon von Weitem, ihr Schritt wird dann langsamer, der Mund formt ein O. Manchmal sind sie so erstaunt, dass sie vergessen, fleißig voranzuschreiten. Dann dreht sich ihr Kopf mit uns, wenn wir an ihnen vorbeifahren, manchmal hebt sich auch eine Hand. Irgendwann trifft sie die Erkenntnis, dass sie zur Schule müssen, wie ein Blitz, dann drehen sie sich erschrocken um und nehmen ihre schnellen Schritte wieder auf, um auf eine unmarkierte Bushaltestelle zuzuhalten. Nicht aber, ohne ab und zu nochmals den Kopf nach uns zu drehen. Wir sehen wohl einfach zu verrückt aus. Der »Schulbus« ist ein klappriger Minivan, der mit offenen Türen fährt und die Schüler und Schülerinnen einsammelt. Dazwischen sitzen auch Erwachsene, die wahrscheinlich zur Arbeit in den nächsten Ort fahren.

Auf der anderen Straßenseite trottet eine Schafherde ihres Wegs. Die braunen und schwarzen Tiere folgen einander dicht an dicht mit fliegenden Ohren. Ihre Köpfe bewegen sich ruckartig nach vorn und hinten, immer darauf bedacht, sich ja nicht zu weit vom Hinterteil des Vorderschafs zu entfernen.

Ich beobachte diese Szenen aus schlafverklebten Augen. Ich fühle mich verbunden mit all den Menschen, die auch schon wach sind, um diesen Morgen zu begrüßen. Wir alle sind wach, weil wir der Hitze des Tages ein Schnippchen schlagen und einen Teil unseres Tagwerks verrichten wollen, bevor sie uns lähmt. Uns zwingt, eine Pause im Schatten einzulegen.

* * *

Die letzte Kanne Tee in Aserbaidschan. Ein schattiger Garten. Wir sitzen unter einem schönen Baum und fragen uns, wie die Grenzüberschreitung in den Iran wohl sein wird. Ich stopfe mir noch eine Süßigkeit in den Mund. Essen hilft immer.

8 (ÜBER-)LEBEN IN DER ISLAMISCHEN REPUBLIK

Wir halten 200 Meter vor dem iranischen Grenzposten von Astara, und ich wickle mir unbeholfen das geblümte weiße Tuch um den Kopf. Ich muss den Helm größer stellen, damit mein Kopf inklusive Tuch hineinpasst. Dann geht es weiter. Ehrlich gesagt bin ich ganz schön aufgeregt. Wir haben so viel Positives über den Iran gehört, aber eben auch, dass die Beamten keinen Spaß verstehen. Der erste Beamte grüßt uns freundlich und drückt jedem von uns ein Blatt in die Hand.

»Please fill in.« Ich tue wie geheißen. Daniel bittet mich, auch sein Blatt zu bearbeiten. Er mag den Schriftkram nicht und ist dankbar für die kleine Pause. Ich fülle alles aus, bis auf seine Religion, um ihn zu fragen, was er da angeben möchte.

Da kommt der Beamte bereits auf mich zu und bedeutet mir, ihm die Blätter auszuhändigen. Er liest zuerst meines durch und nickt, offenbar damit zufrieden, an Daniels bleibt er hängen.

»Friend, you forgot to fill in your religion.« Ich beiße mir innerlich auf die Lippen und schaue Daniel mit großen Augen an.

»I am atheist.« Ich schlage mir innerlich die Hand vor den Kopf. Das war's mit der Einreise in die »Islamische Republik«.

»What is an atheist?« Ich hoffe, Daniel sagt, dass das eine ganz spezielle Religion in Europa ist.

»It is when you do not believe in God.« Meine Hoffnung schwindet. Ich presse die Luft durch meine Zähne. Der Beamte denkt einen Moment nach und ich sehe uns bereits wieder zurück durch Aserbaidschan schaukeln. Dann breitet sich ein bitteres Lächeln auf seinem Gesicht aus.

»Maybe it is better to have no religion. You do not have so many problems.« Ich warte noch einen Moment darauf, dass er uns wegschickt. Er tut es nicht. Dann atme ich erleichtert aus. Daniel lacht herzhaft. Ich glaube, er hat gar nicht geschnallt, wie heikel die Situation war. Ich bedanke mich bei dem Uniformierten und treibe Daniel zur Eile. Bevor der Beamte den Witz weitererzählen kann.

* * *

Ich strecke meinen Arm noch weiter aus und biete meinem Gegenüber ein zweites Mal meine Hand an. Sie ist ja auch leicht zu übersehen, weil sie nur ein Stückchen aus dem sackartigen Hemd hervorblitzt, das ich trage. Der Mann blickt kurz auf meine Hand, lässt aber seine Rechte auf seinem Herzen liegen. Die Erkenntnis trifft mich wie ein Schlag. Er gibt mir seine Hand nicht, weil ich eine Frau bin. Das Lächeln fällt mir aus dem Gesicht und ich ziehe meine Hand ruckartig zurück. Zu spät. Alle Anwesenden haben die Situation beobachtet. Ich fühle mich gedemütigt. Da hilft es auch nichts, dass Reza, der ein paar Minuten vorher freudestrahlend auf uns zugelaufen kam, um uns kennenzulernen und in seinem Land zu begrüßen, mir mit einem entschuldigenden Blick auf seinen Schwager erklärt, dass die Schwester seiner Frau und deren Mann sehr gläubige Menschen seien und es im Iran verboten sei, dass Männer und Frauen, die nicht miteinander verwandt sind, sich berühren. Besonders in der Öffentlichkeit. Ich nicke, kann aber nichts dagegen tun, dass ich mich bloßgestellt, empört und wütend zugleich fühle. Weil ich eine Frau bin. Ich kann es nicht fassen. Reza quasselt weiter und versucht, die Situation zu entspannen.

»Das hat nichts mit dir zu tun. Und sie kommen gar nicht auf die Idee, dass das auf Ausländer brüsk wirken könnte.« Meine Atmung geht immer noch flach und schnell und ich bin hochrot im Gesicht. Ich versuche, mein Hirn einzuschalten und mir einzureden, dass in anderen Ländern eben andere Sitten gelten. Und dass es meine Schuld ist, dass ich in dieser Situation bin, weil ich mich einfach zu wenig auf den Iran vorbereitet habe. Aber ich schaffe es nicht, das auch zu *glauben*. Denn dazu bin ich zu überzeugt davon, dass Mann und Frau ebenbürtig behandelt werden sollten – weil sie es sind.

Wir entschließen uns dazu, eines der mit bunten Tüchern behängten Metallgestelle als Schlafplatz für diese Nacht zu mieten, die direkt im Sand und ein wenig nach hinten versetzt am Strand stehen. Wir stellen unser Innenzelt in das Ding, um nicht von Moskitos attackiert zu werden. Dann schließen wir die bunten Vorhänge rundherum, damit ich mich ausziehen kann. Es ist so heiß hier. Ich schwitze am ganzen Körper. Es weht kein Lüftchen. Die Tücher sind recht transparent und ich bin mir nicht sicher, wie viel ich unter diesen Umständen ausziehen kann. Daniel sitzt bereits nur in Unterhose bekleidet neben mir und versucht mich zu trösten. Ich bin genervt und maule ihn an.

»Super, *du* kannst hier ja auch so sitzen und dir gibt jeder die Hand.« Daniel blickt mich verständnislos an.

»Sicher nicht. Seine Frau hat mir ihre Hand auch nicht gegeben. Und ich sitze hier so, weil ich es nicht einsehe, mich zu Tode zu schwitzen. Schließlich haben wir alles, was möglich ist, getan, damit niemand reinsehen kann. Und wenn einer reinsehen will, dann ist das seine Schuld.« Ich schüttele immer noch genervt den Kopf und lege mich voll bekleidet mit dem Rücken zu Daniel auf meine Matte. Meine Kleidung klebt an meinem Körper. Der Schweiß rinnt über meine Haut. Ich bin wütend auf Daniel. Weil er mich nicht beschützen kann. Weil er denen nicht sagt, dass sie seine Frau gefälligst nicht so behandeln sollen. Ich atme tief ein und bin wieder wütend auf mich. Weil ich mich nicht selbst beschützen und meine Meinung kundtun kann. Aber ich bin hier Gast. Da muss man sich auch ein wenig anpassen.

Ich setze mich wieder auf. Mein Blick fällt auf das Zelt nebenan. Ich sehe das Schattenspiel eines weiblichen Körpers. Sie sitzt seitlich zu mir, sodass ich sogar die Knospen an ihren Brüsten sehen kann, und kämmt ihr Haar. Der Kopf ist leicht nach hinten gebeugt, das lange Haar fällt ihr bis zu den Hüften. Es ist ein sinnliches Bild, und ihr muss klar sein, dass man sie von draußen sehen kann. Aber es scheint ihr egal zu sein. Ich wende mich von dem Anblick ab und beginne, mir die Schichten vom Leib zu reißen. Dann liege ich in Tanktop und Unterhose neben Daniel. Und schwitze immer noch erbärmlich. Ich fühle eine tiefe Traurigkeit und beschließe, dass ich morgen noch mal darüber nachdenken will. Mit klarem Geist. Ich lehne meinen Kopf an Daniels schweißnasse Schulter und versuche zu schlafen.

Als ich erwache, scheint die Sonne golden durch die Vorhänge. Die Luft ist kühl. Ich setze mich auf, strecke mich und freue mich über die bunten Tücher, die von der Sonne angestrahlt werden. Ich muss Pipi und ziehe mich an. Draußen ist noch nichts los. Ich gehe langsam, weil noch verschlafen, Richtung Toilette. Ich begegne nur einem Mann auf dem Weg zum 200 Meter entfernten Klohäuschen. Er schaut mich mit großen Augen an. Immer wieder. Ich blicke ihm fest in die Augen und er sieht daraufhin weg. Als ich mich auf der Stehtoilette erleichtere, frage ich mich, ob man es mir denn so sehr ansieht, dass ich Ausländerin bin, dass man so starren muss. Und wieder trifft mich die Erkenntnis wie ein Blitz.

Ich habe kein Kopftuch auf.

Ich bin gerade ganze 200 Meter ohne Kopftuch durch ein Land spaziert, in dem genau das (unter anderem) per Gesetz verboten ist. Ich grinse. Wie erholsam mein Schlaf gewesen sein muss, dass ich das vergessen konnte. Als ich die Tür des Klohäuschens von innen wieder öffne, trete ich erhobenen Hauptes in die frühen Sonnenstrahlen und gehe nicht schnell und nicht langsam zurück zu unserem Tuchtempel. Ich springe auf den schlaftrunkenen Daniel und gackere:

»Ich war gerade ohne Schal auf dem Klo!« Ich fühle mich mächtig anarchistisch und mutig und das Schamgefühl des vorigen Abends ist verschwunden. Eins zu eins, würde ich sagen, Islamische Republik.

* * *

Wir sind in Anzali, eine der wichtigsten Hafenstädte des Iran. Abbas, unser Warmshowers-Gastgeber, bittet uns in sein selbst entworfenes Haus. Seine 80-jährige Mutter begrüßt uns zurückhaltend. Das von Falten gezeichnete Gesicht erhellt sich dann jedoch in einem Lächeln, und sie bedeutet mir, dass ich mein Kopftuch abnehmen solle. Ihr Sohn übersetzt:

»Ich weiß, dass ihr nicht denselben Glauben habt wie wir. Schon deshalb gelten für dich andere Regeln. Aber ich behalte den Hijab an, weil ich es gewohnt bin und es selbst mit heraufbeschworen habe.«

Damit meint sie wohl die sogenannte Islamische Revolution. Nach allem, was wir darüber gehört und gelesen haben, lässt sie sich so zusammenfassen: 1979 führte sie dazu, dass der damals regierende, korrupte und von westlichen Interessen geleitete Schah Mohammad Reza Pahlavi abdanken musste und eine islamische Regierung unter Führung des Ajatollah Ruhollah Chomeini die Macht übernahm. Vor 1979 war der Iran ein offenes Land, das unter westlicher Einflussnahme stand und in dem sich die Bevölkerung relativ frei entfalten konnte. Es gab Anstrengungen in Richtung Frauenwahlrecht, und veraltete Strukturen, wie das Feudalsystem in der Landvergabe, wurden abgeschafft. Die »Revolution« war eigentlich eine iranische und keine islamische, da die Proteste gegen den Schah von vielen Bevölkerungsschichten, von Kommunisten über Bildungsbürger bis hin zu streng Gläubigen, mitgetragen wurden in der Hoffnung, die Monarchie zu stürzen und so die Souveränität des Landes wiederherzustellen. Leider wurde das Machtvakuum, das der Schah hinterließ, ausschließlich von der islamischen Sparte innerhalb der Bewegung aufgefüllt, sodass am Ende auch nur deren Vorstellungen von einem neuen Staat verwirklicht wurden. Und dieser war eben streng islamisch, inklusive der Kleiderordnung für Frauen und Männer, weswegen die Frauen seither außerhalb des privaten Bereichs wieder verpflichtet sind, Hijab – die »Verhüllung« – zu tragen. Der Hijab für Frauen besteht aus einem Kopftuch, langer Hose und einem Oberteil mit langen Ärmeln, das mindestens über den Hintern, am besten bis zu den Knöcheln reicht. Lange Hosen sind für Männer Pflicht. Auch Abbas' Mutter war bei diesen Demonstrationen dabei. Nur hätte sie sich nicht träumen lassen, dass sie nach der »Revolution« weniger Rechte und mehr Pflichten haben würde als davor.

Sie erinnert sich auch noch gut daran, wie ihre Mutter sechs Jahre lang das Haus nicht verlassen hat, nachdem der Vater von Schah Mohammad Reza Pahlavi 1936 ein Dekret erlassen hatte, das als die »Enthüllung« bekannt wurde. Danach war es den Frauen untersagt, weiterhin den Tschador, ein zeltartiges Tuch, das bis dahin zur alltäglichen Kleidung der Iranerinnen gehörte, zu tragen. Viele Frauen schämten sich daraufhin, auf die Straße zu gehen und so gegen die tief in ihnen verankerte soziale Norm zu verstoßen. Die eher westlich geprägten Städterinnen folgten dem Dekret öfter freiwillig.

Ich nicke ihr dankend zu und nehme das Tuch ab. Zugegeben, aus meiner Perspektive bedeutet das Tuch nichts anderes als die Unterdrückung der Frau. Wie kann es sein, dass Frauen sich verschleiern müssen, nur damit die Männer nicht auf »lüsterne Gedanken« kommen? Und das alles staatlich verordnet. Ohne diese Gedanken in meinem Kopf würde ich es wahrscheinlich sogar freiwillig tragen. Aus Wertschätzung der Kultur dieses Landes gegenüber. Aber so fühle ich mich einfach nur bevormundet.

Abbas' Mutter streichelt mir mit ihrer runzeligen Hand sanft über das Haar. Sie spürt wahrscheinlich, dass es in mir brodelt. Ich lächle sie an. Hinterher ist man immer schlauer und ich verstehe, wie desillusionierend es sein muss, vehement für die Freiheit zu kämpfen und am Ende einfach einer anderen Art von Machthabern ausgeliefert zu sein. Individuelle Geschichten vor politischen Überzeugungen. So viel Ambivalenz will ich aushalten können.

Ein Augenblick im Iran

Der Perserteppich, auf dem wir gerade noch geschlafen haben, ist bereits zum Frühstücksbüfett umfunktioniert worden. Auf der nun reich gedeckten »Tischdecke« ist neben Käse, Gurken, Tomaten, Honig und Walnüssen Brot zentraler Bestandteil der Frühstückszeremonie. Es muss noch warm und frisch vom Bäcker sein. Alles andere wird nicht akzeptiert. In jedem Viertel finden sich darum mindestens zwei auf eins von fünf verschiedenen flachen Weizenbroten spezialisierte Bäcker, bei denen man das Brot frisch aus dem Ofen kaufen kann. Barbari ist aus luftigem Hefeteig gebacken und schmeckt Daniel am besten. Ich liebe Sangak, das auf heißen Steinen zubereitet wird, sehr dünn ist und so lang wie mein ganzer Oberkörper. Mit Lavash, das mich ein bisschen an Luftpolsterfolie erinnert, können wir beide nicht so viel anfangen, denn es schmeckt auch so. Dazu gibt es einen meist starken »Chai«.

9 EINE FRAGE DER EH(R)E?

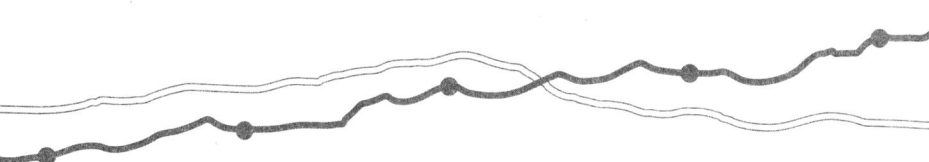

Ich liege wach. Mir ist viel zu warm in diesem überheizten Zimmer und die Erkenntnis des Tages lässt mich nicht los:

Ich bin ein billiges Flittchen.

Zumindest in den Augen unserer Gastgeber. Okay, vielleicht ist es nicht ganz so schlimm. Aber sicher bin ich keine ehrbare Frau. Der einzige Grund, warum die ganze Familie im Wohnzimmer schläft, damit wir ein eigenes Zimmer haben, und man mich immer noch zuvorkommend behandelt, ist wohl Daniel und die Tatsache, dass ich immer noch Gast bin und somit den höchsten Status im Iran innehabe.

Ich muss an das hysterische Gekicher unseres Gastgebers vor ein paar Stunden denken, als sein Bruder ihm mit einem Augenzwinkern mitteilt, dass Daniel mein »boyfriend« sei. Er stupst seine Frau mit dem Ellenbogen an und meint noch immer kichernd, dabei bedeutungsvoll die Augenbrauen hebend:

»We are boyfriend and girlfriend since 25 years.« Ich lache mit und werde nur stutzig, weil seine Frau etwas gequält lächelt und sich sichtlich unwohl fühlt. Da schlägt die Erkenntnis ein: Jeder hier denkt, ich sei Daniels Spielzeug und er könne mit mir machen, was er wolle, bis er meiner irgendwann überdrüssig ist und mich verlässt. Dann könnte ich entweder einen gutmütigen Tölpel finden, der mich noch heiratet, obwohl ich keine Jungfrau mehr bin, oder aber mein Leben in Schande irgendwie allein bestreiten. So oder so ähnlich läuft das nämlich in der Islamischen Republik Iran, in der man entweder verheiratet ist oder keinen Kontakt zum anderen Geschlecht hat. Ein Dazwischen gibt es nicht. Zumindest offiziell nicht. Denn die Frau ist dann ein Flittchen und der Mann darf munter weiterhuren.

Eigentlich weiß ich das alles. Aber bis zum heutigen Abend war mir nicht klar, dass das auch für mich gilt. Ich dachte, man versteht, dass Daniel und ich auch so glücklich sind. Dass es uns nicht so wichtig ist. Dass wir keine Vorteile darin sehen. Wie man offenbar auch versteht, dass ich keine Muslima bin und mir deswegen anbietet, den Schal abzunehmen. Dass bei diesem Thema die Dinge anders liegen, schwant mir, als Reza am Nachmittag fragt:

»Hat deine Mutter nichts dagegen, dass du mit Daniel unterwegs bist?« Ich verstehe erst nicht, worauf er hinauswill. »Sie hat sich daran gewöhnt, dass ich viel reise und weg bin. Ich war schon mit 18 zum ersten Mal in Brasilien als Au-pair. Wir haben das irgendwie geübt.«

Reza nickt, aber ich sehe, dass ihn die Antwort nicht befriedigt.

»Lebt ihr in Deutschland zusammen?«

»Ja, wir wohnen zusammen in einer Wohnung.«

Reza zieht die rechte Augenbraue nach oben.

»Und das geht?«

Ich schnappe innerlich kurz nach Luft. Sicher, bis vor 50 Jahren war es auch in Deutschland ein Problem, wenn eine Frau und ein Mann unverheiratet zusammenlebten. Seither hat sich aber vieles geändert und heute ist es normal, wie wir es machen. Klar, es gibt immer noch viele Paare, die heiraten, und das ist auch wunderbar so. Aber für uns gehört das eben nicht zwingend dazu. Das geht in meinem Kopf vor, antworten tue ich: »Klar, wieso denn nicht?« Reza schüttelt den Kopf. Er ringt mit seiner nächsten Frage, das sehe ich.

»Und dir macht es nichts aus, dass er dich jederzeit verlassen kann?«

Ich runzle die Stirn:

»Na ja, *ich* kann *ihn* ja auch jederzeit verlassen und eine Ehe ändert daran nichts, außer, dass es ein bisschen komplizierter wird, die Dinge wieder voneinander zu trennen.« Reza macht ein erwartungsvolles Gesicht, als würde er immer noch auf die *richtige* Antwort warten. Ich schaue ihn fragend an. Er nimmt noch einen Anlauf.

»Wie hältst du es aus, dass er sich mit anderen Frauen trifft?«

Meine erste Reaktion ist ein amüsiertes Lachen.

»Er hat Freundinnen so wie ich Freunde habe. Klar möchte er sich mit denen treffen. Und das ist völlig okay.« Ich benutze das Wort »friends« im Englischen.

»Du triffst dich auch mit anderen Männern?« Ich sehe, dass er schockiert ist, verstehe aber nicht, warum.

»Klar, wir führen ebenbürtige Leben. Das ist ganz normal in meiner Kultur.« Seine Augen werden schmaler und er fragt prüfend: »Und für dich ist es okay, wenn er Sex mit anderen Frauen hat?«

Mir bleibt die Luft weg.

»Nein! Ist es nicht! Und das würde er auch nicht machen.« Jetzt lächelt Reza wissend und schenkt mir einen mitleidigen Blick.

An dieser Stelle des Gesprächs übernimmt Daniel das Ruder, zum Glück:

»Reza, hör zu, es macht in Deutschland keinen Unterschied, ob man verheiratet ist oder nicht. Außer vielleicht steuerlich.

Aber indem ich und Antonia sagen, dass wir ›zusammen sind‹, geben wir anderen automatisch zu verstehen, dass wir vergeben sind und nicht offen für andere Beziehungen. Es bedeutet, dass wir uns umeinander kümmern, für den anderen sorgen. Und dass wir mit niemand anderem Sex haben. Genauso, als ob wir verheiratet wären. Das Einzige, was fehlt, ist die offizielle Beglaubigung.«

Reza blickt uns erstaunt an, der Groschen ist gefallen.

»Ah, *that* means to have a girlfriend or a boyfriend in Germany?«

Wir nicken bekräftigend. Reza ist ehrlich überwältigt. So langsam begreife ich, woher seine Fragen rühren.

»In Iran to have a girlfriend means exactly what?«

»Having a girlfriend means, that you just have sex with somebody. Sometimes you will later marry her, but maybe you will also leave her for somebody else.«

Mein Mund steht offen. Ich überlege, wie vielen Menschen im Iran ich schon voller Selbstverständlichkeit erzählt habe, dass wir nicht verheiratet sind, aber seit acht Jahren zusammen. Damit wollte ich veranschaulichen, dass wir eine ernsthafte Beziehung führen. Was ich damit ausgelöst habe, war aber wahrscheinlich: *Das arme Ding. Acht Jahre zusammen, und er hält sie immer noch hin, anstatt sie endlich zu einer ehrbaren Frau zu machen.* Ich bin geplättet.

Ich kann nichts dagegen tun, dass ich mich schäme. Alle denken, ich sei ein bemitleidenswertes Flittchen, nicht stark genug, mich gegen meinen Gönner aufzulehnen. Zu abhängig von ihm, um aufzubegehren. Ich kann einen kurzen Moment fühlen, wie ausgeliefert Frauen sind in einem Staat, der nur Männern Rechte zugesteht. Und ich kann nur im Ansatz fühlen, was das für das Selbstbewusstsein und die Integrität von Frauen bedeutet. Immer zu wissen, dass der Mann mehr Rechte genießt als man selbst, macht nicht nur wütend, sondern manchmal auch schwach. Denn irgendwann glaubt man vielleicht selbst ein bisschen daran und sieht sich gezwungen, ein wenig mehr zu geben als zu nehmen, vielleicht auch Dinge zu tun, die man nicht aus freien Stücken tun würde. Ebenbürtige Beziehungen zu führen, stelle ich mir unter diesen Umständen schwer vor. Besonders, weil die Männer mit keinerlei Konsequenzen oder der Schädigung ihres Rufs rechnen müssen.

Ich tauche wieder auf aus meinen Gedanken und höre Daniel gerade sagen:

»Wir sind gleichberechtigt. So wie ich Antonia aus freien Stücken liebe, so liebt sie mich und genauso kann sie sich auch entscheiden zu gehen, wenn sie das nicht mehr tut. Sie ist eine unabhängige Frau. Sie kann selbst für sich sorgen.« Ich habe einen Kloß im Hals vor Stolz. Fast hätte ich vergessen, was für ein Feminist Daniel ist. Wie vehement er auf Gleichberechtigung pocht. Manchmal sogar an Stellen, an denen ich weniger daran interessiert bin. Zum Beispiel, wenn es um schwere körperliche Arbeit geht. Zu hören, in was für einem stillen Übereinkommen wir leben, tut gut. Es hilft mir, mich nicht für die Meinung anderer zu interessieren, sondern mich daran zu erinnern, dass das alles in meinem Kulturkreis ganz anders wahrgenommen wird.

Reza blickt mich ganz offenherzig an.

»Merci. I did not know that.« Ich bin froh, dass Reza uns diese ehrlichen Fragen gestellt hat, denn nur so konnten wir dieses riesige kulturelle Missverständnis richtigstellen. Ein bitterer Nachgeschmack bleibt dennoch auf meiner Zunge zurück. Ich empfinde es als bezeichnend, dass ein gebildeter Mensch wie Reza – Arzt, Ehemann, Vater, um die 50 und mir gegenüber sehr zuvorkommend – wirklich annahm, ich sei Daniels Konkubine.

Ich schiebe mich vorsichtig von der Matratze und schleiche ans Fenster. Draußen regnet es immer noch in Strömen. Ich entledige mich meines Shirts und meiner Hose und reiße das Fenster auf. Ich atme tief die kalte, feuchte Luft ein und lasse sie über meinen Körper streichen. Ich mache mir klar: Wir treffen auf unserer Reise oft auf Menschen, deren einziges Fenster zu einer fremden Welt wir sind. Das bedeutet, dass wir viel mehr erklären müssen als sonst. Es bedeutet aber auch, die eigene Perspektive zu durchschauen und zu hinterfragen. Zu verstehen, dass mein Bild der Welt auch nur eines von vielen möglichen ist und dass es ganz verschiedene Konnotationen für dieselben Wörter gibt. Sie sind oft so tief in der eigenen Kultur verankert, dass man ihre Bedeutung im Zweifel erst in ihrer Gänze erkennt und hinterfragt, wenn jemand einem den Spiegel vorhält – oder wenn man laut dagegenkracht. Ich habe gelernt.

Und ich bin eine Frau. Eine Frau, die bis jetzt nicht oft auf die Idee gekommen ist, dass das Geschlecht eine solch tragende Rolle spielt. Weil ich in einer Gesellschaft groß geworden bin, die Rollenbilder kennt. Selbst wenn sie die Gleichberechtigung auch manchmal nur auf dem Papier und in hochtrabend geschwungenen Reden lebt. Dennoch habe ich noch keine wirkliche Diskriminierung erfahren, nicht so wie hier. Meinen Vorkämpferinnen sei Dank, die so hart dafür gekämpft haben, dass ich erst im Iran wieder daran erinnert werde, dass ich eine Frau bin.

Ich bin auf die Hauptstadt gespannt. Liegen die Dinge dort anders? Noch drei Tage auf der berüchtigten Tschalus-Straße, dann erreichen wir Teheran.

10 VON DER ANSTRENGUNG, EINE FRAU ZU SEIN

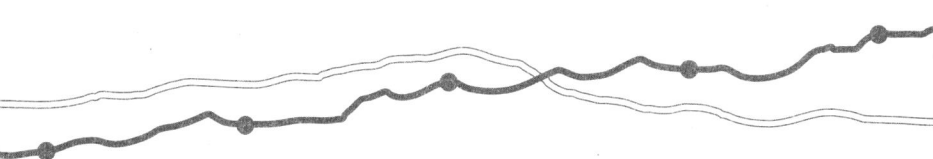

Wir sitzen in einem kleinen Park in Teheran. Es ist früher Morgen, und wir haben es bis in die Mitte der für ihren halsbrecherischen Verkehr bekannten Stadt geschafft, ohne dass uns jemand umgefahren hat. Wir trauen uns noch nicht, bei Aftab zu klingeln, die hier ganz in der Nähe wohnt. Ich bin sehr gespannt auf diese junge Frau, von der ich schon so viel gehört habe. Stefan, ein ehemaliger Teamkollege von Daniel, hat uns noch in Deutschland den Kontakt gegeben und uns eingebläut, seine Freundin auf jeden Fall zu besuchen. Er hat sie während seines Auslandssemesters im Iran kennengelernt, und die beiden sind seit fast einem Jahr ein Paar. Stefan hat begeistert von seiner Aftab geschwärmt und uns ein bisschen von ihrer bewegenden Geschichte erzählt. Das alles hat mich neugierig gemacht und außerdem freue ich mich darauf, mal wieder bei einer Frau zu Gast zu sein. Aftab wohnt nämlich allein in der Wohnung in Teheran, weil sie hier studiert. Ihren Vater und ihren Bruder haben wir bereits ein paar Tage zuvor kennengelernt, weil wir zufällig durch Aftabs Heimatort geradelt und natürlich herzlich eingeladen worden sind. Mohammad, Aftabs Vater, ist ein interessanter Mann; ich bin gespannt, ob sie ihm ähnlich ist.

* * *

Wir wollen uns einen schönen Abend machen. Mal so richtig ausgehen. Aftab und ich verschwinden in ihrem Schlafzimmer, wühlen im Schrank und verteilen die Kleidungsstücke, die wir anprobieren wollen, auf dem Bett, über dem Schreibtisch und im ganzen Zimmer. Aftab lässt mir völlig freie Wahl. Es gibt nichts, das sie mich nicht anprobieren lässt. Wir posieren abwechselnd vor dem Spiegel, machen lustige Gesichter dabei und lassen uns schön viel Zeit.

Endlich haben wir unsere Garderobe ausgewählt. Aftab schiebt mich rückwärts auf ihr Bett. Ich sitze auf der Bettkante und die Vorfreude kribbelt in meinem Bauch. Hinaus in die Nacht, hübsch gemacht, die Stadt erkunden. Aftab hebt mein Kinn an und ich schließe die Augen. Sie trägt den Lidschatten vorsichtig auf. Der Pinsel streichelt meine geschlossenen Lider, Aftabs Hand liegt sanft auf meiner Wange. Ich rieche ihren angenehmen Duft und ihre langen Haare kitzeln meinen nackten Arm. Es ist schön, so umsorgt zu werden und gleichzeitig dieses Prickeln zu fühlen, das einen überkommt, wenn man mit Freunden in die Nacht aufbricht.

»Azizam, ich bin fertig.« Ich muss über ihre Zärtlichkeit lächeln. »Azizam« – »Schatz«. Persisch klingt so schön, mit seinen vibrierenden Z-Lauten. Ich öffne die Augen und auch sie lächelt mich an. Ihr Kopf ist ganz nah an meinem Gesicht. Diesen Umstand nutze ich, um ihr einen Kuss auf die Wange zu drücken und mich mit »Merci, Azizam!« zu bedanken.

Wir gehen zusammen ins Wohnzimmer, um unsere »Jungs« einzusammeln. Daniel und Aftabs Vater Mohammad sitzen in der Sofaecke und versuchen nicht zu verstecken, dass sie froh sind, dass wir endlich loskönnen. Wir kichern und legen uns die zu unseren Outfits passenden Schals über den Kopf. Ein letzter Blick in den Spiegel. Es hat etwas Geheimnisvolles, dieses Tuch zu tragen. Ich senke meinen Kopf und blicke mich selbst mit einem verführerischen Blick an. Ein leichtes Lächeln umspielt meinen Mund.

Und trotzdem werde ich es wohl nie in die Nähe der persischen Schönheiten schaffen, denke ich ohne Neid.

Als wir im Auto sitzen und Iran-Pop aus den Lautsprechern dröhnt, lehne ich meinen Kopf zurück und genieße die vorbeiziehenden Lichter Teherans, das in allen Farben leuchtet. Ich kann das Pulsieren der Stadt spüren. Mit der Nacht kommt auch ein wenig Freiheit und die Menschen scheinen aufzuatmen. Gerade sehe ich einen Mann und eine Frau Federball in einem Park spielen. Es macht mich traurig, dass sie als Frau dazu den Schutz der Dunkelheit suchen muss. Sport ist so wichtig für die Gesundheit und das Wohlbefinden. Zumindest für mich. Er ist mein Ausgleich, mein Start in den Tag, mein Ritual, nach dem ich gestärkt und klar in den Alltag starten kann. Ich wüsste ganz ehrlich wirklich nicht, wie ich reagieren würde, wenn man mir das von heute auf morgen nehmen würde.

Die Herren halten uns die Türen auf, wir springen raus und gehen schnatternd und gackernd auf den Eingang des Vergnügungstempels zu. Dann sind wir drin. Ich streiche über den grünen Stoff einer der Billardtische und frotzele, dass ich Mohammad abziehen werde. Der grinst nur mit einem Mundwinkel und wir gehen auf die Schuhausgabe fürs Bowling zu.

Die jungen Männer hinter dem Tresen sind mir sofort unsympathisch. Erst ignorieren sie uns eine kleine Weile und als wir drankommen, werfen sie die Schuhe eher auf den Tresen, als dass sie sie darauflegen. Ich verstehe diese irgendwie wütende Reaktion nicht.

»Was ist los?«

»Wir müssen noch etwas überziehen.«

Ich schaue Aftab verwirrt an. Wir tragen bereits Manteaus, lange, mantelartige Oberteile, die bis auf den Boden reichen, und die Männer haben natürlich lange Hosen an. Da werden uns zwei sackähnliche Überzieher über den Tresen gereicht und ich verstehe, dass die Regel nur für Frauen gilt.

»Weil sonst unsere Hintern zu aufreizend sein könnten, wenn wir uns bücken, um die Bowlingkugel loszulassen«, erklärt Aftab mit einem verächtlichen Unterton. Ich kann es nicht fassen. Meine Schultern sinken herunter, meine Freude ist verpufft. Das kann doch einfach nicht wahr sein. Ich nehme Blickkontakt zu einem der Jungs hinter dem Tresen auf. Der zeigt bloß auf eine Kamera. Ich frage mich, ob diese direkt in ein Polizeirevier sendet. Entweder wir tragen die »Säcke« oder wir dürfen nicht spielen. Mohammad sagt achselzuckend: »Das sind alles Schweine. Aber wir lassen uns den Abend nicht verderben, oder?« Also ziehen Aftab und ich die Dinger über unsere schönen Outfits.

Wir legen los. Allmählich entspanne ich mich wieder und habe Spaß am Spiel. Aftab ist sehr ehrgeizig und ihr natürliches Sporttalent kommt gut zum Zug. Nach ein paar Runden fragt Mohammad, ob Daniel mit ihm Billard spielen will. Ich will auch. Eigentlich mag ich dieses Spiel lieber. Mohammad schaut bedrückt auf den Boden und Aftab klärt mich auf: »Wir dürfen das nicht spielen. Weil man dabei den Po sehr weit rausstrecken muss.« Ich kriege keine Luft mehr. Wut und Unglauben stecken mir in der Brust fest und nehmen mir den Atem.

»Ehrlich?!« Das zweite Mal an diesem Abend will ich einfach nur weg. Einfach nur raus aus einem Land, in dem mir immer wieder so hässlich vor Augen geführt wird, dass ich in den Augen der Regierung weniger wert bin. Ich habe keine Lust mehr zu spielen. Ich schleudere den Jungs hinter dem Tresen meinen Sack entgegen und setze mich betont lasziv auf einen Barhocker. Sollen sie ruhig denken, ich sei eine ruchlose Westlerin, die leicht zu haben ist. Erniedrigter kann ich mich eh nicht mehr fühlen.

Aftab setzt sich neben mich, um den Jungs beim Billard zuzusehen. Ich nippe an meiner Limo und auch das kotzt mich an. Nicht, dass ich Alkohol bräuchte, um einen tollen Abend zu haben. Aber überall dieses Korsett aus Verboten zu fühlen, nimmt mir die Lust am Leben.

Ich brauche mich ja nicht zu beschweren. Ich bin nur ein paar Wochen in diesem Land. Aber wie erdrückend muss das für die Frauen sein, die hier leben? Ich meine, es geht hier um Bowlen, nicht um Poledance! Ich streichle Aftab über den Arm und küsse ihre Hand. Ich fühle grenzenlose Achtung vor ihr. Sie ist trotz all dieser Verbote und der Diskriminierung eine selbstbewusste Frau geworden. Wie viel Kraft das kosten muss, sich immer wieder durchzusetzen, nicht aufzugeben angesichts dieser Ungerechtigkeit, stolz und selbstbewusst zu bleiben. Sie schaut mich mit ihren mandelförmigen Augen an. Es blitzen Tränen darin. Ich drücke ihre Hand. Was für eine Party.

* * *

Der Teheran Bazar – ein Meer aus getrockneten Rosenblüten und rot glühenden Safranfäden, ein betörender Geruch. Ein Gewusel aus bunter Kleidung, Rufen, ich kann gar nicht schnell genug schauen, um alles aufzunehmen. Aftab ist schon in die Verhandlung mit dem Verkäufer vertieft, der ein kleines Plastiksäckchen mit Rosenblüten füllt und mir unter die Nase hält. Ich kann meine Begeisterung nicht verbergen und der Verkäufer grinst siegessicher. Sicherlich habe ich den Preis damit noch ein bisschen in die Höhe getrieben. Aber das ist es wert. Selig nehme ich das kleine Tütchen entgegen. Aftab verhandelt nochmals hart und bekommt den Preis, den sie sich vorgestellt hat. Dann gehen wir in das beste Trockenfrüchtegeschäft des Teheran Bazar. Wir dürfen alle Nüsse probieren und ihre Unterschiede erschmecken. Aftab empfiehlt

mir, Buchara Rosinen zu kaufen, denn die sollen viel Eisen enthalten – und schmecken nebenbei auch noch unglaublich gut. So
gut, dass sie früher dem Emir von Buchara vorbehalten waren –
was für eine Adelung. Wir lassen uns durch die schmalen Gänge
des Bazars schieben. Es ist ein lautes und dichtes Gedränge, und
ich stelle mir vor, wie hier früher die Karawanen der Händler,
die auf der Seidenstraße unterwegs waren, haltmachten, um ihre
Waren zu tauschen und zu verkaufen. Die schön verzierte Decke
lässt mich an diese Zeiten denken. Auch wenn vieles des Angebotenen heute nicht mehr traditionell hergestellt wird, ist es doch
ein besonderes Erlebnis, in diese Welt einzutauchen.

Der Markt erstreckt sich weit über das Gebäude hinaus, und
ich bestaune das immense auch nicht kulinarische Angebot: an-
tike Gefäße, Aladin-Öllampen, kunstvoll handgeknüpfte Perser-
teppiche und auch ein bisschen Schrott. Ich halte vor einem Stand
und beginne ein Gespräch mit einem Verkäufer, ein älterer Herr,
der sehr zuvorkommend ist. Seine Sachen sehen richtig antik aus
und ich interessiere mich für eine rostige Öllampe. Aftab kommt
gerade von einem anderen Stand zurück und auf uns zu, als der
Verkäufer mitten im Satz innehält. Er schaut sie an, setzt einen
strengen Blick auf und streicht mit der Hand einmal resolut von
hinten nach vorn über seinen Kopf. Ich blicke zu Aftab. Der Schal
ist ihr vom Kopf gerutscht und liegt um ihre Schultern. Ich halte
die Luft an. Das strahlende Lächeln, das gerade noch ihr Gesicht
erhellte, ist verschwunden. Sie zieht ihren schwarzen durchsichti-
gen Schal mit einem Ruck über den Kopf. Dann dreht sie sich um
und steuert auf die Straße zu. Wir wollten eh gerade den Heim-
weg antreten.

* * *

Ich sitze mit Aftab auf einer Bank in ihrem Lieblingspark in Teheran. Es ist bereits dunkel, die Luft ist warm, die Hitze des Tages hat sich aber verflüchtigt. Die Stämme bis hin zu den Blätterdächern der großen Bäume der Allee, an der wir sitzen, werden von Scheinwerfern in buntes Licht getaucht. Wir schlürfen beide aus unseren Bechern. Frisch zubereiteter Karottensaft, in dem eine Kugel Vanilleeis schwimmt. Endlich mal wieder Eiscreme. Wir machen einen Mädelsabend und sind schon eine Weile in der Stadt unterwegs. Ich freue mich, mit Aftab einfach hier zu sitzen und dem Treiben um uns herum zuzusehen. Viele Menschen in dieser Stadt nutzen den Abend, um mit den Kindern noch mal rauszugehen, ein Picknick zu machen oder wie wir einfach auf einer Bank zu sitzen und den anderen zuzuschauen. Ein paar der Frauen, die an uns vorbeigehen, sind in tiefschwarze Umhänge gehüllt, die bis zum Boden reichen und nur ihr Gesicht freilassen. Ein paar jüngere Teheranerinnen jedoch sind mit eher keck sitzendem Schal, der maximal bis zur Mitte ihres Kopfes reicht, anstatt, wie vorgeschrieben, den Haaransatz zu bedecken, und in hohen Schuhen unterwegs. Gerade läuft eine dieser persischen Schönheiten selbstbewusst an uns vorbei. Ich kann meinen Blick nicht von ihr wenden und mein Kopf dreht sich mit. Bis meine Augen an Aftab hängen bleiben, die mich traurig ansieht.

»So war meine Mama auch. Sie war Künstlerin und hat Bilder gemalt, auf denen die Frauen ihre Sinnlichkeit zeigen durften. Das ist Teil der persischen Kultur. Wir sind ein feines Volk.« Ich nicke und muss daran denken, wie oft mir, seitdem wir im Iran unterwegs sind, schon jemand aus heiterem Himmel von der alten Kultur der Perser erzählt hat. Von König Kyros, der als toleranter Regent galt – und das um 500 vor Christus –, bis hin zum Dichter und Mystiker Hafis.

»Sie hat mir auch beigebracht, für meine Meinung einzustehen. Sie war eine starke Frau. Ich vermisse sie.« Ich rücke näher an Aftab heran und lege meinen Arm um sie. Es muss eine unbeschreiblich schmerzhafte Erfahrung sein, die Mutter zu verlieren – und das schon mit Anfang zwanzig. Noch dazu an einen so aggressiven Gegner wie den Krebs. Sie so dahinsiechen zu sehen, bis sie am Ende nur noch ein Schatten ihrer selbst ist. So aggressiv war der Krebs. Und als ältere Schwester die Verantwortung zu übernehmen, den jüngeren Bruder über den Verlust hinwegzutrösten, während sie selbst so sehr gelitten hat.

Ich betrachte Aftabs feines Gesicht von der Seite und bewundere diese junge Frau einmal mehr. Sie lebt in einem Staat, den sie verabscheut, der sie sich ohnmächtig fühlen lässt, weil ihr Alltag als Frau in diesem Regime meist einem Kampf gleicht – und dann verliert sie auch noch ihr großes Vorbild, das ihr ein ganzes Leben lang permanent Stärke und Mut vorgelebt und ihr dadurch mehr als nur ein bisschen Sicherheit gegeben hat.

Ich denke an die Geschichte mit dem Manteau, die Aftab mir erzählt hat. Sie hatte in der Uni einen Manteau getragen, der nur ein Stück über ihren Hintern reichte. Die Streifenpolizei hielt sie an und nahm sie sogar mit auf die Wache. Sie musste in einer Zelle warten, bis ihre Mutter gekommen ist, um ihr etwas »Anständiges« zum Anziehen mitzubringen. Die kam sie ohne Umwege abholen und brachte ihr zähneknirschend einen »anständigen« Manteau mit.

»Auch sie war manchmal hart, aber dagegen kann man sich eben nicht gänzlich wehren, wenn man hier lebt.«

Festgenommen zu werden, weil man, nein, *Frau* nicht die richtigen Klamotten trägt! Ich versuche mir vorzustellen, dass das in Deutschland passiert: Ein Polizist weist eine Vierzehnjährige darauf hin, dass man ihren halben Hintern aus der kurzen Short ragen sieht. Wahrscheinlich würde sie ihm den Finger zeigen.

»Du bist auch stark, Aftab. Du darfst nur einfach nicht hart werden«, sage ich, während ich ihr eine gelockte schwarze Haarsträhne aus dem Gesicht streiche. Sie blickt geradeaus, nickt und stellt resigniert fest:

»Es ist nicht einfach.« Auch ich merke, wie ich in diesem Land ständig auf Krawall gebürstet bin, weil mich all diese Ungerechtigkeiten gegenüber Frauen so sehr zermürben.

»Du musst es versuchen, Aftab. Zu kämpfen und sich zu widersetzen ist okay und wichtig, aber du musst dich auch immer wieder mal ausruhen, um Kraft schöpfen zu können und das Schöne im Leben zu sehen.« Sie nickt noch einmal traurig. Dann seufzt sie tief und beginnt zu erzählen, ich habe das Gefühl, um mir zu erklären, warum sie oft so streng mit sich selbst ist:

»Als ich noch professionell Staffel gelaufen bin, da war mein Trainer immer sehr hart mit mir. Ich war nie gut genug. Besonders, wenn ich bei internationalen Wettkämpfen nur den zweiten Platz gemacht habe. Dann haben mein Trainer und meine Eltern nicht mehr mit mir gesprochen. Aber weißt du, es war extrem unfair, dass ich immer im Hijab antreten musste und alle anderen nicht. Darum musste ich härter trainieren. Besser sein. Und irgendwie hat sich das auf den ganzen Rest meines Lebens ausgewirkt.« Ein Moment Stille.

»Es tut gut, mit dir zu reden. Manchmal brauche ich einfach eine große Portion Weiblichkeit.«

»Gern geschehen.« Ich grinse sie an, lehne mich zurück und sauge die warme Nachtluft ein.

* * *

»Ich hoffe, wir werden Freundinnen bleiben, Azizam«, haucht Aftab an meinem Hals. Ich verstärke die Umarmung.

»Davon bin ich überzeugt, Azizam.« Dann treten Daniel und ich in den frühen Morgen hinaus, um Teheran zu verlassen.

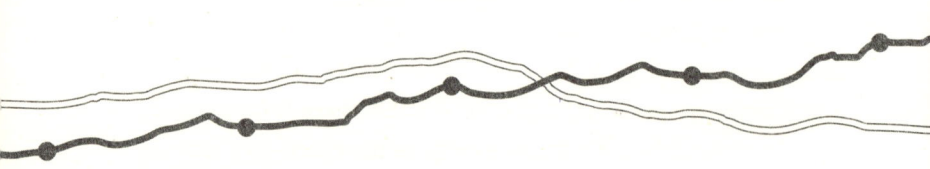

11 WAS NICHT DEM KORAN ENTSPRICHT, GIBT ES NICHT

Ich liege in Unterwäsche auf der Terrasse und genieße die Erfrischung nach dem morgendlichen Marathon aus Teheran heraus. Kleine Wassertropfen glänzen auf meiner Haut und ich kann nicht umhin, mich über Daniels Streifenhörnchenfärbung zu amüsieren. Sein Gesicht, seine Arme und Unterschenkel sind knackebraun von der täglichen Portion Sonne auf dem Tandem. Dagegen sehen seine Brust und seine Oberschenkel aus, als hätte sie jemand frisch mit weißer Farbe bestrichen. Die Muskeln spielen unter seiner Haut, während er unserem Gastgeber Amin dabei hilft, mit einem Netz die Blätter aus dem Pool zu fischen. Ich finde es völlig verrückt, dass dieser sich hier am Stadtrand ein kleines Paradies geschaffen hat, in dem offenbar alles erlaubt ist. Es ist mit einem zweieinhalb Meter hohen Zaun vor neugierigen Blicken geschützt. Es gibt viele Obstbäume darin, ein kleines Häuschen mit Toilette und Kochnische und zwei Pools. Erst habe ich mich damenhaft zurückgehalten, als er gefragt hat, ob wir baden wollen. Als Daniel dann aber im kühlen Nass schwamm, konnte ich nicht mehr widerstehen und bin in meiner undurchsichtigsten Unterwäsche zu ihm ins Wasser gehüpft. Was für eine Befreiung. Welche Wonne. Wie lange habe ich schon nicht mehr so wenig angehabt unter freiem Himmel?

Ich beobachte Amin verstohlen, um herauszufinden, ob er es komisch findet, eine halbnackte Frau im europäischen und eine nackte Frau im iranischen Sinne vor sich zu haben. Aber er zeigt keinerlei verstörte Reaktion. Also liege ich hier auf der Terrasse, während die Herren den großen Pool reinigen.

Meine Gedanken wandern zurück zu dem Moment im Auto, mit dem Amin uns hierher gefahren hat. Wir hatten in seinem Restaurant ein Kebab verdrückt, im Anschluss zeigte er uns noch im Schnelldurchlauf die Stadt. Bereits beim Essen war mir die große Wunde an seinem rechten Ellenbogen aufgefallen, die mit ein paar groben Stichen genäht worden war. Im Auto fasse ich den Mut, ihn darauf anzusprechen. Und Amin öffnet uns grenzenlos sein Herz. Sein Bruder war mit einem Messer auf ihn losgegangen. Und nicht zum ersten Mal. Weil Amin – auch nicht zum ersten Mal – versucht hatte, ihn davon zu überzeugen, mit den Drogen, Heroin, aufzuhören.

»Aber es ist so schwer, mit ihm zu reden. Er ist so von der Rolle, dass er gar nicht mehr versteht, was er da eigentlich macht. Und er ist im Grunde ein guter Mensch. Aber etwas in ihm ist kaputt und deswegen nimmt er Drogen. Ich bin wirklich verzweifelt und weiß nicht mehr, was ich tun soll. Ich bin der Älteste, unser Vater ist tot. Also trage ich die Verantwortung für die ganze Familie.«

»Ich verstehe absolut, dass du deinen Bruder nicht so sehen willst. Aber vielleicht wäre es besser, du würdest ihm professionelle Hilfe holen.« Er blickt mich erstaunt an und ich ahne Schlimmes.

»Was macht *ihr* mit Menschen, denen es so geht wie meinem Bruder?«, fragt Amin leise.

»Wir haben spezielle Kliniken für sie. Dort können sie versuchen, mit den Drogen aufzuhören, und werden dabei begleitet, bekommen medizinische Hilfe.«

Amin nickt traurig und senkt den Kopf.

»Ich habe schon gehört, dass es so etwas in anderen Ländern gibt. Im Koran sind Drogen verboten und darum tut die Regierung einfach so, als gäbe es sie nicht. Und somit gibt es auch keine Probleme mit ihnen.«

Das übersteigt ehrlicherweise meinen Horizont. Ich stelle mir all die Menschen vor, die drogensüchtig sind und die es unweigerlich auch hier geben *muss,* denn Drogen finden ja immer ihre Wege – all die Menschen, die keinerlei Hilfe erwarten können. Sie und ihre Familien müssen nicht nur fürchten, dass sie an der Sucht zugrunde gehen, sondern sich außerdem noch vor einer Regierung verstecken, die sie dafür hart bestrafen würde.

Der iranische Staat kommt mir vor wie ein Paar erzkonservativer und verbitterter Eltern, die Regeln aufstellen, die nicht alle ihre Kinder erfüllen können. Anstatt ihnen aber die individuelle Freiheit zu gewähren, sie zu Selbstständigkeit und Eigenverantwortung zu erziehen, tun die Eltern einfach so, als gäbe es kein Problem. Die Kinder werden dadurch nur noch mehr verletzt, fühlen sich nirgends zugehörig, finden nirgends Hilfe und sind letztendlich sich selbst überlassen.

Ich bin fassungslos angesichts so viel scheinheiliger Frömmigkeit. Wie wir es drehen und wenden, wir können unserem Gastgeber nur raten, sich verdeckt Hilfe von einem Mediziner zu holen oder seinen Bruder irgendwie ins Ausland zu schaffen. Es ist eine zermürbend ausweglose Situation, und wir fühlen uns mit Amin zusammen hilflos gegenüber so viel Ungerechtigkeit.

Daniel reißt mich aus meinen Gedanken. Man kann jetzt im großen Pool baden. Mir ist gerade nicht danach und ich drehe mein Gesicht der Sonne entgegen und genieße die Strahlen auf meiner nackten Haut, bevor ich diese wieder verdecken muss.

12 SÜSSE UNBEFANGENHEIT

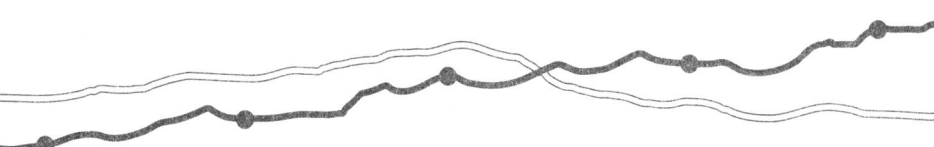

Da steht sie vor mir mit ihren süßen Locken und quatscht in einem fort auf mich ein. Aus meiner liegenden Position heraus nicke ich immer wieder und gebe zustimmende Laute von mir, abwechselnd begleitet von einem erstaunten Gesichtsausdruck oder einem ernsten Stirnrunzeln. Ich merke nur anhand der Stille, dass sie wohl gerade eine Frage gestellt hat, und bemühe mich um eine vage nonverbale Antwort. Zum Beispiel ahnungsloses Schulterzucken oder abwägendes Kopfwackeln. Sie beobachtet meine armselige, etwas hilflose Pantomime eine Weile und plappert dann einfach weiter, ohne mir einen Anhaltspunkt zu geben, ob meine Reaktion angemessen war. Ich überlege, ob sie womöglich denkt, dass sie eine Schwachsinnige vor sich hat, die nicht mal die einfachsten Fragen beantworten kann. Sollte es so sein, geht sie mit diesem Umstand aber sehr großherzig und natürlich um, gibt mir nicht das Gefühl, unerwünscht zu sein. Manchmal beugt sie sich einfach zu mir herunter und streichelt meine Füße oder gibt mir einen Kuss auf die Wange.

Unser wunderbares Schauspiel wird unterbrochen, als Helmas Mutter auf die Veranda tritt, um uns zum Essen zu rufen. Da deutet die Vierjährige auf mich und stellt ihrer Mutter eine Frage, mit dem Anflug von Verunsicherung. Ihre Mutter lächelt liebevoll und erklärt Helma wahrscheinlich, dass ich eine Ausländerin sei und deswegen kein Persisch verstünde. Helma scheint zufrieden mit der Antwort, nimmt mich resolut an die Hand – wahrscheinlich, weil sie noch nicht ganz überzeugt davon ist, dass ich nicht doch schwachsinnig bin, und sie Sorge hat, dass ich ohne ihre Hilfe den Weg nicht finde – und zieht mich von der den Obstgarten überblickenden Veranda ins Innere des stattlichen Ferienhauses. Ich setze mich dankbar auf den schönen Perserteppich. Die kurze Pause nach der anstrengenden Radelei hat mir gutgetan und jetzt habe ich Hunger. Obwohl wir gerade erst vor einer Stunde mit dem offenbar obligatorischen Obstteller inklusive Salatgurke empfangen wurden – selbstverständlich. Die Gurke auf diesem Teller bringt uns immer wieder zum Grinsen. Neben kleinen Nektarinen, reifen Pfirsichen, sauren Minikirschen und verschiedenen Melonensorten findet sich eben auch diese eine Gurke auf fast jedem Erfrischungsteller, der uns bisher im Iran angeboten worden ist. Wir fragen unsere Gastgeber, wie es die Gurke als Gemüse zu dem ganzen Obst geschafft hat.

Darauf entrüstetes Kopfschütteln.

»Gurke schmeckt am besten mit Salz, genauso wie Kirschen, und zur Melone gehört eben der Käse.«

Wir nicken. Klar. Über Geschmack lässt sich nicht streiten.

Helmas Oma bringt all die Leckereien zu uns, sie bückt sich äußerst grazil für ihr Alter, während sie alles vor uns auf dem Teppich abstellt. Es gibt Ghormeh Sabzi, einen Sud aus verschiedenen Kräutern, meist mit verstecktem Huhn darin, und Fesenjan, einer dickflüssigen Soße aus Granatapfelkernen und Walnüssen. Ich bin gespannt, ob es hier auf dem Land auch Eis zum Dessert gibt. Ich hoffe es ein bisschen. Pistazieneis mit Rosenwasser und Sahnestücken bin ich restlos verfallen.

So langsam gesellen sich auch Opa und Papa auf den Teppich

zu uns, bis wir alle vor dem reichhaltigen Büfett sitzen. Ich grinse in Richtung des verlassen wirkenden Esstisches, der nur zur Vorbereitung der Speisen gedient hat und jetzt nicht mehr gebraucht wird. Dann schaue ich in die Runde und freue mich, dass wir heute Abend mit dieser Familie sein dürfen. Vor knapp drei Stunden waren das alles noch fremde Menschen für mich.

Wir sitzen auf der Mauer des öffentlichen Campingplatzes von Abesard, wo wir heute Nacht zelten wollen, nachdem wir am Morgen erst Amins Oase verlassen haben. Wir sind verschwitzt von dem langen Tag in der heißen Sonne und der Staub klebt uns an den Kleidern und im Gesicht. Gerade bin ich froh, dass das Kopftuch meine zerzausten und fettigen Haare versteckt. Ich telefoniere mit der Reiseagentur in Deutschland, die für uns das Visum für Turkmenistan besorgen soll. Daniel wird von ein paar Männern umringt, die unser Tandem bestaunen und ihm Eis anbieten. Ich bin gerade fertig mit Telefonieren, als eine Familie, allesamt mit einem strahlenden Lächeln auf dem Gesicht, auf uns zukommt. Die Frau ist in helle Farben gekleidet, der Mann trägt ein blaues Hemd und dunkle Hosen und trägt ein kleines Mädchen mit dunklen Locken auf dem Arm.

Ohne Umschweife fragt die Frau: »Do you want to sleep in our house?« Ich bekomme vor lauter Überraschung keinen Ton heraus. Da lungern zwei staubige, müffelnde Gestalten irgendwo auf einer Mauer herum und werden von sichtlich wohlhabenden Menschen in das Innerste ihres Lebens eingeladen. In die eigene Familie. Nicht, dass wir das nicht jeden Tag erleben würden im unglaublichen Iran.

An unserem ersten Tag in diesem geschichtsträchtigen Land dachten wir noch, wir hätten einfach Glück gehabt und rein zufällig so viele nette und großzügige Menschen kennengelernt.

Irgendwann ahnen wir, dass Gastfreundschaft offenbar im kulturellen, genetischen Code der Iraner eingebettet ist. Sie lieben diese Fremden, die ihr abgeschottetes Land besuchen, das nur wenige Iraner verlassen können. Nicht mal für einen Urlaub. Da die Regierung die Reisefreiheit des eigenen Volkes durch eine restriktive und teure Visavergabe beschränkt, reisen die meisten Iraner mit dem eigenen Auto durch ihr vielfältiges Land. Dank der meist kostenlosen Campingplätze mit überdachten Stellplätzen für das Familienzelt, sanitären Anlagen und der Möglichkeit, Geschirr zu waschen, ist dies eine günstige Möglichkeit – im wirtschaftlich gebeutelten Iran –, einen schönen Urlaub mit der meist großen Familie zu verbringen. Öffentlicher Raum wird dabei von allen genutzt und wir grooven uns schnell ein in die willkommenen Pausen im Schatten der öffentlichen Pavillons, die uns vor der sengenden Mittagshitze schützen. Nach dem Mittagessen halten wir nach iranischer Manier ein kleines Schläfchen und wenn ich dann die Augen aufschlage, sitzt meist schon ein Iraner oder eine Iranerin vor mir und grinst mich an: »چای میخوری؟« – »*Chai michorim?*« – »Trinkst du einen Tee?« Ich wische mir dann über die verschlafenen Augen, setze mich auf und sage: »آره، مرسی.« – »*Are, merci.*« – »Ja, danke.« Meist werden wir danach von den Familien auf ihre Picknickdecken eingeladen und bekommen spontan ein ganzes Menü serviert. Danach will man uns noch Wegproviant mitgeben. Das führt dazu, dass wir völlig überladen sind mit Essen und Mühe haben, es überhaupt verzehrt zu bekommen.

Manchmal essen wir auch in den Restaurants am Straßenrand. Viel Auswahl gibt es nicht, besonders nicht, wenn man keinen Kebabspieß möchte. Huhn, Lamm oder Rind scheint für die Iraner Auswahl genug und so verzehre ich in der Regel, aber mit Freude, Mirza Ghasemi, ein vegetarisches Gericht aus passierten Auberginen und Tomaten, das zusammen mit dem allgegenwärtigen Brot eine äußerst leckere Angelegenheit ist. Danach lümmeln wir meist direkt im Restaurant auf dem mit Polstern übersäten Tàcht herum, einer Art erhöhtem Bett, auf dem man wunderbar Mittagsschlaf halten kann. Wir machen uns die Entspanntheit der Iraner und ihre Wonne zu eigen, mit der sie sich ein Schläfchen während der Mittagshitze gönnen.

Auch dieses Mal ist das gastfreundschaftliche Angebot so unverhofft, so aufrichtig, es scheint aus der Tiefe ihrer Herzen zu kommen. Und ich finde es mutig, dass diese Familie so viel Vertrauen zu Fremden hat, dass sie Helma gleich so nah zu uns bringt. Wir könnten Kinder stehlen oder Kinder essen. Keine Spur von Zurückhaltung, ich spüre nur reine Offenheit. Ich finde meine Stimme wieder, schaue Daniel an, um herauszufinden, ob er dasselbe denkt wie ich, und dann sagen wir aus voller Überzeugung »Ja!« Die Familie freut sich, wir klären ohne Umschweife die organisatorischen Details. Wir sollen hinter ihrem Auto herfahren, um zu dem Ferienhaus ihrer Eltern zu gelangen.

Und nun sitzen wir also hier mit ihnen im Herzen ihrer Familie auf dem Perser. Sie verbringen ihre wertvolle, weil knappe freie Zeit mit uns und schenken uns nicht nur ihr Vertrauen, sondern auch ein vorzügliches Abendessen und obendrein einen Schlafplatz auf ihrer hübschen Veranda, nachdem wir sie haben wissen lassen, dass wir sehr gern draußen übernachten möchten.

Ich blicke in die Runde und frage mich, ob so etwas in meinem Kulturkreis je passieren würde. Ich finde es manchmal schon schwierig, ein einfaches Abendessen unter Freunden zu organisieren, weil alle einfach so wahnsinnig viel vorhaben. Wir wollen unsere Zeit optimal nutzen, packen Termin hinter Termin, um möglichst viel zu erleben. Unvorhergesehenes bringt uns darum schnell aus dem Takt. Wir sind nicht so gut darin, uns darauf einzulassen, was auf uns zukommen könnte, wir folgen lieber unserem Plan. Sonst haben wir Sorge, nicht vorbereitet zu sein, wenn die Gäste kommen. Und hier? Hier nimmt man sich die Zeit, Überraschungen zu umarmen und zu sehen, was daraus wird. Vielleicht lernt man ja spannende Menschen kennen … Oder man lernt etwas dazu. Und ich als Gast finde es sogar eher angenehm, dass nicht alles hundert Prozent perfekt ist. Dann muss ich auch nicht den perfekten Gast geben, sondern kann einfach ich sein.

Ich schiebe mir den nächsten Bissen Fladenbrot mit leckerer Füllung in den Mund und bin glücklich. Ich fühle mich als Teil dieser Menschen. Als Teil einer Welt, in der wir uns nicht Misstrauen, sondern Vertrauen entgegenbringen und daraus Dinge erwachsen, die wir so vermissen. Zugehörigkeit, Verbundenheit, Freude, tiefes Glück. Ich wünsche mir mehr süße Unbefangenheit.

Augenblicke im Iran

Nach einem ausgiebigen Frühstück bei unseren Gastgebern beginnen regelmäßig die Verhandlungen: »Bleibt doch noch ein wenig!«, »Verlasst uns nicht!«, »Was, ihr wollt jetzt schon los?« Das sind nur einige der Sätze, die wir immer wieder hören. Dementsprechend schwierig ist es, einen frühen Start hinzulegen, der aber sehr wichtig ist, um nicht während der Mittagshitze radeln zu müssen. Besonders für Daniel ist dieses morgendliche Kräftemessen der Horror. Er will einfach los, raus ins Abenteuer und weiter vorankommen, und er kann gar nicht damit umgehen, wenn jemand das so charmant verzögern möchte. Nach und nach finden wir unseren Weg aus dem Dilemma heraus, indem wir schon am Abend zuvor klarmachen, dass wir früh loswollen und auch kein Frühstück brauchen, und das so oft wiederholen, bis auch der größte Taróf-Anhänger aufgibt.

Taróf – das ist eine Verhaltensregel im Iran, die seit Jahrhunderten besteht und jeden Iraner zur Höflichkeit verpflichtet. Man muss Angebote zweimal, eher dreimal ablehnen, bevor man ernst genommen wird. Das Konzept gibt es im Privaten sowie im Geschäftsleben. Zum Beispiel beim Friseur.

Daniel: »Sehr schöner Haarschnitt. Danke. Was macht das?«

Friseur: »Ach, Dust (Freund), das mache ich doch gern. Du musst nicht bezahlen.«

Daniel (verwirrt): »Aber das ist dein Job. Ich will dich dafür bezahlen.«

Friseur: »Deine Freundschaft ist mir Lohn genug.«

Daniel (beharrend): »Ich fühle mich aber besser, wenn ich dich bezahle.«

Friseur (beharrender): »Aber ich will dich als Freund nicht verlieren.«

Daniel (leicht genervt): »Aber wir können auch Freunde sein, wenn ich dich bezahle.«

Kurzes Überlegen seitens des Friseurs: »Okay, Dust.«

Daniel bezahlt, die beiden umarmen sich.

Was nett gemeint ist, kann sehr verwirrend sein für einen Menschen, der nicht mit den subtilen Nuancen dieser Kunst der Höflichkeit aufgewachsen ist. Denn das Angebot des Geschenks ist oft nur eine Floskel, die einen automatisierten höflichen Schlagabtausch nach sich zieht, an dessen Ende doch für das bezahlt wird, was man in Auftrag gegeben hat. Zum Beispiel einen Haarschnitt.

Wie wir nach und nach erfahren, empfinden auch die Iraner selbst Taróf meist als Last, weil sie nie wissen, woran sie wirklich sind, und es ungemein schwer ist, zu unterscheiden oder klarzumachen, wann *wirklich* etwas ge- oder verschenkt werden soll. Ganz ehrlich und nicht, weil man höflich sein möchte oder muss. Für Reisende ist die Herausforderung natürlich noch größer, weil wir es besonders außerhalb des privaten Bereichs nicht gewohnt sind, durchsetzen zu müssen, dass wir für etwas bezahlen, das eine Dienstleistung oder eine Ware ist. Ich finde besonders schwierig, zu erkennen, wann uns wirklich jemand etwas schenken möchte, und es dann auch anzunehmen, um mein Gegenüber nicht zu kränken, indem ich es immer wieder ablehne. Ich bin sonst echt gut in diesen Dingen, aber im Iran wird mein Sensitivitätskompass des Öfteren stark herausgefordert.

Irgendwann gewöhnen wir uns sogar an die viele Aufmerksamkeit und gleichzeitig keimt so langsam der Wunsch in uns, wieder mal für uns zu sein.

13 ZETTELWIRTSCHAFT

Wenn wir schon bei ausladender Gastfreundschaft sind: Wie dankt man Menschen, die einem alles geben, was sie haben, und noch mehr? Mit Kirschwasser aus dem Schwarzwald? – Keine so gute Idee, bei den vielen muslimischen Ländern, durch die wir reisen. Schoki bei *den* Temperaturen? Schweizer Taschenmesser – ob die es über die Grenze schaffen? Und dann noch das Platzproblem auf dem Tandem …

Wir stellen fest: Das Wertvollste an der Begegnung ist ja die Begegnung selbst. Und so beschließen wir, einfach eine kurze Notiz zu hinterlassen, wenn wir jemandem etwas zu sagen haben. Ein Freund bringt mich auf die zündende Idee des individuellen i-Tüpfelchens – ein Stempel! Den können wir einfach mitnehmen, er ist platzsparend und wir können praktisch jeden Fitzel Papier, den wir in die Hände bekommen, mit unserer Botschaft versehen. Gebongt. Genial!

Unser Freund und Lieblingsgrafiker Mäce zaubert aus unserem Logo und zwei Feldern für Datum und Ort eine Vorlage und Schwupp, haben wir unseren eigenen Stempel.

Unterwegs mache ich es mir zur Gewohnheit, am Morgen vor jeder Verabschiedung in mich zu gehen und einen individuellen kurzen Text auf einen mit unserem Stempel vorgedruckten Papierschnipsel zu schreiben, der ein lustiges, trauriges, schönes oder verrücktes Erlebnis, eine Kleinigkeit, die mir aufgefallen ist, einfach einen Dank oder einen Wunsch für die Zukunft festhält.

Nicht nur unsere Gastgeber bekommen so eine kleine schriftliche Wertschätzung, auch Menschen, die uns helfen, uns am Wegesrand begegnen, bei denen wir etwas kaufen oder essen – und einmal schreibt sogar das Tandem persönlich einem Rad namens Valentina eine Botschaft. Weil es der temperamentvollen Katalanin einfach nicht widerstehen kann. Aber dazu später mehr.

Das Vorhaben, dass ich von allen Zettelchen Fotos mache, geht leider im Allgemeinen unter. Das Frühstück ist fertig, wir müssen die Schlafmatten wegräumen, damit die Tischdecke ausgelegt werden kann, die Finger sind zu kalt, um die Kamera zu halten, wir wollen vor Sonnenaufgang los … Ist auch nicht weiter schlimm. Manchmal sind die Botschaften auch so privat, dass ich gar nicht möchte, dass sie in unserer Fotogalerie landen, und überhaupt nehme ich mir vor, nicht von jeder Situation ein Foto zu machen, sondern sie lieber einfach zu genießen und *da* zu sein (und nicht nur hinter einer Linse).

Trotzdem bin ich manchmal wehmütig, wenn ich daran denke, wie wunderschön es wäre, all diese Botschaften irgendwann noch einmal zu lesen, um dann wahrscheinlich festzustellen, dass diese so unterschiedlich sind wie die Menschen (oder Räder), für die sie verfasst wurden. Es ließe sich sicherlich noch mal eintauchen in diese oder jene einzigartige Begegnung, die meine Gedanken hat sichtbar werden und den Stift über das Papier hat kratzen lassen, nachdem wir einen Tag, eine Stunde oder manchmal auch nur 30 Sekunden mit einem Menschen verbracht haben.

Kurz überschlagen haben wir bestimmt an die 400 *wanderwonder*-Zettel verteilt. Die Empfänger derselben haben ganz unterschiedlich reagiert. Einige haben die Botschaft nicht gleich gelesen, uns dann aber im Nachhinein noch eine Nachricht gesendet und sich für unsere Worte bedankt. Andere wussten gar nichts damit anzufangen, bis sie den Translator angeschmissen hatten, um das Geschriebene mit Sinn zu füllen. Wieder andere haben den Zettel sofort an einen gut sichtbaren Ort gepinnt, bei einigen wenigen verschwand er einfach in der Hosentasche und ist vielleicht der Waschmaschine zum Opfer gefallen, und bestimmt hat sich der ein oder andere auch gefragt, was das für eine komische Währung sein soll. Überraschend häufig aber standen unserem Gegenüber die Tränen in den Augen, wenn er oder sie nach dem Lesen der Botschaft den Kopf wieder gehoben hat. Die hätten dann vielleicht doch das Schwarzwälder Kirschwasser gebraucht.

14 BIS HIERHIN UND NICHT WEITER

»آش غود ميخوريد؟« – »*Asche Dough michorim?*« Der alte Mann sieht mich aus seinen stahlblauen Augen fragend und ernstlich besorgt an. Wahrscheinlich denkt er, ich klappe gleich zusammen, wie ich da so verschwitzt und müde mitten auf dem Parkplatz des Passes auf meiner Matte kauere. Und deshalb lädt er mich zu einer Suppe ein. Dabei brauche ich einfach nur mal eine kleine Pause und: Ruhe.

Während wir die letzten sechs Stunden stetig die Straßen des Elburs-Gebirges erklommen haben, rasten Saipas – allgegenwärtige Autos aus iranischer Produktion – an uns vorbei, aus denen die Anfeuerungsrufe von Wildfremden schallten. Am Anfang war das noch lustig, doch mit zunehmender Müdigkeit und Hunger war ich genervt davon, dass man uns ständig in eine Abgaswolke hüllte, und trat einfach stur bergan.

Als wir oben waren, keifte ich Daniel an, er solle meine Matte aus der Seitentasche nehmen und mir ein paar Nüsse reichen. Er kennt das schon, das Hungermonster, und kam trotz des unfreundlichen Tons meinen Wünschen gelassen nach.

Offenbar hat der ältere Herr genügend Lebenserfahrung, um auch bei Fremden das Hungermonster zu erkennen, und ich nicke ihm zum Dank zu. Daniel rollt meine Matte wieder zusammen, während ich auf den kleinen Verschlag zustolpere. Dort wartet eine traditionelle Joghurtsuppe mit Gurken und Kichererbsen auf mich. Ich führe den ersten Löffel zum Mund und genieße gleich darauf die Wärme, die sich in meinem Bauch ausbreitet. Die Suppe ist schön salzig und ich spüre regelrecht, wie mein Körper sich über das Mineral freut. Auch Daniel neben mir nickt nun dankend in Richtung des älteren Herrn – Danke, dass du mein Monster gefüttert hast –, dem wir mit unserer Dankbarkeit und unserem Appetit ebenso sichtlich eine Freude machen.

Erst jetzt nehme ich meine Umgebung wieder wahr. Uns gegenüber sitzt ein junges Paar, mit dem wir schnell ins Gespräch kommen. Sahin, der mit seiner Freundin Soraya einen Ausflug macht, lädt uns kurzerhand zu sich nach Hause ein. Mit dem Rad sind wir nicht so schnell wie er mit dem Auto. Er wird noch zwei Stunden nach Hause brauchen, wir rechnen mit zwei Tagen für die 120 Kilometer bis zu seiner Heimatstadt Sari.

»Können wir auch erst in zwei Tagen vorbeikommen?«

»Ihr seid immer willkommen, hier ist meine Nummer. Meldet euch, wenn ihr in der Nähe seid.«

Wir radeln mit neuem Mut unseren neuen Freunden entgegen. Wir freuen uns sehr darauf, bei ihnen zu übernachten.

* * *

Sahin und Soraya haben uns, seinen Freund Farzad und Baran, eine Freundin von Soraya, heute zu einem Ausflug eingeladen. Wir fahren hinten zu viert zusammengepfercht – Daniel als einziger Mann auf dem Rücksitz, die beiden anderen vorn – im Pick-up von Farzad zum Strand, um zu baden. Es dämmert bereits. Unsere Gastgeber haben absichtlich diese späte Tageszeit gewählt, weil die Polizei dann nicht mehr am Strand patrouilliert. Denn eigentlich ist es Frauen per Gesetz verboten, ohne Hijab im Meer zu baden. Unsere junge Gruppe will diese Regel umgehen.

Auf dem Weg zum Strand beginnt Sahin plötzlich einen Countdown herunterzuzählen.

»Zehn, neun, acht ...« Ich begreife erst, was der Plan ist, als Farzad bei Null abrupt beschleunigt und wir quer über den Strand schanzen. Wir sind nicht angeschnallt und zumindest Daniel und ich total unvorbereitet auf die heftigen Stöße, die das Auto durchschütteln. Daniel jault neben mir auf, er hat sich den Kopf an der Decke gestoßen, und ich schreie:

»Stop! Stop it!« Die anderen lachen laut und machen sich auf Persisch lustig über die unentspannten Deutschen. Ich bin auf 180 und überlege mir, wie ich diesen Menschen, die noch nie mehr als zwei Kilometer auf einem Rad gesessen haben, verständlich machen soll, dass wir jeden Tag, jeden Kilometer, jeden Moment im Iran genug Action für den Rest unseres Lebens erleben.

Es ist eine anstrengende und nervenaufreibende Sache, sich seiner Verletzlichkeit so bewusst zu sein in einem Land, das für seine nicht vorhandenen Straßenverkehrsregeln einen der ersten Plätze einnimmt, wenn es um die Anzahl der Verkehrstoten pro 100 000 Einwohner geht.

Ich schäume vor Wut, will aber den Abend nicht ruinieren. Irgendwie beneide ich sie ja auch um ihre Sorglosigkeit. Obwohl ich dahinter etwas anderes vermute: sich selbst spüren zu wollen in einem Land, in dem man sich immer kontrolliert und ständig ermahnt fühlt, in dem man nie so richtig aus sich herausgehen kann, ohne gleich gegen ein Gesetz zu verstoßen. Ich halte den Mund.

Wir gehen baden und ich versuche, inmitten des warmen, vom Sternenhimmel beleuchteten Kaspischen Meers herauszufinden, ob meine Wut berechtigt ist.

Als wir wieder ins Auto steigen und die Heimfahrt antreten,

bin ich immer noch verstimmt. Zurück in der Stadt, parken wir vor einem Pizza- und Pastaladen und holen ein paar Biere hervor. Die hat Sahin klargemacht in einem Land, in dem Alkohol per Gesetz verboten ist. Er kennt jemanden, der Bier selbst braut und es an einer geheimen Ecke der Stadt verkauft. Wir alle halten das für ein überschaubares Risiko. Dass allerdings der Fahrer mittrinkt, war nicht abgemacht.

Man darf mich gern kleinkariert nennen, aber ich selbst trinke nie, wenn ich fahre. Besonders nicht, wenn ich Mitfahrer habe, für die ich verantwortlich bin, und schon dreimal nicht, wenn es gesetzlich verboten ist, überhaupt Alkohol zu trinken. Ich versuche, meine Kritik so schonend wie möglich anzubringen, immer noch darauf bedacht, den guten Gast zu geben.

»Ist es schlau, Alkohol zu trinken und Auto zu fahren?« Die anderen lachen nur.

»Antonia, wir machen das nicht zum ersten Mal. Entspann dich. Es kontrolliert eh niemand, weil es im Iran ja gar keinen Alkohol gibt.« Das soll mich wohl beruhigen. Ganz im Gegenteil: Es stachelt meine Wut noch an. Denn meine Bedenken werden gar nicht ernst genommen.

Ich atme tief durch und versuche mich an einer Wahrscheinlichkeitsrechnung: Wie wahrscheinlich ist es, dass ich bei einem Autounfall mit Trunkenheit am Steuer auf geschätzten zwölf Kilometern von der Bordsteinkante vor dem Restaurant bis nach Hause ums Leben komme, im Vergleich zu den bereits über 5000 zurückgelegten Kilometern auf einem Tandem? Nachdem mein inneres Statistikamt dazu nichts zu sagen hat, befrage ich mein Gefühl und bei dem bimmeln alle Alarmglocken. Ich kann es nicht dabei belassen. Also formuliere ich es konkreter:

»Wenn einer von euch nicht aufhört zu trinken, möchte ich nicht mit euch nach Hause fahren.« Bumm. Alle schauen mich verdutzt an. Sahin hat sich auf dem Beifahrersitz zu mir umgedreht, fixiert mich und versucht zu diskutieren.

»Ich weiß genau, was ich in meinem Land machen kann und was nicht. Genieß den Abend.« Ein herablassendes Lächeln.

In diesem Moment durchfluten mich gleichzeitig Wut, Scham und Fassungslosigkeit. Wut, weil Sahin immer noch glaubt, ich hätte eine Frage gestellt. Scham, weil ich ihm für einen kurzen Moment unterstelle, er nehme mich nicht für voll, weil ich eine Frau bin. Fassungslosigkeit, weil ich realisiere, dass unter anderem genau das das Problem ist: Frauen im Iran sind von den Entscheidungen und der Gutmütigkeit ihrer Väter, Ehemänner und Brüder abhängig, weil ihr Gesetz ihnen keine Möglichkeit gibt, um sich zu wehren, wenn ihnen ein Unrecht geschieht.

In mir schwelt die Wut auf diese Ungerechtigkeit ja schon länger und auch wenn ich gerade vielleicht übertrieben reagiere und nur den Zusammenhang zwischen Frausein und Nicht-ernst-genommen-Werden sehe – diese Situation kann ich so nicht hinnehmen. Ich frage Sahin also im vollen Bewusstsein, dass dies für ihn ein Schlag ins Gesicht ist:

»Interessiert dich die Meinung deiner Gäste nicht?«

Sein Lächeln verschwindet, seine Mimik gefriert. Es scheint, als würde er überlegen, ob er noch etwas antworten soll. Er lässt es aber und stellt die Bierflasche weg.

Es ist kein schöner Sieg. Ich habe gerade den Mann, in dessen Haus wir schlafen, von dessen Tisch wir essen und dessen Freundin so dicht neben mir sitzt, dass ich ihr Erstarren fühlen kann, vorgeführt. Betretene Stille. Ich atme weiter, versuche herauszufinden, ob ich übertrieben, ob ich einen Fehler gemacht habe. In meinem Kopf überschlagen sich die Gedanken, und ich würde am liebsten sofort aus der beklemmenden Enge des Autos steigen und in die dunkle Nacht hinauslaufen.

Wir essen schweigend unsere Pizza. Als wir fertig sind, wende ich mich Sahin zu:

»Kannst du mich ein bisschen verstehen?«

»Wir haben verschiedene Kulturen und eure ist mehr auf Sicherheit ausgerichtet als unsere. Wir haben manchmal keine andere Möglichkeit, uns lebendig zu fühlen, als dass wir kopflos sind.«

Ich nicke. Ich verstehe, in welchem Dilemma er gefangen ist, wie schwer es auch als Mann ist, im Iran zu bestehen. Bei all der Traurigkeit darüber und auch dem Verständnis für seine Situation kann ich nicht umhin, sein Verhalten weiterhin als verantwortungslos und auch ein wenig respektlos mir gegenüber zu bezeichnen.

Wir fahren in Stille nach Hause, jeder seinen Gedanken nachhängend. Und ich liege später im Bett, mahle mit den Kiefern und frage mich, ob ich das Richtige getan habe. Und ich komme zu dem Schluss, dass es doch nicht falsch sein kann, seinen tief empfundenen Bedenken Ausdruck zu verleihen. Zu sich selbst zu stehen, auch wenn es unangenehm ist und andere einen dafür alles andere als lieben. Ich muss kurz an Turan und seine unbequeme politische Haltung denken und wie sehr ich ihn dafür bewundere, dass er sie mutig und offen kundtut. Ich will nicht Everybodys Darling sein, sondern verantwortungsvoll mit mir und anderen umgehen. Ich würde Kritik gern so formulieren können, dass beide Seiten daran wachsen können und nicht einfach nichts sagen, weil es sozial konformer ist.

Das ist eine Sache, die mich der Iran gelehrt hat. Neben vielem anderen. Etwa der Tatsache, dass ich froh bin, in einem Land geboren worden zu sein, in dem mein Geschlecht nicht darüber entscheidet, mit wem ich mich gut stellen muss, um ein angenehmes Leben zu führen. Es macht mich traurig, all diese Menschen zu sehen, die einen Teil ihrer selbst vor dem Staat verstecken müssen, weil dieser sie andernfalls dafür bestrafen würde. Es macht mich traurig, all dieses verschenkte Potenzial und diese Ungerechtigkeit hinzunehmen.

Sahin und ich reden noch einmal über den Abend und machen am Ende beide unseren Frieden damit. Wir tragen einander nichts nach, und ich werde den Iran immer als ein Land im Herzen bewahren, dessen Bewohner unglaublich großzügig, freundlich und herzlich sind. Aber auch als eines, das in mir einen wunden Punkt hinterlassen hat. Einen Punkt, an dem ich mich als Frau neu definieren musste, weil man mich dazu gezwungen hat. Weil man mich herabgesetzt hat. Für mich war das eine interessante Erfahrung. Für all die Frauen und Männer im Iran, die diesem Leben ständig ausgesetzt sind, ist es trauriger Alltag. Und ich hoffe, dass dieses wunderschöne Land es irgendwann schafft, sich von seinen Führern zu trennen, und dann als das erstrahlt, was es ist: Ein Land voller Liebe zur Poesie und Musik. Ein Land voller starker Frauen und Männer. Ein Land voller fähiger, intelligenter Menschen, die nur darauf warten, dass sie ihr Potenzial entfalten dürfen.

15 WER HAT HIER DIE HOSEN AN?

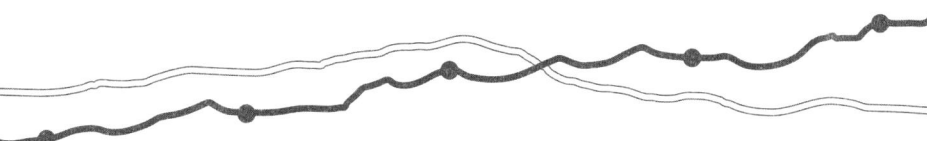

»Bereit?«

»Jap!« Wir stoßen uns beide mit dem jeweils linken Fuß vom Boden ab und treten gleichzeitig die rechten Pedale nach unten. Starten ist nach fünf Monaten zusammen auf dem Tandem überhaupt kein Problem mehr. Wir sind es gewohnt, unsere Bewegungen synchron auszuführen. Trotzdem ist Daniels knappe Frage wichtig. Weil wir eben doch in zwei Körpern stecken und er mich nicht sieht. Dank meiner Antwort weiß er, dass ich nicht noch vor mich hin träume, sondern startklar bin. Die ersten Tritte machen wir schweigend. Die Häuser, Leute und geparkten Autos in Bojnourd, das wegen seiner flanierbaren Gehwege auch »Paris des Iran« genannt wird, ziehen an uns vorbei. Ich lege meine Hand auf Daniels Rücken, der genau vor mir ist und auf dem sich schon ein Rinnsal aus Schweiß bildet. Manchmal mache ich das, weil ich ihm nah sein will. Diesmal ist es eine tröstende Geste.

Ich bin heute Morgen nicht ganz so schnell und stehe noch in Unterhose in unserem schäbigen Hotelzimmer, als Daniel zur Tür hereinkommt. Ich bin etwas verwirrt, denn ursprünglich war er losgegangen, um das bei diesen Temperaturen so wichtige Wasser für uns zu kaufen. Nur hat er kein Wasser dabei.

Ich mache einen Schritt auf ihn zu: »Alles klar?«

Er läuft fahrig im Zimmer umher und kämpft mit den Tränen. Ich packe ihn, ziehe ihn zu mir heran, zwinge ihn, mir in die Augen zu blicken. Seine Unterlippe bebt.

»Das wollte ich nicht.«

Ich setze ihn aufs Bett.

»Daniel, von vorn. Ich versteh nicht, was los ist.«

»Ich bin runter zu unserem Wasserhändler gegenüber und wollte gerade zahlen, als ich ein paar Worte auf Englisch aufgeschnappt habe von einem Mann im Laden: ›What should our sisters and daughters think when they have to see your legs?‹ Ich habe das natürlich nicht mit mir in Verbindung gebracht, aber der Mann starrte mich die ganze Zeit so feindselig an. Die anderen Leute im Laden winkten schon ab und bedeuteten mir, nicht auf ihn zu hören. Ich ging dann aber trotzdem auf ihn zu und fragte, was los sei. Er war total außer sich und fuchtelte wild vor mir herum und wiederholte seine Frage: ›What should our sisters and daughters think when they have to see your legs? How can I protect them from this sight?‹ Ich hab überhaupt nicht verstanden, was er von mir wollte, bis einer der anderen auf meine Beine zeigte. Da habe ich's kapiert. Da zieht man *einmal* keine lange Hose an und schon gibt es einen Aufstand.«

Wenn Daniel nicht so aufgelöst wäre, dann wäre ich wohl an dieser Stelle explodiert. Da fahren wir seit fünf Wochen durch dieses Land, ich muss mich von Tag eins an voll verhängen, mache die gleichen Strecken, die gleichen Höhenmeter wie er, nur mit 100 Prozent mehr Stoff an mir, und dann hat er die Nerven, sich zu beschweren, dass er *einmal* lange Hosen tragen muss?! Er hat das nach zwei Wochen im Iran bereits aufgegeben und einfach nur noch kurze Hosen getragen, weil er doch immer gleich so fürchterlich schwitzt. Ich war dagegen, weil wir von Aftab wussten, dass lange Hosen für Männer in der persischen und der islamischen Kultur Vorschrift seien. Sie hat uns auch erklärt, dass es okay sei, wenn Männer während des Sports kurze Hosen trügen, dass Daniel sie aber auf jeden Fall gegen lange tauschen sollte, wenn wir irgendwo eingeladen seien und auch, wenn er nach dem Radeln draußen unterwegs sei. Ich empfinde das nur als ausgleichende Gerechtigkeit. Außerdem hätte er sich mir gegenüber ja auch ein wenig solidarisch zeigen und allein darum die langen Hosen tragen können. Aber er hatte sich dagegen entschieden und dann bereits bei Helmas Großeltern vergessen, die langen Hosen anzuziehen, sodass ich ihn erst darauf aufmerksam machen musste. Er hat sich dann zwar sofort umgezogen, aber der Reaktion von Helmas Oma auf meine Entschuldigung konnte ich entnehmen, dass sie es unanständig findet, wenn ein Mann in einem Haus keine langen Hosen trägt.

Und dann stellt er sich hierher und sagt diesen Satz. Ich kann keine Antwort geben, weil es an der Tür klopft. Ich trage weder Kopftuch noch sonst etwas und verschwinde deshalb schnell im Bad. Durch die dünne Tür kann ich hören, wie Daniel die Zimmertür öffnet und ein Mann mit ihm spricht. Daniel sagt andauernd:

»No, no, it is okay. No, it is really okay.« Dann ein resigniertes »Okay.« Und die Tür geht zu. Ich öffne die Badezimmertür einen Spalt und finde ein leeres Zimmer vor.

»Hallo?!«, sage ich laut. Keiner da. Ich nutze die Zeit und ziehe mich an. Ich will gerade mein Kopftuch überwerfen, als Daniel ins Zimmer stürmt. Er kann das Schluchzen kaum zurückhalten und ich fange ihn wieder ab.

»Daniel, was ist passiert?«

»Die … die haben ihn gezwungen, sich bei mir … zu entschuldigen.«

»Wer hat wen gezwungen?«

»Na, den Mann, der so einen Aufstand gemacht hat, dass ich keine langen Hosen trage. Den haben sie gezwungen, sich zu entschuldigen.«

Ich bin verwirrt.

»Aber *du* hättest dich doch entschuldigen müssen.«

»Hab ich auch gemacht.«

Ich schüttle den Kopf, verständnislos: »Hä?«

Daniel atmet tief durch und versucht, das Zittern in seiner Stimme zu unterdrücken:

»Sie haben ihn gezwungen, sich bei mir zu entschuldigen, weil ich ein Gast bin und er mich so angreift.«

Ich beginne zu verstehen. Kann es aber nicht recht glauben. Gäste sind im Iran heilig, das wissen wir. Aber dass der Mann sich dafür entschuldigen muss, dass er einen Gast darauf aufmerksam macht, dass er die Gebräuche und Sitten dieses Landes zu beachten hat, ist eine neue Dimension. Ich bekomme nur ein fassungsloses »Echt?« heraus. Daniel nickt traurig. Mir ist bewusst, dass es nicht seine Absicht war, die Menschen hier zu beleidigen. Er ist einfach einen kurzen Moment unachtsam gewesen. Ich streichle ihm über den Arm und fühle mit ihm. Und trotzdem spüre ich einen klitzekleinen Funken Genugtuung in mir, auch wenn ich es kaum zugeben mag. Genugtuung darüber, dass auch mal ein Mann einer »haram« – »schlechten« – Tat überführt wird.

Und ich kann mir nicht helfen. Ich kann nicht sagen:

»Vergiss es, die spinnen doch.« Ich finde auch, dass er besser auf diese Regeln achten muss. Das sage ich ihm. Und da tritt wieder eine dieser Eigenschaften zutage, die ich so an ihm schätze: seine Fähigkeit, Kritik anzunehmen und Fehler einzugestehen.

»Klar, das war absolut mein Fehler. Und dann muss der arme Kerl sich auch noch bei mir entschuldigen, für etwas, das ihm gar nicht leidtut, weil es seiner Meinung entspricht.«

Ich streichle Daniel mit der Hand über den Rücken und bin froh, diese Stadt zu verlassen. Vielleicht ist es auch einfach genug Iran. Vielleicht brauchen wir mal ein Päuschen. Und einen Hosenwechsel.

Irgendwie tröstlich, dass es nur noch 450 Kilometer bis zur Grenze zu Turkmenistan sind. Das schaffen wir in den acht Tagen, die uns noch bleiben, um das fixe Einreisedatum für unser Visum einzuhalten.

Der Ring ist in einer kleinen bunten Schatulle. Als ich den Deckel öffne und ihn erblicke, überkommt mich ein tiefes Gefühl der Freude. Es ist eine gelungene Überraschung. Das aus goldenen Fäden gewebte Schmuckstück ist leicht und zierlich. Ich halte es zwischen Mittelfinger und Daumen meiner linken Hand und schiebe es instinktiv auf den Ringfinger meiner rechten. Ich spüre ein Kribbeln im Bauch. Der Ring passt perfekt. Ich sage »Ja!« mit einem breiten Grinsen im Gesicht, während ich freudig auf und ab hüpfe. Anstatt in Lachen, bricht Monir in Tränen aus. Es sind Tränen der Freude *und* des Bedauerns.

»Noch nie hat sich jemand so über ein Geschenk von mir gefreut.« Nur wenige haben die Gelegenheit, überhaupt von ihrer Kunst zu erfahren.

Wir sind in Mashad angekommen, die als eine der konservativsten Städte im Iran gilt. Es ist ein beliebter Pilgerort für Schia-Muslime aus der ganzen Welt, denn hier befindet sich das Grab des achten Imam. Imam Reza war ein wegen seiner Klugheit und Empathie vom Volk geliebter Gelehrter, der von seinem Schah aus Eifersucht vergiftet wurde. Die Gläubigen verehren ihn immer noch sehr und der Reichtum, den die vielen Pilger in die Stadt bringen, zeigt sich in großen Alleen mit breiten Gehwegen. Zuvor sind wir tagelang an dem Hauptzubringer für die Pilger entlanggefahren und an eigens für sie errichteten Raststätten. Manchmal haben wir angehalten, um die Toiletten zu benutzen oder uns eine Weile im Schatten auszuruhen. Der Aufwand, mit dem die Regierung diese Pilgerstätten in Ordnung hält, ist nicht zu übersehen. Mich persönlich entrüstet diese Priorisierung und übertriebene Makellosigkeit, denn ich habe mit eigenen Augen den Mangel an öffentlichen Geldern für Schulen, Universitäten und die Infrastruktur im Rest des Landes gesehen. Hinzu kommt das Wissen, dass vielleicht die Hälfte der Iraner den islamischen Kurs der Regierung gutheißen, während allen anderen keine Möglichkeit gegeben wird, die eigene Meinung kundzutun oder die eigene Religion zu leben. Drei Prozent der Gesamtbevölkerung sind Nicht-Muslime. Offiziell erlaubt sind das Christentum, das Judentum und der für mich anziehend geheimnisvolle Zoroastrismus. Alle anderen Religionen werden nicht akzeptiert und sogar diskriminiert. Zum Beispiel, indem man den Menschen anderen Glaubens einfach keinen Personalausweis ausstellt. Je näher wir einem der Zentren dieser staatlich verordneten Religiosität kommen, umso unerträglicher wird es für mich, das auszuhalten.

Mit dieser schwelenden Grimmigkeit in mir haben wir schließlich Mashad erreicht. Wir halten an einem Blumenladen, in dem es ein Café geben soll. Als ich das Geschäft betrete, überkommt mich ein Gefühl von Normalität. Dies ist ein Ort der Vernunft. Ich schlendere durch die Blütenpracht, während Daniel Kaffee bestellt. Als ich dazukomme, unterhält er sich auf Englisch mit der Frau hinter dem Tresen. Sie ist ein sanftes Wesen mit einem auffallend bunten Oberteil. Der schwarze Hijab will nicht so recht zur offenen Ausstrahlung und dem roten Lippenstift der jungen Frau passen. Meine Neugier ist geweckt und wir kommen ins Gespräch. Am Ende ist mein Kaffee kalt und Monir hat mir ihre Telefonnummer gegeben. Sie ist in diesem Moment mein Lichtblick in einer Stadt, in der ich mich so fremd fühle wie in keiner anderen davor.

Monir lädt uns in den folgenden Tagen zu sich nach Hause ein, wo sie mit ihrem Mann Vincent wohnt. Sie öffnet die Tür ohne einen Schleier auf dem Haar und wir umarmen uns herzlich. Mit der Türschwelle betreten wir eine andere Welt. Über die letzten Wochen waren wir bei einigen Familien zu Besuch. Es gibt meist ein großes Wohnzimmer mit einem Sofa darin und genug Platz auf dem Perser für große Familienessen und die darauffolgende Ausbreitung des Nachtlagers. Die Einrichtungsgegenstände sind oft mit Gold verziert und durchaus etwas kitschig für mein Empfinden. Dieser Raum ist völlig anders. Er ist so, wie man sich die Wohnung eines jungen Paares in Deutschland vorstellt. Ihre Wände sind in sattem Grün gestrichen und der Boden ist mit einladenden Fransenteppichen ausgelegt. Etwas fällt mir sofort ins Auge: An den Wänden hängen Stillleben. Als ich sie von Nahem betrachte, entdecke ich eine schwungvolle Unterschrift darunter, die ich nur zu entziffern ahne.

Wir werden am gemütlichen Esstisch mit allerlei Leckereien verwöhnt und als ich währenddessen auf die Gemälde zu sprechen komme, gibt Monir schüchtern zu, dass sie die Künstlerin ist.

»Ich habe eine Kunstgalerie von meinem verstorbenen Bruder übernommen. Leider hat die Regierung sie wegen der Gemälde geschlossen.«

»Woran haben sie sich denn gestört?«

»Es waren Porträts von iranischen Frauen aus ärmlicheren Verhältnissen. Die Regierung hat die Galerie mit der Begründung geschlossen, es würde den muslimischen Frauen die Würde nehmen, so ärmlich dargestellt zu werden.«

Ich finde faszinierend, wie einfach es zu sein scheint, als repressiver Machthaber den Fokus von den realen Sorgen der Bevölkerung abzuziehen.

Später zieht unsere kleine Gemeinschaft in die gemütliche Sofa-ecke um, und wir knabbern Nüsse und Sonnenblumenkerne, deren Schalen wir mit den Zähnen knacken.

Plötzlich kämpft Monir mit den Tränen: »Ich glaube, mein Bruder ist an der Schließung seiner Galerie zerbrochen. Sein Herz. An so viel Scheinheiligkeit, die er nicht ertragen hat. Ich weiß nicht, ob ich die Galerie je wieder eröffnen kann.« Ihre Stimme nur noch ein erstickter Laut. Nachdem sie sich etwas beruhigt hat und wir alle mitfühlend geschwiegen haben, die Hände auf ihrem Rücken und auf ihren Unterarmen, fährt sie etwas gefasster fort: »Auch ich kann nur einen Bruchteil meiner Kunst ausstellen oder verkaufen, vieles male ich für mich selbst. Ich habe es auch schon mit Taschen aus Leder versucht, weil sie nichts Anstößiges an sich haben, die haben sich gut verkauft. Aber die Arbeit ist zu hart für mich. Darum suche ich jetzt wieder nach einer neuen Art zu gestalten.«

Nach und nach setzen wir uns alle vom Sofa auf den Boden. Es fühlt sich irgendwie richtiger an. Wir überlegen gemeinsam, was Monir sonst erschaffen könnte, scheitern aber daran, dass sie es auch verkaufen können muss. Wir verabschieden uns spät und mit dem Gefühl, neue Freunde gewonnen zu haben. Wir wollen uns unbedingt noch einmal wiedersehen, bevor wir abreisen.

Ich blicke hilflos zu Vincent, als Monir mir weinend in die Arme fällt, nachdem sie mir den Ring als Abschiedsgeschenk überreicht hat. Er steht hinter seiner Geliebten und damit mit dem Gesicht zu mir, inmitten von umhereilenden Pilgern. Ich sehe den Schmerz darin. Den Schmerz darüber, dass der Mensch, den er am meisten liebt, nicht die Freiheit leben kann, die er braucht. Monir muss sich immer wieder verstecken mit ihrer Kunst. Bloß nicht zu viel Aufsehen erregen, bloß keine Aufmerksamkeit auf sich ziehen.

Das erstickt ihre Schaffenskraft im Keim. Ein Vögelchen, das fliegen will, dem aber die Flügel beschnitten worden sind.

Persönliche Entfaltung ist kein Luxusgut. Bestimmt gibt es Menschen, die sich nicht zu sehr eingeschränkt fühlen, für andere aber ist die persönliche Entfaltung und Individualität einfach überlebenswichtig. Vincent weiß, dass Monir so ein Mensch ist – und Monir weiß das und versucht verzweifelt, ihre Verzweiflung nicht an Vincent auszulassen. So ringen die beiden um ihr gemeinsames Leben.

Ich schließe die Augen und konzentriere mich auf die bebende Monir in meinen Armen. Wie gern würde ich ihr einen Teil ihres Schmerzes nehmen, einen Teil der unterdrückten Gefühle, zu denen sie sich nie öffentlich wird bekennen können, ohne sich selbst in Gefahr zu bringen.

Ich schiebe sie um eine Armeslänge von mir weg, schaue tief in ihre tränennassen Augen und sage mit Nachdruck:

»Du bist wertvoll.« Ob ich damit meine als Mensch, als Frau, als Künstlerin, weiß ich selbst nicht, aber ich habe das Gefühl, dass es genau darum geht. Eine dogmatische Regierung zieht so vielen ihrer Bürger und Bürgerinnen den Teppich unter den Füßen weg, weil sie ihnen das Gefühl gibt, nicht richtig zu sein, wie sie sind, sondern sogar falsch.

Monir lächelt unter Tränen und bedankt sich für meinen spontanen Gefühlsausbruch. Ich nehme auch Vincent auf offener Straße in die Arme. Ein großes Vergehen in einem Land, in dem sich Menschen verschiedenen Geschlechts nur berühren dürfen, wenn sie miteinander verwandt sind. Allein, dass mir in diesem emotionalen, so privaten Moment dieser Gedanke in den Kopf schießt, lässt meine unterdrückte Frustration wieder sieden.

Es fällt uns schwer, die beiden zurückzulassen. Wir lassen uns von dem Strom an Pilgern mitreißen und Monir und Vincent verschwinden nach und nach zwischen Frauen in langen schwarzen Tschadors und Männern in weiten Hosen und langen Oberteilen.

Ich greife mit der linken Hand an meinen rechten Ringfinger. Ich spüre die unebene Oberfläche des Rings und drehe ihn an meinem Finger. Eine große Liebe ist das, die so viel äußerem Druck standhält, so viel Traurigkeit und Verzweiflung. Zwei junge Menschen, die unter anderen Umständen ein unbeschwertes Leben führen könnten, werden von allzu starren Regeln und von zu vielen Verboten an den Rand ihrer Leistungsfähigkeit und Lebensfreude getrieben. Doch die beiden sind stark. Ich hoffe, es wird sich irgendwann eine Lösung für sie auftun. Dass ihre Liebe das überlebt, daran glaube ich fest.

Für mich steht der Ring für große Liebe, für den Wert von künstlerischer Freiheit, und er ist für mich immer eine Erinnerung daran, dass Freiheit nicht selbstverständlich ist.

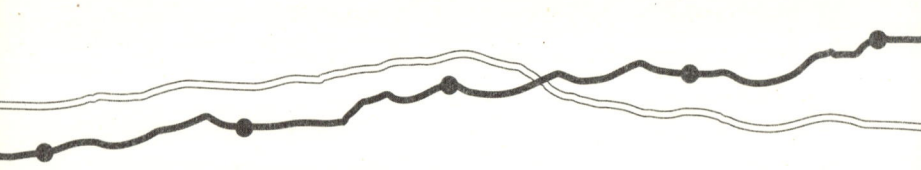

Nachdem wir den recht schäbig wirkenden Grenzposten des Iran in Sarakhs verlassen haben, überqueren wir eine Brücke, die die Grenze zu Turkmenistan markiert. Dann folgt ein vier Kilometer langer Wüstenstreifen, bevor vor uns das futuristische Gebäude der turkmenischen Grenzwache auftaucht. Es ist ein flacher weißer Bau, die Fenster erinnern mich an die Heckscheibe des Golf III aus meiner Jugend, den die wirklich coolen Jungs fuhren: schwarz getönt. Wir sind ein wenig eingeschüchtert von dieser geleckten Außenanlage und schauen mal wieder an uns herunter. Vorvorgestern das letzte Mal geduscht, Klamotten seit vier Tagen mächtig vollgeschwitzt. Wir zucken mit den Schultern, betreten das Gebäude und landen direkt im Warteraum. Ein junger Soldat nickt uns zu und bedeutet uns damit, Platz zu nehmen. Daniel jedoch will sich nicht setzen, er tigert im Raum umher. Ihm ist gar nicht wohl mit dem Fetzen, den wir von unserer deutschen Agentur als Visabestätigung erhalten haben. Das Ding hätten wir in fünf Minuten selbst anfertigen können: ein schlichtes DIN A4-Blatt, das uns per Mail zugesandt wurde und das wir ausgedruckt haben. Ich beruhige ihn damit, dass wir sicher nicht die Ersten sind, die mit diesem Dokument ins Land wollen.

Nach kurzer Wartezeit werden wir in einen Raum gerufen, der direkt an das Wartezimmer angrenzt. Hinter dem Schreibtisch sitzt ein Mann in weißem Arztkittel. Hinter ihm schaut uns der damals aktuelle Präsident und Autokrat Turkmenistans, Gurbanguly Berdimuhamedow, aus einem überdimensionierten Goldrahmen heraus an. Auch er trägt einen Arztkittel und hat ein Stethoskop um den Hals gelegt, und ich frage mich, wie viel so ein Kittel hier wohl kostet. Zu Unrecht allerdings, wie ich später lese. Berdimuhamedow war tatsächlich Zahnarzt, bevor seine politische Karriere begann. Skurril finde ich ihn trotzdem bereits zu diesem Zeitpunkt. Und ich sollte recht behalten.

Der etwas dickliche Arzt ohne Rahmen blickt auf, bedeutet uns, uns zu setzen, und fragt: »Fever?«

Wir schütteln die Köpfe. Er kommt um den Schreibtisch herum und hält uns nacheinander ein kleines Gerät vors Gesicht, das aussieht wie so ein Scanner, den Paketboten dabeihaben. Damit misst er unsere Temperatur und die scheint in Ordnung zu sein. Jedenfalls grunzt er zufrieden. Dann dürfen wir wieder gehen.

Wir warten etwa eine halbe Stunde, dann werden wir in den angrenzenden Raum gebeten und dürfen unseren Schmierzettel von Visum vorzeigen. Der Beamte hinter der brusthohen Theke hat ein Pokerface. Ich kann nicht einschätzen, was er denkt.

»Did you pay?« Ich schaue ihn verwirrt an.

»No.« Direkt an die Theke schließen zwei Kabinen an, an denen groß und breit »касса« – »Kasse« – steht. Er hat doch gesehen, dass wir direkt zu ihm gegangen sind. Aber ich habe aufgehört, mich an Grenzen zu wundern. Manche Fragen scheinen dem bürokratischen Ablauf geschuldet zu sein, auch wenn sie gar keinen Sinn ergeben.

Der Beamte schreibt etwas auf und Daniel legt unsere Pässe und die abgezählten Dollar auf die Theke, um die Hände frei zu haben. Der Beamte blickt von seinen Notizen auf, sieht das Geld und – springt entsetzt auf! Er herrscht Daniel an:

»Take it!« und deutet dabei auf eine Kamera, die direkt auf die Theke gerichtet ist. Ah ja, Antikorruptionskampagne. Finden wir super. Als Daniel die Sachen von der Theke genommen hat, sinkt der Beamte erleichtert wieder auf seinen Stuhl und streckt uns im nächsten Moment ein Papier entgegen. Darauf steht, wir sollen 144 Dollar zahlen. Nachdem wir das erledigt haben und nach dem für uns bereits gewohnten Durchwühlen all unserer Sachen sind wir in Turkmenistan. Aufregend!

Und gefühlt mitten im Nichts. Wir eiern ein paar der Straßen entlang, die im Quadrat angelegt worden sind, und versuchen herauszufinden, ob es in der Nähe einen Laden gibt. Ich schaue suchend umher, als mein Blick abrupt hängen bleibt. An einer hochgewachsenen, schlanken Frau, die geradezu vor uns am Straßenrand dahinzuschweben scheint. Sie trägt ein enges, bodenlanges Kleid, das ihre feine Gestalt umspielt und ihren wiegenden Gang betont. Es ist rosa und mit zarten Rosen bedruckt. Mein Mund ist trocken, mein Blick auf die Stelle kurz über ihrem Po fixiert, über der ein langer geflochtener Zopf aus schwarzem Haar schwebt, der sanft auf ihrem Rücken hin- und herspielt und einen schönen Kontrast zu ihrem Kleid bildet. Da biegt die Schöne links zu einem Haus ab. Und ich sehe den anmutig geschwungenen Hals von der Seite. Dort, wo das Kleid aufhört und ihre wunderschöne mokkafarbene Haut beginnt. Ihre Erscheinung ist wie ein Farbklecks in dieser sonst so tristen Umgebung, und ich bin berührt von ihrer Schönheit, ihrer Anmut, von so viel Grazie und Weiblichkeit. Und ich freue mich vor allem, dass sie sich zeigen darf. Nach sechs Wochen im Iran kommt mir diese Frau mit unbedecktem Haar fast erotisch vor. Dabei trägt sie ein langärmeliges Kleid, das kaum Haut zeigt. Ich kann mich kaum von dem Anblick losreißen.

Da erst bemerke ich, dass Daniel mich anschaut und belustigt angrinst.

»Was wäre wohl los, wenn ich einer Frau so hinterherstarren würde?«

Ich grinse schelmisch zurück und kontere:

»Was ist mit dir bloß los, dass du ihr NICHT hinterherstarrst?!«

* * *

»Mister! Mister!« Ich schaue in die Richtung, aus der die Rufe kommen. Dort, auf der anderen Seite der staubigen Straße und sicher 800 Meter von uns entfernt, winkt ein Mann mit beiden Armen. Als wolle er ein Flugzeug zum Landen bringen. Ich atme aus, lasse den Kopf und die Schultern nach vorn fallen. Ich bleibe einen Moment so stehen, dann hebe ich den Kopf wieder und blicke Daniel mit halb fragendem, halb gequältem Gesichtsausdruck an. Er zuckt die Schultern und nickt. Wir dackeln ergeben in Richtung des Mannes. Da fährt man den halben Tag stoisch durch die menschenleere Wüste, um trotz der Grenzprozedur Kilometer zu machen, und freut sich diebisch auf eine Nacht im Zelt. Nur wir. Daniel und ich und der Sternenhimmel. Aber das scheint auch in Turkmenistan nicht möglich zu sein. Zu gastfreundlich sind die Menschen und so auch der Bauer, der uns von seinem Gehöft aus zuwinkt. Das einzige meilenweit.

Als wir den Mann erreichen, klopft er Daniel willkommen heißend auf die Schulter. Die Tiere sind bereits versorgt für die Nacht und es riecht würzig nach Heu und Ziege. Ich mag den Geruch. Nachdem wir uns den Wüstensand abgewaschen haben, bittet uns unser Gastgeber in den Hauptraum des Hauses. Dort haben sich fünf Männer versammelt, die gemeinsam den Hof ihres Herrn bewirtschaften. Drei sind unter 20, zwei über 50 – wenn sich das schätzen lässt bei den wettergegerbten Gesichtern. In ihrer Mitte steht ein großer Topf, aus dem alle mit ihren Löffeln essen. Ich versuche, nicht allzu viel von den Leberstückchen aufzulöffeln, werde aber von unserem Gastgeber ertappt, der denkt, ich sei bescheiden. Ich bringe es nicht übers Herz, ihm zu sagen, dass ich Leber hasse, und würge die Stückchen gequält lächelnd hinunter. Meine Lichtblicke sind die Kartoffelstückchen, die ebenfalls im Topf schwimmen und die in Verbindung mit dem leckeren Sud wirklich ein Genuss sind. Irgendwoher taucht eine Eineinhalb-Liter-Flasche auf, in der sich nicht mehr der Softdrink befindet, den das Etikett anpreist. Man gießt Daniel seine Schale voll mit dem Bier und ich grinse dieses eine Mal glücklich, weil man von mir zwar nicht erwartet, dass ich mittrinke, mir aber trotzdem vom Selbstgezapften anbietet. Ich lehne dankend ab und Daniel trinkt sein erstes offizielles Bier nach sechs Wochen. Als das Mahl beendet ist, streckt sich der Chef der Truppe genüsslich auf dem dicken Teppich aus und schiebt sich das Kissen, auf dem er bis gerade noch gesessen hat, in den Rücken. Wir tun es ihm dankbar nach und fläzen im Zimmer, während die Jüngeren abspülen. Miteinander reden ist leider recht anstrengend, da wir keine Sprache finden, die wir alle können. Aber in der kleinen Flimmerkiste läuft eine recht schlechte Kopie von Jackie Chan und alle entspannen ein wenig, indem wir zuschauen und einfach zusammen schweigen. So vergeht der Abend beim gemütlichen zusammen Rumlümmeln. Ein paar lustige Anekdoten geben wir dann doch noch zum Besten, und zwar pantomimisch. Ob unsere Hoffnung, dass etwas verstanden wird, sich bewahrheitet, wissen wir nicht so genau. Auf jeden Fall haben wir alle viel Spaß.

* * *

Nachmittag, Tag zwei unseres Turkmenistan-Wüstenritts. Die Sonne steht aufgrund der Tageszeit zwar bereits tiefer, aber sie ist immer noch erbarmungslos. Wir holpern über eine unbefestigte Straße und Daniel hat Mühe, um all die Schlaglöcher herumzukommen. Die endlose Weite der turkmenischen Steppe breitet sich um uns aus, und ich habe die Hoffnung auf einen schattenspendenden Baum am Wegesrand längst aufgegeben. Irgendwann halten wir doch an, weil wir etwas essen müssen. Wir ducken uns unter einen etwas größeren Busch. Bequem ist das nicht. Die Sonne brennt. Ich gehe noch mal zum Tandem zurück und hole – ich kann es selbst kaum fassen – mein Kopftuch, das ich an der iranisch-turkmenischen Grenze abgenommen habe.

In den sechs Wochen im Iran habe ich mich tatsächlich an dieses Tuch gewöhnt. Ohne den schützenden Stoff brennt mir die Sonne direkt auf die empfindliche Partie unter den Ohren. Die Haut dort ist zart und glatt und direkte Sonneneinstrahlung nicht mehr gewohnt. Ich muss grinsen. Jetzt darf ich das Ding endlich abnehmen und setze es aus freien Stücken wieder auf. Ich stelle mir vor, wie meine iranischen Freundinnen kichernd den Kopf über mich schütteln würden. Zum Schutz vor der Sonne ist das Tuch wirklich gar nicht so schlecht, verteidige ich mich in meinen Gedanken. Für viele Frauen im Iran ist das Kopftuch ein Zeichen der Unterdrückung. Einige tragen es aber auch gern, andere, weil es eben im Koran steht oder weil sie sich dadurch vor den Blicken der Männer geschützt fühlen. Für mich ist es in der turkmenischen Wüste einfach ein Schattenspender.

* * *

Gääääääääähhhhhn, Tag drei, noch so eine Straße. Meine anfängliche Euphorie, fünf Tage durch die Wüste zu radeln, hat sich ein *wenig* gelegt. Denn die Wüste entspricht nicht meinen Erwartungen – keine mannshohen Dünen, sondern flaches Land, in dem hie und da mal ein dürrer Busch wächst. Und außerdem gibt es weder Oasen noch Karawanen. Obwohl.

Da vorn sehe ich etwas. Die Hitze flimmert auf dem Asphalt, dahinter bauen sich vier lange Beine auf, auf denen ein Hügel und ein filigraner Hals mit einem hoch erhobenen Kopf thronen. Ich haue Daniel mit voller Wucht auf den Hintern und stammle mit erstickter Stimme: »Ein Kamel!«

Daniel blickt von seinem Tacho auf und auch er scheint es zu sehen. Ich kreische: »Stoooooooop!« und wir halten an. Ich will es unbedingt noch ein wenig aus der Ferne betrachten, bevor es weggaloppiert. Es sieht einfach magisch aus, wie dieses Tier mit den Brauntönen um es herum verschmilzt. Zu meinem Glück fehlt jetzt nur noch ein vermummter Tuareg, der es weitertreibt. Und, na ja, vielleicht noch ein Falke auf seinem Arm.

Daniel zerstört meinen Tagtraum, indem er feststellt:

»Du, das ist aber kein Kamel, das ist ein Dromedar. Das hat nur einen Höcker.«

Wie weggeblasen die Fantasie eines wilden Tuareg. Ich zische »Korinthenkacker!« und wir setzen unseren Wüstenritt fort. Das Dromedar trabt schwankend über die Straße und verschwindet hinter einer Düne.

Augenblicke in Turkmenistan

Ich blicke auf Daniels Rücken und frage mich, ob er es wohl schaffen wird, sein Shirt so viele Male komplett durchzuschwitzen, dass es von allein steht. Es zeichnen sich bereits ein paar hübsche Salzränder auf dem ehemals Dunkelblau seines T-Shirts ab. Plötzlich höre ich einen markerschütternden Schrei. Ich fahre zusammen und blicke in die Richtung, aus der der Laut gekommen ist. Ich sehe ein einstöckiges Lehmhaus und kann nicht fassen, was da gerade um die Ecke biegt: ein schneeweißer Esel. Er heizt im gestreckten Galopp über das Feld, das das Haus von der unbefestigten, staubig steinigen Straße trennt, auf der wir uns fortbewegen, und schreit dabei weiterhin sein schrilles »liiiiiiiiaaaaaaaiiiiiiiiaaaaaa«. Ich schwanke zwischen einem Lachanfall und meinem Fluchtinstinkt. Letzterer gewinnt. Ich weiß, wie sich ein Pferdekuss anfühlt, und trete reflexartig in die Pedale. Daniel versteht meine Aufregung nicht ganz, legt aber auch an Geschwindigkeit zu, als er sieht, dass der Esel keinesfalls an der Straße haltmacht, sondern in voller Fahrt weiter hinter uns herrennt. Als wir genügend Puffer zwischen uns und den Esel gebracht haben, werden wir wieder etwas langsamer und ich erliege endlich doch dem Lachkrampf. Ich frage mich, ob der Esel uns für eine Artgenossin hält und so liebeshungrig ist in dieser Einöde, dass er uns unbedingt besteigen möchte, oder ob er vielleicht einen Sonnenstich abbekommen hat und denkt, er sei ein Wachhund. Wir werden es nie erfahren ... Der Esel jedenfalls verfolgt uns sicher zwei Kilometer in vollem Galopp, bis er aufgibt, stehen bleibt und uns in einer Mischung aus Wehmut und Ärgernis hinterherwiehert. Ich habe etwas Mitleid. Es klingt ein bisschen verzweifelt.

* * *

Wir halten an einem kleinen Laden in einem kleinen Dorf. Man beäugt uns etwas kritisch, als wir so durch die niedrigen Regale schlendern. Dann kommt eine der jungen Verkäuferinnen auf mich zu. Wieder ein bodenlanges Blumenkleid. Sie öffnet eine Kiste und darin: Eiscreme. Unverpackt. Eine Waffel, darüber eine Schokohaube. Ich bin begeistert und nicke wild mit dem Kopf. Sie bedeutet mir, eins zu nehmen. Ich quieke freudig. Was für eine wunderbare Spezialität. Was für eine tolle Erfrischung! Ab diesem Zeitpunkt bin ich nicht mehr zu halten und frage überall nach dem Eis. Und es ist tatsächlich in der letzten Spelunke zu bekommen. Jucheeee!

18 WILLE

Nazik führt mich aus dem gemütlichen Raum heraus, in dem ihre ganze Familie versammelt ist. Die Luft draußen ist immer noch warm, aber kein Vergleich zur Hitze des Tages. Ich kann den warmen, satten Duft von trocknendem Gras riechen. Es ist bereits dunkel und wir gehen durch das schummrige Licht nur ein paar Schritte an dem langen, einstöckigen Lehmhaus entlang, bis wir eine Tür erreichen. Nazik bittet mich herein, nachdem ich meine Schuhe abgestreift habe, und Momente später stehe ich allein in einem niedrigen Raum mit einem Wasserhahn auf Hüfthöhe, daneben ein Eimer, in dem eine Schale schwimmt, die wohl die Duschbrause ersetzt. Die Wände sind unverputzt und der Lehm ist hellbraun. Neben dem Eimer steht ein Becher auf dem Boden mit ziemlich vielen Zahnbürsten darin, die arg zugerichtet aussehen. Weiter links gibt es eine Waschmaschine, auf der ich das Handtuch, das ich von meiner Gastgeberin gereicht bekommen habe, ablege. Dabei frage ich mich, wie es Naziks Vater bloß geschafft hat, genügend Druck auf die Wasserleitung zu bekommen, damit das Ding läuft. Er ist eben schlau und erfinderisch, gebe ich mir selbst die Antwort. Genau wie seine beeindruckende 16-jährige Tochter.

Nazik ist das älteste Kind der Familie. Ein hochgewachsenes, sehr schlankes junges Mädchen, das eines der traditionellen knöchellangen Kleider trägt, die das Straßenbild prägen. Ihr dunkles Haar fällt ihr in einem geflochtenen Zopf bis zur Hüfte und ist unter keiner dieser imposanten, geblümten Kopfbedeckungen versteckt, die die verheirateten Frauen in Turkmenistan tragen. Ihr Blick ist offen und neugierig und wenn sie nachdenkt, zieht sich ihre Stirn in Falten. Meistens sucht sie dann nach einem passenden Wort.

Als Naziks Vater uns an diesem Abend von der Straße weg nach Hause eingeladen hatte, mittels eines mehr schlecht als recht Englisch sprechenden Passanten, übersetzte Letzterer uns auch, dass sich Naziks Tochter sehr freuen würde, mit jemandem Englisch sprechen zu können.

Naziks Vater fuhr mit seinem weißen Lada voraus zum Haus der Familie und wir mit dem Tandem hinterher. Nazik wartete schon sichtlich erfreut und aufgeregt vor dem Haus. Sie führte uns gleich in das Gästezimmer und bat uns auf Englisch: »Please, sit down. You must be tired.« Nach und nach wurden von ihren jüngeren Geschwistern Schalen, Teller und Besteck gebracht. Nazik saß kerzengerade im Schneidersitz bei uns und wirkte hoch konzentriert, als versuchte sie, den Sturm an Fragen, der in ihrem Kopf wirbelte, auf ein Anstandsmaß herunterzuschrauben. Sie fragte, wo wir herkämen, wo wir hinwollten, durch welche Städte in Turkmenistan wir bereits gefahren seien und ob wir schon Konye-Urgench, eine bekannte Sehenswürdigkeit, besucht hätten. Sie stellte ihre Fragen in kurzen, englischen Sätzen. Manchmal war das Fragewort nicht ganz korrekt oder ein Artikel fehlte. Aber ihre Aussprache war verständlich und klar, und ich fragte sie, ob alle in der Schule heutzutage Englisch lernten oder auch noch welche Russisch. Sie schaute mich erstaunt an und antwortete:

»We do not learn English in school.«

»So where did you learn it?«

Statt einer Antwort zeigte sie mir ihre Bücher, die sie von einer

Tante, die in der Tourismusbranche arbeitet, bekommen hat. Sie sind mit Schreibmaschine getippt und abgegriffen. Darin finden sich endlose Verbtabellen mit regelmäßigen und unregelmäßigen Verben, Grammatik in kyrillischen Schriftzeichen erklärt und nur ganz wenige Übungsseiten, auf denen die Antworten mit Bleistift geschrieben und immer wieder ausradiert wurden. Ich schaute sie fassungslos an und konnte nicht glauben, dass sie sich eine Fremdsprache selbst beigebracht hat und diese auch noch sprechen kann. In nur vier Jahren, wie sie ein wenig stolz erklärt. Ich musste an meine mündliche Abiturprüfung in Englisch denken, in der ich meine Eins ruiniert habe, weil ich zwar alle grammatikalischen Feinheiten beherrschte, aber einfach nicht frei sprechen konnte. Und da saß dieses junge Mädchen vor mir, das ohne Internetzugang, gegen den Widerstand seiner Mutter – der das Ganze nicht geheuer war – und aus Uraltbüchern eine Sprache gelernt hat, weil es sein Traum ist, irgendwann in den USA zu studieren.

»You are the first foreigners, with which I can practice my English.« Mir klappte die Kinnlade runter. Wir unterhielten uns seit fast einer Stunde auf Englisch und es war für Nazik das *erste Mal,* dass sie überhaupt mit jemandem Englisch sprach! Ich hätte das nicht bemerkt. Ich bewunderte sie für ihren Mut und ihren Fleiß.

Wir hatten inzwischen die Suppe gegessen, die ihre Mutter während des Gesprächs hereingebracht hatte, und waren richtig schön satt und zufrieden. Da hatten wir die Gastfreundschaft der Turkmenen jedoch hart unterschätzt. Nun kamen nämlich nacheinander wieder die jüngeren Geschwister mit Leckereien in den Raum. Süßigkeiten, selbst gemachter Joghurt, Obst und Ischklykli, Teigtaschen, die mit Fleisch und Zwiebeln gefüllt sind. Nach und nach versammelte sich die ganze Familie in »unserem« Raum, und es kamen auch noch der Onkel mit seiner Tochter vorbei. Nazik übersetzte geduldig alle Fragen an uns und gab die Antworten auf Turkmenisch an ihre Familie weiter. Als Naziks Vater wissen wollte, wie es bei uns so aussieht, zückte ich mein iPhone und zeigte Bilder von Konstanz. Das viele Wasser beeindruckt in einem Land, das mehrheitlich aus Steppe und Wüste besteht, und schon bald saß die ganze Familie vor dem kleinen Bildschirm und slidete sich ohne meine Erklärungen durch die gesammelten Bilder in meiner Galerie.

Irgendwann fragte Nazik mich, ob ich nicht gern duschen würde, und ich spürte tatsächlich den starken Wunsch danach und Müdigkeit in mir aufkeimen. Tag drei von fünf, die wir Zeit haben, mit unserem Transitvisum die 500 Kilometer von der iranischen Grenze im Süden von Turkmenistan an die usbekische Grenze im Norden zu radeln. Wir können froh sein, überhaupt ein Visum bekommen zu haben. Wir werden später erfahren, dass wir sogar die Letzten waren, denen ein Visum gewährt wurde in diesem Zeitraum, weil der turkmenische Autokrat es nicht gern sieht, wenn Individualreisende durch sein Land tingeln, während die »Asian Indoor and Martial Arts Games«, eine Art asiatische Olympiade, in seinem Land stattfinden.

An diesem Abend, an dem ich mir im spartanischen Badezimmer also den Staub von der Haut wasche, weiß ich nur eins: Ich werde die starke Nazik in Erinnerung behalten und in meinem Herzen tragen. Wieder wird mir bewusst, wie groß mein Glück ist, in einem Land geboren worden zu sein, in dem Schulbildung als normal angesehen wird, ja, sogar Pflicht ist. Ich hatte die Möglichkeit, mehrere Sprachen zu lernen, studieren zu gehen, und dabei stand mir immer das World Wide Web zur Verfügung. Ich konnte mir Informationen beschaffen, aufgrund derer ich mir mein eigenes Bild von der Welt machen konnte, und dafür bin ich dankbar.

Trotz all dieser Verschiedenheit sind Nazik und ich uns in

einem Punkt vielleicht nicht ganz unähnlich: dass wir für unsere Träume kräftig Gas geben. Sie mithilfe von Verbtabellen, ich mithilfe meiner Oberschenkelmuskulatur. Und ich glaube, wir sind beide überzeugt davon, dass es sich lohnt, für seine Träume zu arbeiten, auch wenn es manchmal wirklich hart ist.

Als uns Nazik am nächsten Tag verabschiedet, beweist sie nochmals ihre vollendeten Gastgeberqualitäten, indem sie uns Brot und Honig als Proviant mitgibt. Dann bleibt mir nur noch, dieses starke Mädchen noch einmal fest zu drücken und zu hoffen, dass sie irgendwann, wenn sie ihr Studium in den USA aufgenommen und freien Zugang zum Internet hat, den *wanderwonder*-Zettel, den wir ihr zum Abschied dalassen, wiederfindet und mir eine Mail schreibt. Denn ich würde zu gern lesen, dass ihr Traum wahr geworden ist.

Ein Augenblick in Turkmenistan

Ich versinke in einem der plüschigen Rokoko-Sessel, die in unserem Hotelzimmer stehen. Mein Po hat schon länger nicht mehr auf so weichem Untergrund gesessen und ist glücklich. Dem Rest meines Körpers stecken die letzten Tage auch ganz schön in den Knochen. Jeden Tag bei Sonnenaufgang aufstehen, zusammenpacken, losfahren, die relative Kühle des Morgens genießen, frühstücken, fühlen, wie die Hitze immer stärker wird, Mittag essen, Schatten suchen, schlafen, sich noch mal aufraffen, um das Tagespensum von 120 Kilometern zu schaffen. Und dazwischen trinken, trinken, trinken, um nicht völlig den Verstand zu verlieren bei der Hitze. Dabei noch mehr Gewicht als sonst durch die Gegend treten, um den Reservepuffer von zehn Litern Wasser, die wir an den Rahmen getaped haben, voranzubringen. Mit uns, Tandem und Gepäck sind das fast 200 Kilo. Ich schaue auf meine nackten Beine, die über die Sessellehne hängen, und frage mich, ob ich je wieder einen Rock tragen kann. Wenn ich meine Waden anspanne, zieht sich eine deutliche Linie zwischen den beiden Muskelgruppen von oben nach unten. Ich kann mir einfach nicht vorstellen, dass das in hohen Schuhen hübsch aussieht. Eher wie She-Hulk in Pumps.

Immerhin durfte ich gerade in einer Badewanne mit geschwungenen Füßen duschen. Da fühlt man sich gleich wie eine Prinzessin. Wie übrigens auch im Rest des Hotels. Ich muss daran denken, wie wir mit Wüstensand beklebt und verschwitzt an der Rezeption standen und nach einem Zimmer fragten und die resolute Dame hinter der Theke uns keines geben wollte. Da kenne ich nichts. Ich verhandelte so lange mit ihr, bis sie aufgab und uns eines dieser aus der Zeit gefallenen Zimmer vermietete. Bereits auf dem Weg dorthin musste ich grinsen. Samtweiche Teppiche in Pastellfarben, an den Wänden Bambies in Goldrahmen, die uns ängstlich entgegenblickten. Und das Beste kam erst noch: Als wir den Fernseher anschalteten, durften wir den Präsidenten Gurbanguly Berdimuhamedow in voller Pracht dabei bewundern, wie er die neuesten Errungenschaften seines Landes – die Neubauten für die Asian Games – vorstellte: Er flog in perfekter Putin-Manier den Hubschrauber von einem Prachtbau zum nächsten, während ihm eine Schar beflissen mitschreibender Journalisten folgte. In den Werbepausen wurden Bilder aus Europa gezeigt, an denen irgendetwas nicht zu stimmen schien. Und dann bemerkten wir: Es waren Bilder aus den 80ern! Auf die Dame an der Rezeption mussten wir genauso aus der Zeit gefallen gewirkt haben wie ihr Hotelzimmer auf uns. Denn die verblichenen Aufnahmen des Eiffelturms und von blühenden Tulpen in Wiener Parks mit darin umherwandelnden Damen in schicken Kostümen und Dauerwelle haben nicht viel gemein mit den beiden vor Dreck starrenden Radfahrern in schriller Funktionskleidung. Die Tatsache, dass es in Turkmenistan kein mobiles Internet gibt und man in Internetcafés seinen Ausweis abgeben muss, um surfen zu dürfen, spricht auch nicht unbedingt dafür, dass der Rest von Turkmenistan so fortschrittlich ist, als dass die breite Masse der Bevölkerung an ungefilterte Informationen herankommen könnte. Wieder einmal: skurril.

Grenzgeschichten Turkmenistan – Usbekistan

Wir erreichen die turkmenisch-usbekische Grenze in Farab. Die usbekische Seite erinnert eher an eine Großbaustelle. Überall liegt Baumaterial herum, Haufen von Sand und Steinen machen einen Parcours aus der Überquerung des Hofes vor dem Grenzgebäude. Recht lustig finden wir das Warnschild, das es unbedingt verbietet, Drohnen mit über die Grenze zu nehmen.

An dem Grenzübergang ist nicht so viel los und wahrscheinlich müssen deswegen wieder alle unsere Taschen durchleuchtet werden. Der Zollbeamte ist neugierig und will wissen, wo wir schlafen, ob wir keine Angst haben beim Zelten und wie lange wir gebraucht haben, um das Geld für die Reise zu sparen. (Mal etwas anderes. Die meisten Leute nehmen nämlich an, dass der deutsche Staat oder unsere Eltern uns finanzieren.) Nach dem kleinen Schwätzchen werden wir in ein behelfsmäßiges Büro gebeten. Dabei bekommen wir gerade noch mit, wie einer der Beamten einen Laptop zuklappt und zufrieden erklärt, dass darauf kein pornografisches Material zu finden sei. Man winkt unsere Vorgänger weiter. Wir sind dran.

»Any medicines?« Wir packen unser Erste-Hilfe-Set aus, das neben Pflastern und Tapes, einer goldenen Rettungsdecke und Sprühjod auch ein paar Blisterpackungen Tabletten enthält. Einmal mehr nicke ich Daniel liebevoll zu, weil er an jeder Packung die zugehörige Packungsbeilage mit einem Gummiband befestigt hat. Seine vorbildliche Organisation rettet unsere kleine Apotheke vor dem Abfalleimer, denn Tabletten ohne Beilage werden von der Grenzbeamtin entsorgt. Nachdem sie sich durch unsere Mittelchen gearbeitet hat, nickt sie zufrieden und knallt uns einen Stempel in den Pass. Gute Reise!

Nach ein paar weiteren Schutthaufenumrundungen, einem kurzen Besuch bei einem lustigen Männchen in weißem Kittel, das uns ein Fieberthermometer vor das Gesicht hält, und dem wiederholten Vorzeigen unserer Pässe – insgesamt zwölfmal – haben wir das Tor der Grenze im Rücken und sind somit in Usbekistan. Wir sind etwas erstaunt über die Menschenmenge, die uns hier erwartet, mitten in der Wüste. Zunächst werden wir von zwei Chinesen angesprochen, die aussehen, als ob sie auf einer NASA-Mission wären: weiße Ganzkörperanzüge mit ein paar Emblemen auf Brust und Schultern. Die beiden warten auf Geschäftskunden. Ihr Englisch ist hervorragend und man merkt, dass sie froh sind, es mal wieder anwenden zu können. Sonst sprechen sie Russisch. Neben Mandarin, natürlich. »We are engineers working for a chinese oil company.« Sie lächeln verschmitzt, als wir fragen, warum China in Usbekistan Öl fördert und nicht die Russen. Sie sind jedenfalls froh, dass sie hier gutes Geld verdienen, um dann irgendwann wieder nach Hause zurückkehren zu können, zu ihren Familien. Apropos Geld:

»Go and change money with the men here. Excellent prices! The current course is eightthousandfivehundred.«

»Thanks guys. We appreciate that!«

Als wir uns in Bewegung setzen, stürmt die Menschenmenge auf einmal auf uns zu. Im Nu sind wir von mit Geldbündeln wedelnden Männern umgeben, die alle »Som, Som!« schreien. Daniel hat im Vorfeld ein wenig recherchiert und herausgefunden, dass frühere usbekische Regierungen den Som abgewertet haben, sodass ein großer Schwarzmarkt für Geldwechsel entstanden ist, weil alle an Dollar kommen wollen. Zwar hat die aktuelle Regierung diese künstliche Verbilligung wieder aufgehoben, sodass fast derselbe Kurs mittlerweile auch in der Bank gilt, und trotzdem ist es doch irgendwie ein Service, wenn das Geld zu einem kommt und man nicht zu ihm hinmuss. Besonders, wenn man noch 80 Kilometer zu fahren hat bis zur nächsten Stadt und zwischendrin sicherlich etwas zu essen braucht.

Also gehen wir in die Verhandlungen. Die Männer wollen uns tatsächlich 8500 Som für einen Dollar geben. Ich versuche in der sengenden Hitze auszurechnen, wie viel Nullen mehr das sind, wenn wir 100 Dollar wechseln wollen. Daniel ist das Ganze zu viel und der sonst so zuverlässig arbeitende Überschlagsrechner in seinem Kopf steht auf Error. Er wiederholt die ganze Zeit:

»Die wollen uns 850 Som für einen Dollar geben. Das ist doch gut.« Ich schaue ihn prüfend an und frage mich, ob ich schon wieder ein Durcheinander mit den Nullen mache.

»Hä? Aber sie sagen doch *eight-thousand-five-hundred* – das sind acht*tausend*fünfhundert. Das ist genau der Kurs, den die Chinesen uns genannt haben, oder?«

»Ich vertrau dir, mach einfach.« Ich atme tief durch und versuche daran zu glauben, dass ich einmal im Leben in Rechensachen den größeren Durchblick habe als Daniel, suche mir einen der Kerle aus und tausche mit ihm 100 Dollar gegen 850 000 Som. Ich hätte gern weniger getauscht, aber wir haben keine kleineren Dollarscheine mehr. So viel hat der Mann gar nicht und sammelt bei seinen Kumpels noch ein paar Scheine ein. Da es die 50 000 Som-Note selten gibt, sind es recht viele der blauen 10 000-er und der grünen 5000-er. Dann bekomme ich den Packen Geld ausgehändigt, der kaum in meine beiden Hände passt. Ich fühle mich wie Dagobert Duck. Nur mit Helm statt Zylinder. Daniel nimmt das Geld und stopft es in unsere Fronttasche. Dann treten wir endlich los. Was für ein Chaos.

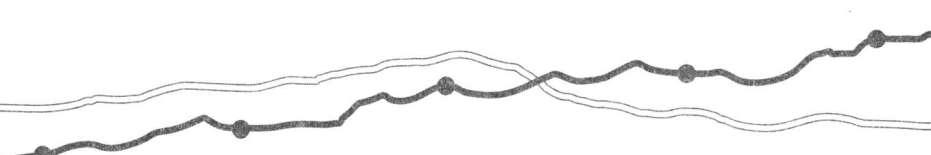

19 MENSCHLICHKEIT

Stahlblaue Augen strahlen mich an. Sie sind umrundet von feinen Lachfalten, die Haut ist wettergegerbt und im spitzbübischen Lächeln zeigen sich ein paar Lücken zwischen den Zähnen. Muxtor hat gerade wieder einen Witz gemacht, den wir nur halb verstanden haben, weil wir keine gemeinsame Sprache sprechen. Aber seine gute Laune wirkt ansteckend.

Überhaupt scheint Muxtor eine Duracell-Batterie unter seinem schmutzigen Arbeitsshirt zu verstecken. Denn er wuselt schon seit unserer Ankunft unaufhörlich hin und her, erklärt, lacht lauthals und ist stets bemüht, all unseren Wünschen zuvorzukommen. Obwohl wir nicht so viele haben – wir sind ganz schön platt.

Erst heute Mittag haben wir die stark gesicherte Grenze zwischen Turkmenistan und Usbekistan überquert. Zwei Kilometer nach der Grenze haben wir Rast gemacht unter einem Baum. Die letzten fünf Tage Hochleistungssport durch die Wüste von Turkmenistan saßen uns in den Knochen und unsere Körper forderten Ruhe nach der außerordentlichen Anstrengung. Normalerweise sind wir hoch euphorisiert, wenn wir ein neues Land betreten, aber auch nach unserem Mittagsschlaf schleppten wir uns nur langsam voran. Nach weiteren zwei Stunden auf dem Rad und einer ausgiebigen Melonenpause fingen wir an, nach einem Plätzchen für unser Zelt zu suchen. Leider waren wir auf der Hauptstraße unterwegs, und es reihte sich Siedlung an Siedlung. Dahinter erstreckte sich die Steppe, die wir aus Turkmenistan kannten – die scherte sich wenig um von Menschen gezogene Grenzen.

Als ich von Weitem einen Mann wild fuchtelnd über ein Feld Richtung Straße rennen sah, nahm ich an, es sei etwas passiert. Als er den Straßenrand erreichte, kreuzte er seine Arme zu einem X. Der internationale Code für »Hier geht's nicht weiter«, und Daniel brachte das Tandem kurz vor ihm zum Stehen. Ich war zu erschöpft, um zu protestieren, malte mir aber schon aus, wie wir einen riesigen Umweg fahren müssten. Dann blitzte da dieses Lächeln aus dem Gesicht. Und der Mann fragte uns, ob wir bei ihm übernachten möchten. Einfach so. Wir schauten uns verdutzt an und konnten kaum unser breites Grinsen verbergen. Diesmal stimmten wir nur zu gern zu. Nachdem wir über Ich-Tarzan-du-Jane-Gesten geklärt hatten, wie unsere Namen sind, zückte Muxtor einen Nokia 3310-Verschnitt und meldete uns bei sich zu Hause an. Dann bedeutete er einem Mann, der mit einem Traktor auf dem Feld beschäftigt war, es sei Feierabend, er müsse seine Gäste nach Hause bringen. Kurz darauf folgten wir dem knatternden Ungetüm die Hauptstraße zurück bis zu einem Dorf, an dessen unnatürlich blauen Flusslauf sich eine Mauer mit mehreren Toren schmiegte. Wir waren gespannt, was sich dahinter verbarg. Eines der Tore wurde von einer jungen, schlanken Frau geöffnet, dahinter tat sich der Blick auf auf einen Stall im Hintergrund und ein Stück Wiese vor uns. Im betonierten Bereich davor, der einer Terrasse glich, thronte eine der uns bereits bekannten bettartigen Sitzgelegenheiten. Muxtor bat uns herein und stellte uns erst seine Tochter Charosxon und dann seine Frau Rano vor. Dabei gab er uns auf seine herzliche Art zu verstehen, dass er sie beide wunderschön fände, und brach auf diese Weise alle anfängliche Schüchternheit zwischen seiner Familie und ihren Gästen.

Wir werden den ganzen Abend wohl umsorgt. Die Familie bittet uns in den kühlen Gastraum, serviert uns erfrischende Melone, bricht das traditionelle Brot mit uns und zeigt uns Fotos aus sämtlichen Abschnitten ihres Lebens: von Muxtors Militärdienst in Sibirien über Hochzeiten von Verwandten bis hin zu Familienausflügen aus jüngerer Vergangenheit ist alles dabei. Muxtor will auch unbedingt, dass Daniel ein Bild von mir macht, wie ich Karotten für das traditionelle *Plov* – ein Reisgericht – schneide. Aber nur für das Foto. Danach muss ich mich wieder auf die gemütlichen Matten setzen, die um den niedrigen Tisch gruppiert sind, und Gast sein, während er und Rano die Karotten in schlanke Streifen schneiden. Am Ende zeigt Muxtor uns noch ein ganz besonderes Foto: Darauf sind zwei Menschen in Hochzeitskleidung auf Rädern zu sehen. Auf der Rückseite stehen ein paar liebe Worte auf Russisch und Englisch. Muxtor erklärt uns mit viel Situationskomik und Geduld, dass die beiden vor zehn Jahren ebenfalls bei seiner Familie übernachtet haben. Das war seine erste Begegnung mit Radreisenden. Das Paar war damals im gleichen Alter wie wir heute. Muxtor und Rano hatten bereits drei Kinder, die beiden Franzosen zwei Fahrräder. Sie hätten sich prächtig verstanden, Muxtors Augen werden feucht, als er diese Erinnerung mit uns teilt. Sie hätten so wunderbar Russisch gesprochen und er hätte deswegen so viel über ihr Land lernen dürfen. Das würde er gern weitergeben, indem er selbst Fremden *sein* Leben und *seine* Traditionen zeigt.

Als die Sonne bereits golden durch die kleinen Fenster scheint und die Hitze abgenommen hat, führt uns ein stolzer Muxtor durch

sein Reich. Er hat drei Kühe und ein paar Schafe, die verstört blöken, als sie für eine kurze Abendgrasrunde auf die Wiese dürfen.
Der stattliche Bock stolziert neben seinen Ladys her und Muxtor
hat eine Heidenfreude daran, so zu tun, als wolle er am Bock vorbei zu den Auen. Doch das 80 Kilo schwere, massive Muskelpaket
stellt sich auf die Hinterbeine, um dem »Angreifer« eine Kopfnuss
zu verpassen. Muxtor schlängelt sich geschickt um den herab-
schnellenden Kopf herum und wir applaudieren. Muxtor strahlt.

Nächste Station: das Baumwollfeld hinter dem Haus. Charosxon und ich posieren zwischen den weißen Flocken, und ich denke
voller Traurigkeit daran, dass die Entscheidung Stalins, Usbekistan
zum Baumwolllieferanten für die ganze Sowjetunion zu machen,
das Schicksal des Aralsees und mit ihm einer Menge Tiere und
Menschen besiegelt hat. Der See ist heute fast ausgetrocknet, das
Flüsschen vor dem Haus verschmutzt von den vielen Pestiziden.

Inzwischen hat Rano Wasser erhitzt. Muxtor schleppt es in einem
Bottich in das niedrige Lehmhüttchen und ich darf eine warme
Dusche genießen, indem ich das heiße mit kaltem Wasser mi-
sche und per Kelle über meine staubige Haut rinnen lasse. Als
ich aus der Dusche komme, tragen Muxtor und Charosxon gerade einen mannshohen Spiegel aus dem Haus in den Gastraum.
Als ich Muxtor verdutzt anschaue, spitzt er die Lippen und tut so,
als würde er Lippenstift auftragen. Ich breche in Gelächter aus
und zeige pantomimisch, dass ich nichts dergleichen dabeihabe.
Er nickt und bedeutet seiner Tochter, deren Kopf vom Gewicht
des Spiegels schon ganz rot ist, umzudrehen. Ich schüttle gerührt
den Kopf.

Vor dem Essen schlappen wir auf der staubigen Straße zum Dorf-
laden und bekommen ein Eis. Charosxon hat sich bei mir unter-

gehakt und legt ihren Kopf mit dem samtig schwarzen Haar auf meine Schulter. Sie fragt, ob wir wiederkommen. Ich sage, es ist ein langer Weg von Deutschland nach Usbekistan mit dem Rad. Ihre haselnussbraunen Augen sehen mich traurig an.

»Dann bleibt wenigstens eine Nacht länger!« Ich schaue sie wehmütig an und wiederhole, was ich dauernd mantraartig sage:

»Wir müssen weiter, wenn wir es vor dem Winter über den Pamir schaffen wollen.« Sie nickt, mir blutet das Herz.

Wieder bei ihnen zu Hause, lernen wir die beiden anderen Kinder von Muxtor kennen, sie sind schon erwachsen, sowie seine Enkelin. Wir essen alle zusammen von drei Tellern und Muxtor lässt nicht locker, alle zu noch mehr Essen zu motivieren, bis wir irgendwann kugelrund in die gemütlichen Kissen sinken. Als vollendeter Gastgeber weiß er auch, dass jetzt Schlafenszeit ist, und so werden wir ins Bett geschickt.

Als ich mich ächzend auf die bereits vorbereiteten Matten fallen lasse, fühle ich ein warmes, wohliges Gefühl. Ich fühle mich herzlich aufgenommen, angenommen und ich habe wieder etwas gelernt. *Menschlichkeit* verbindet uns, nicht Sprache. Ich habe mich an diesem Abend so hervorragend unterhalten wie schon lange nicht mehr. Obwohl ich die Wörter, die aus dem Mund meines Gegenübers kamen, zu 80 Prozent nicht verstand. Macht aber nichts. Denn unser gegenseitiges Interesse, unsere Offenheit und unsere Anstrengungen haben dazu geführt, dass wir uns über das verstanden haben, was uns alle verbindet: das Menschliche in uns. Ich fühle mich so entspannt, geborgen und zufrieden, wie ich mich fühle, wenn ich bei guten Freunden zu Gast bin: Ich weiß, sie freuen sich, dass ich da bin, ich bin dankbar dafür, da sein zu dürfen. Man schätzt die Zeit zusammen wert, genießt es, zusammen zu lachen, aber auch, über ernste Dinge zu reden. Und man spürt die Gewissheit, angenommen zu sein auf der Welt, gewollt und verstanden.

Muxtor und seine Familie unterscheiden sich nur äußerlich von anderen Familien, die ich kenne und noch kennenlernen werde. Wir alle suchen Zufriedenheit und Glück. Wir möchten, dass unsere Lieben gesund sind, wir wollen mit ihnen scherzen und lachen und sie in unsere Arme schließen, wenn sie traurig sind. Ihr Halt sein in dunklen Zeiten. Wir wollen das Beste für sie. Ich bin dankbar für diese Erkenntnis, für die universelle Botschaft, die dahintersteht. Die ich mir nicht ausgedacht, sondern die ich erlebt habe.

Am nächsten Tag nehmen wir gemeinsam noch ein stärkendes Frühstück zu uns. Der Sohn der Familie fährt mit seinem Rad ein Stück mit uns.

Wir werden einen elendig langen und schmerzhaften Tag haben, bis wir in Bukhara ankommen und dort erst mal zwei Tage Pause brauchen. Wir werden weitere wunderbare Menschen und Familien und Länder kennenlernen. Aber eines wird ewig in unseren Herzen bleiben: Muxtors strahlendes Lachen, die liebevolle Art seiner Familie und die Gewissheit, dass wir alle Menschen sind. Und dass das eine Erkenntnis ist, die uns in die Verantwortung nimmt. In die Verantwortung anderen Menschen gegenüber. Nicht nur die in unserer eigenen Familie, in unserer Nachbarschaft, in unserem Land, auf unserem Kontinent. Wir haben eine Verantwortung für das Menschliche auf unserem Planeten. Ich will sie annehmen. Ich will anderen genau so vorurteilslos und offen begegnen wie Muxtor uns. Ich will diese Erkenntnis mit anderen teilen. Ich will für ein Miteinander werben, das sich auf unsere Gemeinsamkeiten stützt, anstatt unsere Unterschiede hervorzuheben. Nur dann werden wir erkennen, dass wir vor allem eins sind: Menschen.

Augenblicke in Usbekistan

Ich sitze im angenehm kühlen Schatten und betrachte durch das weit geöffnete Fenster fasziniert, wie die Sonne die meisterhaften Muster im Innenhof der Medrese zum Leuchten bringt. Die Blau- und Türkistöne rufen in mir eine Sehnsucht hervor. Nach Märchen, nach Magie, nach fliegenden Teppichen und einem Prinzen, der Pluderhosen trägt.

Wir sind in Bukhara, einst das Zentrum der islamischen Lehre, mit zahlreichen Medresen – Koranschulen –, von denen heute kaum noch eine in Betrieb ist. Auch ich sitze in diesem Moment in der alten Lehrhalle einer zum Boutiquehotel umgestalteten ehemaligen religiösen Schule und bewundere die feudale Innenausstattung aus dem 16. Jahrhundert. Heute ist es der Raum, in dem die Hotelgäste ihr Essen einnehmen. Komil, unser Gastgeber, erklärt mir seine Einstellung so:
»Ich möchte das reiche Erbe meines Landes bewahren, deswegen habe ich das Hotel im traditionellen Stil erhalten. Damit die alte Medrese nicht einfach zerfällt.«
»War es schwer, alte Meister zu finden, die diese Art zu zeichnen noch beherrschen, die die Stuckarbeiten ausfüh-

ren können sowie das Meisterhandwerk der Holzschnitz-kunst?« Die soliden und zugleich filigran verzierten Pfeiler der Medrese-Innenhöfe faszinieren mich. Er seufzt, setzt dann aber sein bestechendes Lächeln auf:

»Es gibt noch ein paar wenige und ich habe extra einen An-bau machen lassen, damit es sich lohnt, dieses Handwerk weiter zu verfolgen.« Ich nicke verständnisvoll. Wir woh-nen in dem Anbau und er ist weit weniger magisch als das historische Gebäude. Er ist schön verziert und hat alle An-nehmlichkeiten, die wir aus Europa gewohnt sind: Dusche und Toilette, Strom. Aber irgendwie nimmt genau das ein wenig das Flair. Gleichzeitig sind die wenigsten Gäste, die für zwei Wochen hierherkommen, dazu bereit, auf diesen Komfort zu verzichten.

Daniel setzt sich mir gegenüber und reicht mir mein neues Tuch. Es hat das berühmte »Ikat-Muster«, das bei uns zwei Jahre zuvor der letzte Schrei war. Nur hätte ich nie sagen können, wo das Muster seinen Ursprung hat. Nun habe ich gelernt, dass Usbekistan neben dem Baumwollanbau auch berühmt ist für bestimmte Muster, wie zum Beispiel den Ikat. Wieder einmal bin ich erstaunt darüber, wie viel ich aus der Welt »konsumiere«, während ich so wenig über sie weiß, und wie viel es noch zu lernen gibt.

Ich erhebe meinen arg geschundenen Körper, der unbe-dingt nach Ruhe und Erholung abseits eines Radsattels verlangt, und gehe ans Büfett. Es gibt frisches Obst! Etwas, das ich, abgesehen von Melone, schon ewig nicht mehr ge-sehen habe. Andächtig nehme ich einen Teller, lege zwei Feigen, ein paar Trauben und meine heiß geliebte Wassermelone darauf. Als ich wieder am Tisch sitze, halte ich noch mal kurz inne, atme auf der einen Seite den frisch-fruchtigen Geruch meiner Mahlzeit ein, auf der anderen meine ich darunter einen sanft modrigen Geruch zu erschnuppern. Ich sehe Bilder vor meinem inneren Auge von über Bücher gebeugten Jungen, von Männern mit Turbanen, in bunten Mänteln aus Ikat-Stoffen, kann fast die erhabene, fleißige Stille fühlen, die an diesem Ort geherrscht haben muss. Kurz fühle ich mich wie in einer leeren Kirche. Die Kühle, die Stille, das Auf-sich-Zurückgeworfensein und Einfach-mal-sein-Dürfen.

Da dringt auf einmal das quengelnde Gezeter einiger Gäste an mein Ohr, die sich gerade wieder bei unserem geduldigen Komil über irgendetwas beschweren. Schon als sie mir erzählten, dass sie hierhergereist seien, weil es sicher keine terroristischen Anschläge zu erwarten gäbe, verdrehte ich genervt die Augen. Ich versuche mich nicht aufzuregen und konzentriere mich stattdessen ganz auf den Teller vor mir. Weiße Baumwollblüten auf dunkelblauem Grund. Auch das Töpfern hat eine lange Tradition in Usbekistan. Auch davon hatte ich keine Ahnung. Ich schiebe mir genüsslich eine Feige in den Mund und träume noch ein wenig von fliegenden Teppichen und Prinzen in wehenden Ikat-Mänteln.

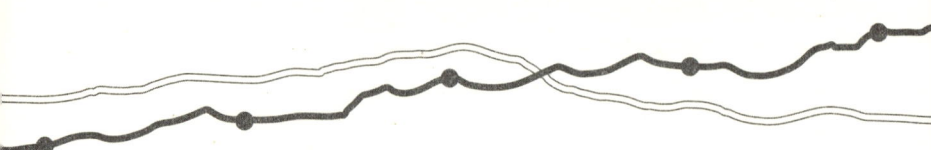

20 SERVUS, SCHON SATT?

Ich erwache langsam aus meinem mittäglichen Schlaf. Herrlich, dass man hier auf einem der Tàchts auf der Terrasse des Restaurants nach dem Essen direkt in die Kissen sinken und ein Schläfchen halten darf. Zuerst höre ich nur das undeutliche Gemurmel der anderen Gäste und das Zwitschern der Vögel. Langsam dringt auch Daniels Stimme in mein Bewusstsein. Als ich die Augen öffne und zur Seite blicke, sehe ich, wie er sich mit ein paar Männern über die Karte auf unserer Fronttasche gebeugt hat und ihnen etwas erklärt. Einer der Männer hebt den Kopf und sagt »Germania« als Antwort auf die Frage eines Gasts an einem anderen Tisch. Und der entgegnet daraufhin auf Deutsch mit leichtem Akzent:

»Servus! Ich komme aus München, kommt mal rüber und trinkt ein Bier mit uns.« Ich kann es nicht glauben und setze mich benommen auf. Der junge Mann stellt sich als Samer vor, als wir an seinem Tisch sitzen. Sein früherer Deutschlehrer Hassan, der Samer hier mitten auf dem usbekischen Land nahe G'uzo, keine 200 Kilometer hinter Bukhara, Deutsch gelehrt hat, begrüßt mich formvollendet mit:

»Herzlich willkommen in Usbekistan!« Und so verbringen wir den Rest des Nachmittags im Biergarten.

Samer lässt es sich nicht nehmen, uns mit zu sich nach Hause zu bringen. Wir erfahren erst vor Ort, dass seine Mutter unbedingt ein Schaf für uns schlachten wollte, Samer dies aber abgelehnt hat, wohl wissend, dass uns das unangenehm gewesen wäre – wenn ein Tier extra für uns geschlachtet werden würde. Samers Familie begrüßt uns herzlich, und wir werden mit Essen und Getränken versorgt. Daniel bekommt sogar ein Münchner Urgestein in Form eines Hacker-Pschorr-Bieres serviert – zwar warm, aber er ist trotzdem happy. Dann gehen die Toastrunden los. Etwas unfair ist, dass Daniel anfangen muss und erst bei den ausladenden Reden der anderen feststellen darf, dass sein Toast im Gegensatz dazu sehr knapp und geradezu lieblos geklungen haben muss. Da hätte man wohl mehr erwartet von den Nachkommen der Dichter und Denker.

Nachdem wir viel zu viel gegessen haben, eröffnet uns Samer, dass wir noch eine Hochzeit besuchen werden. Ich stelle auf der rasanten Fahrt im alten Mercedes seines Vaters fest, dass ich immer noch die Schlappen trage, die ich nach dem Duschen von Samers Mutter ausgeliehen bekommen habe. Außerdem habe ich zufällig kein prinzessinnenhaftes Gewand dabei und fühle mich, angekommen, angesichts der usbekischen Schönheiten vor Ort recht underdressed. Als wir dann auch noch vom Zeremonienmeister auf Englisch begrüßt und nach vorn gebeten werden, denke ich, *schlimmer geht nimmer*. Weit gefehlt. Dem Brautpaar die Ehre zu erweisen, einen Toast auf es auszubringen, bekommen wir mit Samers Hilfe, der einfach alle unsere Sätze verdreifacht, noch ganz elegant hin. Aber als man uns bittet, ein Lied für die beiden Glücklichen zu singen, bekomme ich keine Luft mehr.

Dreihundert Augenpaare sind auf uns gerichtet. Mein Kopf ist leer. Alle starren. Ich glaube, jetzt wäre ein guter Zeitpunkt, ohnmächtig zu werden. Samer stößt mir sanft seinen Ellenbogen in die Rippen und murmelt mit einem spitzbübischen Lächeln:

»Singt irgendetwas – die verstehen euch doch eh nicht.« Daniel und ich schauen uns an, ich mache die Augen zu und wir singen im Duett:

»Alle meine Entchen schwimmen auf dem See, schwimmen auf dem See, Köpfchen in das Wasser, Schwänzchen in die Höööööh.« Betretene Stille, höfliches Klatschen. Ich habe einen hochroten Kopf und schelte mich dafür, dass ich nie Gesangsstunden genommen habe, obwohl es immer mein Traum war. Das Lied könnte vielleicht sogar noch als deutsches Kulturgut durchgehen, aber unser Gekrächze? Man entlässt uns endlich unter Trommelwirbel und Applaus von der Bühne und jetzt muss ich nur noch die Braut mit Geld beschmeißen. Kein Problem.

Ich klettere auf das Podest, auf dem die beiden wie Schaufensterpuppen ausgestellt sind, und frage mich, wie man das jetzt macht, ohne dass es an einen Table Dance erinnert. Also stelle ich mich vor die Braut, schüttele ihr die Hand und wundere mich, warum vor ihr so wenig Platz ist. Ich trete aus Versehen auf ihr Kleid, *weil* so wenig Platz ist, der Bräutigam will mir nicht in die Augen schauen, ich trete den Rückzug an, stolpere über das Kleid und jetzt muss die Braut auch noch lächeln. Oje! Und das, obwohl usbekische Bräute traurig aussehen sollen bei der Hochzeit, weil sie mit der Heirat auch ihre Familie verlassen. Ich falle halb gehetzt die Treppen hinunter auf die Tanzfläche und direkt in die Arme einer bunten Tante der Familie. Die tanzt mit mir, während weitere 299 Augenpaare auf mir ruhen. Dann fängt sie an, *mich* mit Geld zu bewerfen, und ich bin verwirrt. Da taucht glücklicherweise Samer neben mir auf – und zeigt in Richtung Brautpaar. Ich bin offensichtlich noch nicht entlassen.

»Diesmal kommst du aber bitte mit und zeigt mir, wie das geht!« Wir erklimmen gemeinsam die Treppe, werfen das Geld *von hinten* über das Brautpaar und können bequem über die andere Seite das Podest wieder verlassen. Die Kamera, die an einem großen Schwenkarm durch die Halle saust, nimmt das Ganze auf und mir wird bewusst, dass all meine heutigen Peinlichkeiten auf ewig noch sämtliche nachkommenden Generationen der Familie erheitern werden.

Jetzt hätte ich auch gern ein Bier. Aber Samers Papa ist inzwischen fertig mit den Schnäpsen, die man ihm gereicht hat, und bringt uns mit durchgedrücktem Gaspedal nach Hause. Der Schock sitzt tief. Der von der Hochzeit und der von der Auto-Rallye. Zu Hause angekommen, setze ich mich brav wieder hin und esse erneut, wie Mama mir geheißen. Daniel wird grantig, weil er nichts mehr essen will. Da gähne ich ausgiebig und wir dürfen ab in die Heia. Unter dem Mückennetz unter freiem Himmel, das uns wohlig einschließt, wundere ich mich wieder einmal darüber, was das Leben für einen bereithält, wenn man es einfach machen lässt. Und tröste mich damit, dass dabei eben auch mal ein wenig Selbstironie angesagt ist. Inzwischen muss ich selbst kichern über unseren Auftritt. Mein Bauch knurrt ein letztes Mal überfordert, bevor ich einschlafe. Was für ein Tag!

Augenblicke in Usbekistan

Der Bass wummert, die Laser flimmern in allen möglichen Farben und Formen durch den Raum. Es ist so dunkel, dass ich kaum die Speisekarte lesen kann. Ich brülle Daniel über die russische Popmusik hinweg an:

»Ich nehm auf jeden Fall den Borschtsch. Du?« Daniel zappelt, mehr oder weniger im Rhythmus, auf seiner rot gepolsterten Bank mir gegenüber herum und freut sich über die kleine Mittagsdisco. Es ist kaum zu glauben, aber draußen herrschen glühende 30 Grad, es ist gleißend hell und mucksmäuschenstille Mittagszeit. Wir sind in Qarshi, südöstlich von Bukhara.

Hier im Restaurant ist es dunkel, angenehm temperiert – und laut. Nach einem anstrengenden Radlermorgen ein bisschen zu laut. Und skurril. Ich lehne mich zurück und versinke in der Lederimitat-Couch. Ich freue mich schon auf die Abwechslung im Speiseplan. Die Russen können eben auch Salate, Suppen und sogar Gemüse – wenn man nett fragt –, auch wenn dabei oft großzügig mit Mayo gearbeitet wird. Die vollbusige Bedienung nimmt unsere Bestellung auf und ich bestelle meine Gemüseportion. Sie will schon wieder umdrehen. Da kommt es doch noch: »водка?« – »Wodka?« Wir schütteln belustigt die Köpfe und verneinen höflich. Sie zieht konsterniert ab. Wir schwingen weiter im Beat.

* * *

Ich hocke hinter einer Hecke und bin erleichtert, endlich einen Busch gefunden zu haben, der meinem nackten Po beim Wasserlassen wenigstens ein wenig Privatsphäre schenkt. Ich schaue mich um, während es unter mir plätschert. Wir sind in einem engen Tal. Vor und hinter mir erheben sich die steilen Hänge der usbekischen Bergregion. Wir erklimmen schon den ganzen Tag einen unendlichen Pass Richtung Boysun und jetzt, in der Dämmerung, hatte ich einfach keine Lust mehr und wollte unbedingt einen Platz zum Schlafen finden. Und siehe da, hinter dem letzten Dorf mussten wir das Tandem nur über die Leitplanke hieven und schon standen wir in diesem kleinen Tobel.

Ich freue mich über etwas zu essen und dann darauf, meinen angestrengten Körper auf den weichen Schlafsack zu betten. Um darin zu schlafen, ist es eindeutig zu heiß. Ich warte noch ein Weilchen in der Hocke, bis ich meine Hose hochziehe, und stehe dann auf, um mich an die Zubereitung des Abendessens zu machen. Gerade setze ich mich auf unsere alte Militärmatte, die als Stuhl, Anrichte und Yogamatte dient, als zwei Jungs am gegenüberliegenden Hang erscheinen. Wie aus dem Nichts. Sie treiben Esel vor sich her in Richtung des Dorfs, das wir gerade hinter uns gelassen haben. Ich hebe die Hand und rufe »Salaaaaam«. Die beiden heben ebenfalls die Hände und grüßen zurück. Ich frage mich, ob sie wohl meine kleine Pipipause beobachtet haben.

Daniel grinst zu mir hinüber und meint gackernd: »Man ist halt nie allein.« Ich schüttle resignierend den Kopf. Ne, ist man nie.

Grenzgeschichten Usbekistan – Tadschikistan

Ich bin leicht fertig. Wir haben schon 120 Kilometer in den Beinen und entschließen uns spontan für eine Grenzüberschreitung nach Tadschikistan, nachdem der arrogante und gelangweilte Rezeptionist in der letzten Stadt vor der Grenze uns ein völlig überteuertes Hotelzimmer andrehen wollte.

»Der spinnt doch. Da fahre ich lieber noch die 60 Kilometer bis Tadschikistan und wir nehmen uns da ein Zimmer.« Ich schaue Daniel entsetzt an und spüre, dass mein Körper sich schon auf Ausruhen eingestellt hat. Außerdem finde ich es keine gute Idee, so kaputt die Strapazen einer Grenzüberschreitung anzugehen, weil man nie weiß, was einen erwartet, was die Beamten sich so einfallen lassen. Ich kämpfe mit den Tränen, höre mich aber zustimmen. Also satteln wir wieder auf und treten in die Pedale.

An der Grenze in Denov zeigen wir recht abgebrüht unsere Pässe gefühlte 102 Mal vor. Die interessierten usbekischen Beamten nehmen uns komplett auseinander. Sie schauen die Bilder auf der Kamera durch und packen alle unsere Sachen – inklusive Dreckwäsche und Unterbüxen – aus. Das trifft Daniel besonders hart, der eine gepflegte Ordnung in seinen Radtaschen hält und kaum dabei zusehen kann, wie die für ungefährlich eingestuften Habseligkeiten unsortiert wieder zurückgestopft werden. Zwei Dinge interessieren die Beamten besonders:

Die englische Ausgabe des Romans »Das Museum der Unschuld« des türkischen Schriftstellers Orhan Pamuk, über die die Beamten aufgeregt diskutieren und auffallend oft das Wort »*extremis*« benutzen. Und dann wäre da noch ein quadratisches, flaches Alupäckchen, metallicrot, das einer der Grenzbeamten mit fragend nach oben gezogenen Augenbrauen hochhält. Als ich erkenne, was er da in der Hand hält, freue ich mich schon auf sein Gesicht, wenn er versteht, was er gefunden hat. Daniel klärt ihn trocken auf:

»This is why we do not have children.« Die Kollegen, die Englisch verstehen, prusten los, meine Schultern zittern, weil ich nicht laut loslachen will, und der Beamte hat es immer noch nicht begriffen. Endlich erbarmt sich einer seiner Kollegen und übersetzt für ihn. Daraufhin lässt er mit rot glühenden Ohren das Kondom wieder sinken. Vielleicht wird er bei der nächsten Kontrolle seine Neugierde ein wenig in Zaum halten.

* * *

Auch die tadschikischen Beamten haben bei unserer Einreise in ihr Land große Freude daran, unser Gepäck zu durchwühlen. Diesmal wird auch mein Necessaire genauestens inspiziert. Einer der Beamten hält mir ein becherförmiges, durchsichtiges, etwa fünf Zentimeter großes Ding vor die Nase, das er gerade aus einem kleinen Baumwollsäckchen gewickelt hat. Ich schließe die Augen für einen Moment und grinse in mich hinein, bevor ich die Bombe platzen lasse:

»This is a cup which I use for my menstruation«, und ich unterstreiche das Ganze, indem ich eine kreisende Handbewegung vor meinem Unterbauch mache. Die Beamtin, die Englisch versteht, macht große Augen und übersetzt. Es kostet ihren Kollegen sichtlich Mühe, das Ding nicht einfach angeekelt fallen zu lassen. Ich strecke meine Hand aus und er übergibt es mir mit spitzen Fingern. Kurz darauf hastet er Richtung Toilette – wahrscheinlich, um sich die Hände zu schrubben. Ich sterilisiere den Becher nach jedem Gebrauch für mindestens fünf Minuten in kochendem Wasser. Er ist aber so schnell verschwunden, dass ich ihm diese tröstende Tatsache nicht mehr mitteilen kann. Seine Kollegin kichert, während ich das Becherchen wieder in sein Baumwollsäckchen einwickele. Dann winkt sie uns durch. Wir haben wieder eine Grenzkontrolle überstanden.

Witzigerweise hat mal wieder niemand unsere zweiten Reisepässe entdeckt. Dabei haben wir sie gar nicht versteckt, sondern einfach in der Innentasche der Radtasche verstaut. Diese zweiten Pässe sind zwar legal für deutsche Staatsbürger und eine echte Erleichterung, wenn man in so kurzen Abständen so viele Länder durchreist wie wir, es ist jedoch längst nicht gängige Praxis in anderen Ländern. Wir können uns gut vorstellen, dass es an manchen Grenzen durchaus Aufsehen erregen könnte, mit zwei Reisepässen im Gepäck unterwegs zu sein. Zum Glück haben wir jedoch auch dieses Mal wieder nur eine gute Unterhaltung mit den Grenzbeamten geführt und dürfen weiterhin einfach froh sein, deutsche Pässe zu haben, die uns

Şule, ich, Özgür,
Daniel und Caner
nach dem Frühstück
in Gerze, Türkei

Ich beim Dehnen
in den türkischen
Bergen

Einer der **wander-
wonder**-Zettel mit
einer persönlichen
Nachricht in Georgien

Daniel, freudig
darüber, dass wir
den Goderdzi-Pass in
Georgien erklommen
haben

Telman und sein
»Bauchladen« in
Aserbaidschan

Daniel und ich (Mitte vorn)
sind zu Besuch bei Dschale
(Erste von rechts hinten)
in Sheki, Aserbaidschan;
neben Dschale links steht
ihr Cousin Elwin, die Kinder
sind weitere Cousinen und
Cousins von Dschale

Abbas, seine Mutter und ich in Anzali, Iran

Schlafen auf Iranisch, ein Tàcht irgendwo am Kaspischen Meer

Iranisches Frühstück mit Lavash – Luftpolsterfolienbrot

In der Mitte vorn:
Nazik mit ihrer
jüngsten Schwester,
im Hintergrund: eine
weitere Schwester,
Daniel (links im Bild)
und daneben (nur halb
im Bild) ein Cousin von
Nazik in Turkmenistan

Daniel bei Sonnen-
untergang in der
turkmenischen Steppe

Muxtor, Daniel,
Muxtors Frau Rano
und ihre Tochter
Charosxon (von links)
auf dem Tàcht in ihrem
Hof in Usbekistan

Rano kocht Plov in
der offenen Küche

Tàcht im Hof von
Muxtors Familie

Ainura und der
Esel, mit Toilette
im Hintergrund,
Tadschikistan

Daniel erklärt unsere Route nach unserem Mittagsschlaf im Biergarten in Usbekistan

Samers Bruder, Hassan (der Deutschlehrer), Samers Papa (mit Renn-fahrererfahrung), ich in geliehenen Schlappen, mit denen ich auch auf der Hochzeit war, Samers Mama, seine Tante und Samer selbst in Usbekistan

Ein typischer Halt irgendwo unterwegs in Tadschikistan

Ich koche Linsen auf 3200 Metern in Tadschikistan, und wir beide wundern uns später, warum wir Blähungen bekommen

Das Tandem beim Frühstückshalt auf dem Weg zum Ak-Baital-Pass (4655 Meter) in Tadschikistan

Daniel und ich auf dem Tandem nahe Murghob in Tadschikistan

Daniel und ich nach einer Nacht
auf einem ehemaligen Schlafplatz
von Cowboys in Kirgistan

Daniel, der uns gerade
den zweiten Kaffee und
das zweite Brot bestellt
hat, in Malaysia

Bak »Bubur Ayam«
vor einem Indomarket
in Indonesien

Ankunft in
Yogyakarta,
Indonesien,
bei Nana und
Matze

die Freiheit schenken, uns doch sehr unbeschwert bewegen zu dürfen.

Ebenso zum Glück ist die erste Stadt nach der Grenze sehr nah und wir können sie noch vor Sonnenuntergang erreichen. In Tursunzoda soll es ein Hotel geben.

21 ES WERDE LICHT

Völlige Dunkelheit. Sie umschließt mich wohlig und ich mache die Augen zu, um zu testen, ob es einen Unterschied macht. Tut es nicht. Mit geschlossenen Augen kann ich genauso wenig sehen. Ich nehme fasziniert wahr, wie ich zuerst *spüre,* dass mir jemand entgegenkommt, und ihn oder sie erst dann höre. Das Einzige, was mich ein wenig beunruhigt, ist, dass ich recht tiefe Pfützen gesehen habe, dort, wo es noch etwas Licht gab. Und dass meine dünnen Wildlederschühchen mich wohl nicht gut schützen werden, falls ich in so eine tappe. Aber es ist ja nur Wasser. Hoffentlich.

»Das gibt es echt nicht! Ich habe die Augen auf und sehe – nichts. Und das in einer Stadt mit 44 000 Einwohnern!«

Daniels Stimme dringt aus dem Dunkel neben mir an mein Ohr.

»Das ist echt verrückt.«

Wir schleichen bestimmt schon 20 Minuten so durch die Straßen von Tursunzoda – eigentlich sollte diese Stadt vor Wohlstand strotzen. Schließlich macht das hiesige Aluminiumwerk laut Wikipedia knapp 20 Prozent des Bruttoinlandsprodukts von ganz Tadschikistan aus. Bei der Infrastruktur und den Menschen scheint das jedoch nicht anzukommen. Die Produktion des Aluminiums verschlingt schon 60 Prozent der gesamten Stromerzeugung des Landes – kein Wunder, dass es keine Straßenlaternen in der Stadt gibt.

Endlich sehe ich vor uns wieder eine einsame Laterne und wir schweben auf den Lichtkegel zu wie zwei Mücken. Es dauert einen Moment, bis sich unsere Augen an das Licht gewöhnt haben, und wir finden uns in einer Straße wieder, die recht gepflegt aussieht. Irgendwie skurril, dass vielerorts die Bevölkerung im Dunkeln tappt, während Autokraten sich stets ins rechte Licht rücken. Ob das in der tadschikischen Hauptstadt Duschanbe wohl auch so läuft?

Ein Augenblick in Tadschikistan

Wir passieren ein bunt verziertes Tor. Fast haben wir uns schon daran gewöhnt, dass in Zentralasien nicht einfach ein plumpes Ortsschild anzeigt, dass man die Grenze zwischen zwei Regionen oder eine Stadt erreicht hat, sondern dass man fast feierlich durch diese wahrscheinlich zehn Meter hohen Tore tritt. Es kann sein, dass dieses Gefühl nachlässt, wenn man jeden Tag durch dieses Tor zur Arbeit fährt und wieder zurück.

Ganz oben prangt in kyrillischen Schriftzeichen der Name der Stadt. Nicht ganz einfach zu entziffern. Daniel ist schneller als ich:

»Duschanbe!«

Ich lächle. Zu gern stünde ich jetzt noch mal in Serbien vor dem Mann, der mir vor knapp einem halben Jahr den Namen des Restaurants vorgelesen hat. Ich würde zu ihm sagen:

»Jetzt hab ich's gelernt. Jetzt kann ich deine Schrift lesen.«
Und ich habe mit der Zeit verstanden, wie groß diese Union
einmal gewesen ist und welch tiefe Spuren sie in der Kultur
jeder einzelnen Region hinterlassen hat. Ich habe auch verstanden, wie ethnozentrisch ich bin. Wie sehr ich tatsächlich geglaubt habe, Europa sei der Mittelpunkt der Welt. Dabei gibt es so viele Mittelpunkte wie Perspektiven. Durch
das Reisen lerne ich die Sichtweise anderer Menschen
kennen und verliere meine Angst vor dem Fremden. Meine
Neugier und das Bedürfnis zu lernen führen dazu, dass ich
aus meiner Haut kann und realisiere, dass die Lebensrea-
lität vieler anderer Menschen von ganz anderen Parame-
tern abhängt als meine eigene. Sei es eine andere Sprache,
eine andere Schrift, eine andere Vergangenheit, eine Religion, eine Kultur – all das bedingt oft unbewusst, wie wir
denken. Ich nehme mich da nicht aus. Ich habe ebenfalls
eine gewisse Art zu denken und immer schon eine unbe-
gründete Abwehrhaltung gegenüber allem gehabt, was so-
wjetisch anmutet. Seit ich mich jedoch darauf eingelassen
habe, diesen Teil der Erde zu entdecken, haben mich die
Menschen hier gelehrt, dass sie gar nicht so anders sind,
sondern ihre Gefühle nur anders ausdrücken, sich anders
mitteilen, sie anders niederschreiben. Ich bin dankbar, dass
ich dieses tiefe Gefühl der Verbundenheit nun spüren darf,
und nicht bloß der politischen Korrektheit wegen einfach so
tue, als hätte ich keine Vorurteile. Denn irgendwie hat man
die immer, egal wie klug, weltoffen und tolerant man ist.
Es gibt Dinge, die begleiten einen. Und wenn man herausfinden will, ob die Realität dem entspricht, was man meint,
sollte man sich aufmachen und es herausfinden.

Während diese Gedanken durch meinen Kopf rasen, radeln wir durch das Tor hindurch und ich schaue nach oben, wo sich der weiße Stein gegen den blauen Himmel abhebt. Ich bin gespannt auf Duschanbe und auf all das, was ich noch lernen kann.

Daniel ist komplett genervt. Er sitzt, den Oberkörper nach vorn gebeugt, auf der Couch des Hostels, in dem wir Radlerfreunde besuchen, und erzählt den anderen von unserer Odyssee durch Duschanbe:

»Weißte, da willst du nur drei Dinge: einen Radschlauch, Bargeld und jemanden, der deine Pässe nach Deutschland versendet. Vier Stunden, drei Radläden, einen Markt- und Hotelbesuch später weißt du, dass nichts davon klappen wird.«

Zugegeben, unser Morgen war nicht der erfolgreichste. Unsere Suche nach ein paar Ersatzschläuchen haben wir aufgegeben, als auch der dritte Radladen geschlossen war und Daniel vom vielen Durch-die-Stadt-Navigieren erst mal eine Kuchenpause brauchte.

Leider können wir in lokalen Läden auch kein Geld wechseln, und so pilgerten wir zum nächsten Fünf-Sterne-Schuppen, weil sich dort der einzige Bankautomat befindet, an dem man Dollar bekommt. Nur leider hatte der die freigegebene Menge für diesen Tag schon ausgespuckt. Da waren andere wohl schneller. Um dem Ganzen die Krone aufzusetzen, fanden wir zwar eine DHL-Filiale, allerdings war sie verwaist. Der Zettel im Fenster informierte uns darüber, dass der Paketlieferdienst sich leider aus dem Tadschikistan-Geschäft zurückziehen musste, weil die Regierung ihm praktisch über Nacht die Konzession entzogen hat. Das meinen die Nachrichten also, wenn sie über »fehlende Rechtssicherheit« berichten.

So stehen wir nun da, ohne Geld und Radschlauch, dafür mit unseren deutschen Zweitpässen, die unbedingt nach Deutschland wollen, um dort ein chinesisches Visum aufgedrückt zu bekommen.

Und so sitzt Daniel nun auf dem Sofa: ausgelaugt, genervt davon, dass nichts funktioniert, und mit wenig Hoffnung, dass wir irgendwie an unser Chinavisum kommen.

Ich beobachte bereits seit geraumer Zeit zwei Radler, die ihre Räder im Hof vor dem Hostel, in dem wir sitzen, auseinanderbauen, und frage mich, ob wir auch so eine Generalüberholung machen sollten, bevor wir zum berüchtigten Pamir aufbrechen. Als ich die beiden anquatsche, stellt sich heraus, dass sie gerade von dort zurückkommen und wegen eines schlimmen Virus, das beide flachgelegt hat, erst mal zum Kräftesammeln nach Deutschland fliegen. Bingo.

»Nehmt ihr unsere Pässe mit?« Kurzes Zögern, aber immerhin kennen wir uns bereits seit zwei Minuten.

»Klar!«

Daniel horcht auf, seine Kinnlade klappt nach unten und er stammelt ein ungläubiges »Echt?« Sein freudestrahlendes Gesicht wäre eigentlich schon genug Lohn für die beiden gewesen, aber da wir gerade am Geschäftemachen sind, kaufen wir ihnen noch ihr Entkeimungspulver für Wasser ab. Immer wieder überraschend, zu wie viel Vertrauen wir Menschen fähig sind – wenn wir nur wollen.

Daniel hat schneller als gedacht zu seiner alten Form zurückgefunden und ist frohen Muts, dass wir morgen auch noch unsere Dollar aus dem Automaten ziehen können. Und dann sind wir eigentlich ready für die Straße der Straßen: den Pamir-Highway.

* * *

Bevor es jedoch losgeht, habe ich noch eine Mission. Vor vier Monaten habe ich den Prozess einer Briefwahl angestoßen. Schließlich bin ich als Deutsche auf Reisen durchaus wahlberechtigt. Leider hatte ich da noch keine Ahnung, in welchem Land wir sein würden, geschweige denn, ob überhaupt in der Nähe einer Stadt. Und so habe ich der Sachbearbeiterin in Konstanz sicherlich ein paar graue Haare beschert sowie dem Zuständigen in der Deutschen Botschaft in Duschanbe, der den Titel »Kanzler erster Klasse« trägt.

Doch dann ist es an diesem Morgen so weit: Wir können unsere Wahlunterlagen für die Bundestagswahl 2017 in der Deutschen Botschaft ausfüllen! Als sich das Tor ins Innere der Botschaft mit einem Surren öffnet, fühle ich mich sofort heimisch. Gepflegter Garten, funktionale, aber geschmackvolle Einrichtung und ein Herr in schwarzem Anzug, der mir die Tür aufhält. Hallo, deutscher Boden. Es fühlt sich gut an.

Wir dürfen in einem Besprechungsraum Platz nehmen und der »Kanzler« nimmt sich die Zeit, noch kurz ein Schwätzchen mit uns zu halten.

»Alle unsere Botschaftsmitarbeitenden liegen immer erst mal zwei Wochen flach mit Magen-Darm, wenn sie aus dem Heimaturlaub kommen. Ich habe es mir abgewöhnt, Melonen zu essen, weil diese oft mit dem Inhalt der Güllegrube gedüngt werden. Das halten unsere zimperlichen Europäer-Mägen einfach nicht durch.« Diese Information und das Wissen, dass das Auswärtige Amt auf seiner Homepage die tadschikische Gesundheitsversorgung als eher mangelhaft einschätzt, bestärken mich darin, zumindest auf dem Pamir nichts Ungekochtes zu essen, obwohl mir das sonst eher schnuppe ist. Auch das Wasser werden wir besser prüfen. Schließlich gibt es ganz schön fiese Keime, die einen leicht ins Krankenhaus verfrachten können. Allerdings müsste man das krank auf dem Tandem auch erst einmal ansteuern.

So, jetzt ist aber die Bürgerpflicht dran. Der Kanzler verlässt den Raum. Es handelt sich schließlich um eine freie, *geheime* und gleiche Wahl. Diese Chance nehme ich mit Vergnügen wahr. Hier ein Kreuzchen, dort ein Kreuzchen. Ich bin der festen Überzeugung, dass Deutschland meine Stimme braucht in diesem Wahlkampf, der so sehr von nur einem Thema dominiert wird: Migration. »Die Flüchtlingskrise«, die aus meiner Sicht bereits vor den Wahlen zu einer Verrohung des Miteinanders geführt hat. Und die den Rechten und somit den Gräben zwischen der Bevölkerung Auftrieb gegeben hat. Nicht, dass ich viele Nachrichten gelesen hätte während unserer Reise. Aber ab und zu ein Blick in die Berichte der Deutschen Welle reichen, um ein mulmiges Gefühl in mir emporsteigen zu lassen.

Seit meiner Kindheit ist mir klar, dass Deutschland eines nicht mehr werden will: rassistisch. Wir haben doch aus der Vergangenheit gelernt, oder? Die neuesten Entwicklungen in Deutschland, das, was man jetzt wieder sagen darf, weisen für mich jedoch in eine andere Richtung. Aus der Ferne betrachtet und wenn man sich die Flüchtlingszahlen zu Gemüte führt, ist schon lange klar, dass das keine Krise ist. Nicht für Deutschland.

Die wirkliche Krise wäre für mich gewesen, wenn wir diese Menschen, diese Familien, diese Männer, diese Greisinnen, diese Kinder *nicht* aufgenommen hätten. Und es ist immer noch eine menschliche Misere. So viele Menschen, die ihre Heimat niemals verlassen wollten, aber mussten. So viele traumatische Erlebnisse, so viel Leid und Bilder, die nie wieder aus den Köpfen zu verbannen sind. Und dann hat Deutschland eine so lächerliche Anzahl aufgenommen. Eines der reichsten Länder der Erde. Und damit kann man auch noch Wahlkampf machen. Ich spüre Brechreiz.

Als der »Kanzler« zurückkommt, übergebe ich ihm meinen Umschlag feierlich und bin froh, dass ich nicht lockergelassen habe. Schaut man sich die Zahlen an, wird meine Stimme nicht das Zünglein an der Waage sein, dessen bin ich mir bewusst. Ich werde nicht den Lauf der Geschichte verändern können. Aber vielleicht doch ein bisschen. Und wenn nicht, dann habe ich es zumindest versucht. Direkt aus dem Herzen Zentralasiens heraus, wo das Privileg einer freien Wahl, des Frauenstimmrechts und des öffentlichen Äußerns der eigenen, kritischen Meinung noch lange keine Normalität ist. Mission erfüllt.

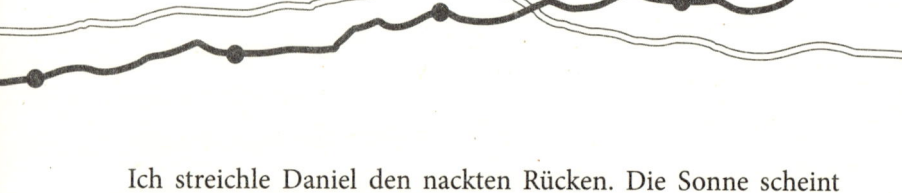

22 BRÖCKELNDER PAMIR

Ich streichle Daniel den nackten Rücken. Die Sonne scheint strahlend durch die Vorhänge und ich bin froh, wenigstens jetzt seine gleichmäßigen Atemzüge zu hören. Wir haben eine harte Nacht hinter uns. Daniel mehr als ich. Ich musste ja nur immer wieder die Schüssel mit Erbrochenem nach unten in die Gemeinschaftstoilette tragen, sie dort ausspülen und Daniel wieder hinstellen. Er hingegen hat sie die ganze Nacht gefüllt. Ganz schön ätzend.

Ich habe die Wurst im Verdacht, die Daniel unbedingt haben wollte bei unserem kleinen Einkauf im Dorfsupermarkt.

Immerhin haben wir tags zuvor den Einstieg zum Pamir geschafft, der bereits die Überschreitung, besser Überradelung eines Passes mit 3600 Metern beinhaltet. Wir waren erschöpft hier im überschaubaren Kala-i-Khumb gelandet. Der nächste Tag war ein Erholungstag und wir streunten ein wenig durch die Gässchen, gingen einkaufen und generalüberholten das Tandem. Unser neugieriger Vermieter gesellte sich dazu und fachsimpelte. Auch wenn einer den anderen kaum verstand. Schließlich tauschte Daniel den hinteren gegen den vorderen Schlauch aus, weil das der letzte elastische aus Deutschland ist. Der, der jetzt vorn ist, ist ein Billigprodukt aus China und kein bisschen elastisch. Wir hoffen, mithilfe dieses Manövers die Schläge, die hinten aufgrund meines Fliegengewichts und des Gepäcks schwerer ausfallen als vorn, besser abfangen zu können. Mal sehen. Unser Vermieter beobachtete den Wechsel interessiert, zwei Sekunden später stand er mit seinem dröhnenden honigfarbenen Mercedes 190 vor dem Tor der Garage, in der wir das Tandem flickten. Er winkte. Wir sollten einsteigen. Daniel winkte ab, er wollte das Tandem noch fertig machen, ich hielt dagegen:

»Das können wir auch später noch.« Ausflüge finde ich immer dufte.

Also stiegen wir ein und brausten wie wild durchs Dorf, über die Brücke, alles begleitet von der schrillen Musik aus den alten Lautsprechern. Wir fegten am Fluss entlang und ich hatte Mühe, mich nicht völlig verkrampft an den Bommeln festzuhalten, die mein Fenster umrahmten. War ja nur Deko und es brachte sicher nichts, wenn wir von der Straße abkommen sollten. Wir überholten einen Esel, der von einem Mann geführt wurde, und erreichten ein einstöckiges, staubiges Haus am Dorfeingang. Hier bremste unser Fahrer abrupt ab und stieg aus. Wir folgten. Im Inneren des Ladens stand ein Mann mit Vollbart und einer Gebetsmütze hinter einem Tresen, der mit allerlei bedeckt war: Schrauben, Muttern, Plastikverpackungen, einem Gewehr, Dichtungen und vielem, das ich nicht einordnen konnte. Unser Vermieter begrüßte den Mann überschwänglich, es folgte der Austausch der rituellen Höflichkeiten, dann deutete er mit dem Kopf auf uns, wir sagten artig »Salam«. Da zog der Bärtige zwei Pakete aus einem Schrank und überreichte sie Daniel. Fahrradschläuche. Hier. Mitten im Nichts. Etwas, das man nicht einmal in der Hauptstadt bekommt und das so essenziell ist, dass davon abhängt, ob wir unsere Route weiterfahren können – oder schieben müssen. Daniel schüttelte dem Verkäufer die Hand und bezahlte, ich klopfte unserem Vermieter auf die Schulter. Glücklich brausten wir in halsbrecherischem Tempo zurück. Und dann gingen wir einkaufen …

Daniel war total euphorisiert und kaufte ebendiese Wurst, die er gleich darauf zum Mittagessen verspeiste. Ich blieb lieber beim Käse. Ich war froh, endlich mal kein Fleisch essen zu müssen, weil wir nirgendwo eingeladen waren. Der Abend verlief noch ruhig und normal. Erst als wir ins Bett gingen, musste sich Daniel das erste Mal übergeben. Ich organisierte eine Schüssel, sagte Bescheid, dass wir auch die nächste Nacht noch bleiben würden – und so schüsselten wir uns durch die Nacht.

Doch jetzt habe ich wirklich Hunger. Und ich rieche den Kaffeeduft, der aus dem Innenhof in unser Zimmer dringt. Ich ziehe mich an, betrete die Galerie vor unserer Tür und betrachte den Fluss Panj. Unser Zimmer ist das letzte der Anlage und zeigt in Richtung des Flusses, wie auch der Innenhof, der sich unter mir ausbreitet und in dem schon einiges los ist. Ich tapse nach unten und errege Aufsehen. Ich bin eine der wenigen Frauen hier und die einzige unter 50. Die meisten anderen Gäste sind Motorradfahrer, die ihre Maschinen einfliegen lassen, um den Pamir-Highway zu fahren, oder etwas ältere Semester des Typs »Kulturreisen«. Dass Daniel und ich den Weg bis hierher mit unserer eigenen Muskelkraft geschafft haben, macht Eindruck.

Nachdem ich mich meiner Morgentoilette gewidmet habe, frage ich vier Engländer, die ich gestern bereits kennengelernt habe, ob ich mich zu ihnen setzen darf. Ich mag ihren Akzent. Und außerdem besitze ich selbst einen Motorradführerschein. Ein klitzekleines bisschen der Faszination ist mir zwar geblieben, aber inzwischen bemitleide ich Motorradfahrer eher darum, dass ihnen irgendwann der Allerwerteste einschläft und sie deswegen eine Pause machen müssen. Mein Po tut einfach nur weh und Pausen mache ich, weil meine Beine nicht mehr können, ich Hunger habe oder Pipi muss. Und ich bin dankbar, dass ich mich dabei nicht aus einer locker fünf Kilo schweren Ledermontur schälen muss. Und dass ich trotz dieser nicht so erbärmlich frieren muss, weil ich meinen Kreislauf beim Radeln in Bewegung halte, während man auf Motorrädern nur sitzt und schaltet. Wir kommen darauf zu sprechen, warum Daniel und ich mit dem Tandem nach Indonesien fahren. Die Engländer werden den Weg mit ihren Motorrädern machen.

»Du findest es sicher dekadent, dass wir unsere Maschinen hier einfliegen lassen, oder?«

Ich neige den Kopf. Es könnte ein Nicken sein.

»Und ein bisschen schade, weil ihr euch nicht die Zeit nehmt, die Strecke aus eigener Kraft zu bewältigen. Aber klar, ihr habt Familie, Jobs.« Sie sind um die 50, haben das nötige Geld, aber wenig Zeit.

Ich finde es faszinierend, dass man heutzutage für zwei Wochen in den Pamir fliegen kann, samt Maschine. Früher wäre das ein Lebenstraum gewesen, heute macht man jedes Jahr etwas anderes. Ich frage mich, ob Quantität Qualität sticht. Vor allem vor dem Hintergrund, dass wir auf diese Weise definitiv folgenden Generationen etwas wegnehmen, Möglichkeiten klauen, vielleicht sogar die Luft zum Atmen, wenn man es auf die Spitze treiben will.

Unser Gespräch wendet sich wieder Alltäglicherem zu.

»Where is your pilot?« Bevor ich den Männern antworten kann, höre ich, wie eine Tür aufgerissen wird, ein paar schnelle Schritte und dann sehe ich Daniels Kopf über das Geländer hängen. Wir fünf sitzen direkt am Fluss, in den Daniel gerade lautstark reiert. Ich muss mir das Lachen verkneifen, es wäre fies.

Ich hoffe nur, der Wind dreht nicht. Sonst werden wir auch noch etwas von Daniels Wurst haben. Daniel zieht den Kopf zurück, ich höre wieder das Tapsen.

»Okay, guys, have a nice trip! – And sorry about that.« Ich deute nach oben. Ich muss mal nach Daniel schauen.

Augenblicke in Tadschikistan

Es ist früher Morgen, die Sonne hat es noch nicht über die Gipfel geschafft und unser Tal liegt im Schatten. Ich liebe diese morgendliche Frische, die einem eine leichte Gänsehaut beschert. Die Luft riecht würzig und klar – und ich weiß das zu schätzen. Bald werden wir wieder in der Sonne braten, trotz der beachtlichen Höhe von über 3000 Metern über dem Meeresspiegel. Man ist hier eben nicht nur hoch, sondern auch näher an der Sonne. Also treten wir beherzt in die Pedale. Wir biegen um eine Kurve und sehen, wie die unbefestigte Straße auf der anderen Seite des steilen Abgrunds weiterverläuft. Im engsten Teil der Kurve drängeln sich schwarze und braune Körper. Das Getrampel von Tausenden Hufen ist zu hören und das aufgeregte Blöken der Muttertiere, die versuchen, in all dem Chaos ihre Lämmer und Zicklein nicht aus den Augen zu verlieren. Wir halten an, um das Spektakel zu betrachten. Die wabernde Masse kommt auf uns zu. Nur hier und da traut sich eines der Schafe und Ziegen, aus dem Schutz der Herde auszubrechen und die kläglichen Kräuter am Wegesrand anzuknabbern. Der Rest bewegt sich als geschlossenes Wollknäuel weiter auf uns zu. Allen voran ein paar Esel, bepackt mit

Waren, die in bunten, kunstvoll verzierten Säcken verpackt sind, es folgt der Schäfer, mit einem strahlenden Lächeln und einer weit ausgestreckten Hand. Bei uns angelangt, drückt er zuerst Daniel, dann mir kräftig die Hand. Meine verschwindet vollständig in der schwieligen Pranke. Man sieht, dass er überlegt, welche Sprache er wählen soll. Er entscheidet sich für Russisch und fragt laut:

»откуда?« – »Woher?« Daniel und ich, wie aus einem Mund: »Germania!« Er macht eine anerkennende Handbewegung und sein Mund ein beherztes »Ooooooaaaahhhhh«. Ihm ist bewusst, dass er nicht viel mehr aus uns herausquetschen wird, also hebt er seinen Hirtenstab zum Abschied und führt seine Tiere weiter die Straße entlang. Der Rest seiner Herde schiebt sich eiligst an uns vorbei, Schnute an Arsch. Der Strom an Hufen, Wolle und dicken Hintern scheint kein Ende zu nehmen. Aber wenn man genau hinschaut, sieht jedes Tier anders aus. Zottelig, glatt, mit Hörnern, ohne, schwarz, beige, grau, mit Schaum vor dem Mund, gerade dabei, eine Kameradin zu besteigen, hüpfend, uns verstört anblökend. Der satte Geruch von Tieren liegt in der Luft und ich würde am liebsten mein Gesicht in eines der Wollknäuel drücken. Aber das würde womöglich sowohl Tier als auch Schäfer verwirren. Also warten wir geduldig, bis man an uns vorbeigetänzelt ist, und treten dann weiter durch den frischen Morgen, der jetzt ein bisschen beißend nach Schaf riecht.

* * *

Irgendwie ist alles intensiver in diesen Höhen. Das Licht der Sonne ist gleißend hell, die Kontraste sind messerscharf, das Körperempfinden ist oft schmerzlich stark. Die Täler sind tief, der Himmel von einem strahlenden Hellblau. Dabei sind die dominierenden Farben Nuancen von Ocker und Grau. Manchmal mischen sich faszinierende Rottöne in die Farbpalette. Dann muss ich meine Sonnenbrille abnehmen, um sicher zu sein, dass ich mir das nicht einbilde. Auch die Stille auf den Pässen und besonders in der Nacht ist absolut. Eine weite und tiefe Stille, die mich dazu bringt, in mich hineinzulauschen. Auch dort finde ich nur noch Stille. Es ist eine erhebende Stille. Sie fühlt sich weit an, nicht eng. Sie ist unendlich, wie ein dunkler, tiefer, stiller See, in dem nur ich bade. Dabei liege ich auf dem Rücken, das Wasser trägt mich, ich schwebe. Schwerelos und gehörlos. Denn meine Ohren sind unter der Wasserfläche und dort ist es ebenfalls still. Kein Gluckern, kein Schwappen, einfach absolute Stille.

Es hat eine Weile gedauert, bis ich diese Stille genießen konnte. Bis die plappernden Gedanken aus meinem Kopf gewichen sind und dem tiefen Frieden Platz gemacht haben, einer tiefen Zufriedenheit. Keine Ablenkung, keine Reize. Nur die Natur, die nicht mehr getrennt von mir ist, sondern ein Teil von mir. So wie ich Teil von ihr bin. Ich passe mich ihren Rhythmen an. Tag und Nacht, Wind und Windstille, Anstrengung und Entspannung. Ich höre meinen eigenen Atem, wenn wir einen der vielen Pässe erklimmen. Er ist gepresst von der Anstrengung, bis wir oben sind. Dann wird er wieder frei und weit. Ich darf entspannen.

Die immense Anstrengung ist es, die meine völlige Entspannung ermöglicht. Wenn wir abends mit dem Sonnenuntergang ins Zelt kriechen, beschäftigt mich der Tag nicht mehr. Ich bin einfach müde und dankbar und falle in einen tiefen, erholsamen Schlaf. Aufwachen ist wie aus diesem dunklen, samtigen See aufzutauchen. Und immer noch nichts zu hören. Einfach nur die Stille zu genießen, die kurz vor dem Sonnenaufgang am intensivsten zu sein scheint. Dann bin ich ganz verbunden. Mit der Welt um mich herum und damit auch mit dem tiefsten, ursprünglichsten Punkt in mir. Es ist eine Art stilles Glück, von dem ich spüre, dass es die Wahrheit ist, das Sein selbst, ohne Ablenkung, ohne Zweifel, pures Leben, die vollkommene Essenz des Daseins.

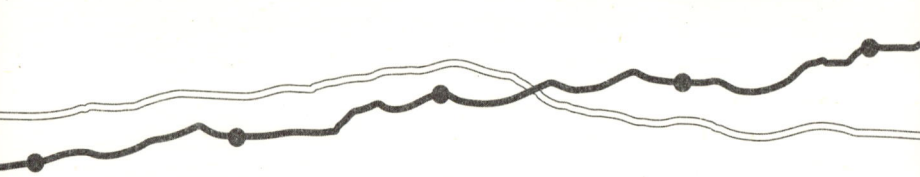

Himmelhoch jauchzend, zu Tode betrübt. Ich schüttle den Kopf und versuche, des Gefühlschaos in mir Herrin zu werden. Ich blicke über das vom Wind gekräuselte Wasser des Kyzyl-Dzhiik-Flusses und kaue verbissen auf einem Brotstück herum. Es ist noch nicht lange her, dass ich mich Daniel so nah gefühlt habe, ihn so sehr geliebt habe. Jetzt könnte ich ihn in Stücke zerfetzen.

Als ich an diesem Morgen die Augen aufschlug, entdeckte ich zuerst die Eisblumen an der Zeltdecke. Daniel warf sich neben mir hin und her. Ich berührte seinen Rücken.

»Sollen wir los?« Er hatte wenig geschlafen. Sein Schlafsack ist Temperaturen bis elf Grad unter null einfach nicht gewachsen. Meine Gedanken wanderten zum Tag. Nach dieser rädernden Nacht sollten wir den höchsten befahrbaren Punkt des Pamir-Gebirges und gleichzeitig den höchsten Punkt unserer gesamten Reise bezwingen? Den Ak-Baital Pass, 4655 Meter über dem Meeresspiegel, eine Schotterpiste durch fast menschenleeres Gebiet. Ich atmete noch mal durch und begann, die Schlafsäcke zusammenzupacken. Mein Körper war noch steif vom Liegen und mir graute vor dem Moment, in dem ich den Schutz des Zeltes verlassen und mich dem beißenden Wind aussetzen musste. Daniel war bereits draußen und widmete sich seiner Morgentoilette. Gleich würde er zurückkommen und die Matten zusammenlegen. Unser eingespieltes Morgenritual seit Monaten, und ich würde vor das Zelt gehen, um mich zur Abfahrt bereit zu machen. Ich zog alles an, was ich hatte: eine Leggins, meine Trekkinghose darüber, T-Shirt, Fleecepulli, Daunenjacke, Drei-Lagen-Jacke, Handschuhe, zwei Paar Socken, mein Stirnband und über die Schuhe noch meine dicken Polyester-Überschuhe. Als Letztes rollte ich die Kapuze meines Fleecepullis über das Stirnband, zog den Kopf ein und hievte mich aus dem Zelt. Der Anblick draußen war wunderschön. Es dämmerte über den schroffen Bergen, der nahe Fluss rauschte und die kalte Luft belebte meinen Körper. Wir legten das Zelt in Rekordzeit zusammen und starteten.

Die ersten Tritte waren hart. Unsere Körper waren immer noch steif.

»Boa, ist das kalt!« Daniel hatte so eisige Finger, dass sie schmerzten. Das Metall der Schalthebel kühlte sie zusätzlich aus und er versuchte, seine Finger wieder warm zu bekommen, indem er jeweils einen Arm seitlich am Körper rotieren ließ. Er war tapfer, litt aber sehr und wir nutzten die ersten Sonnenstrahlen, um zu frühstücken. Ich machte Kaffee und drückte Daniel die warme Tasse in die Hand, bereitete unser Müsli vor und legte die Sitzmatte so, dass wir direkt in die Sonne schauen konnten. Daniel war gerädert, die Nacht saß ihm in den Knochen, die kalten Finger sprengten fast seine Schmerzgrenze.

Und dann sahen wir ihn vor uns, den Pass. Er sah gar nicht steil aus. Auf den Bergen rundherum lag Schnee, links erblickte ich eine Ruine und weiter oben war noch ein einsames Haus zu erkennen.

Schon bei der Anfahrt merkte ich, dass ich körperlich völlig ausgelaugt war. Meine Beine fühlten sich an wie zwei fleischige Klumpen, die ich nicht wirklich kontrollieren konnte, und sosehr ich mich auch anstrengte, ich hatte das Gefühl, keine Kraft mehr auf die Pedale übertragen zu können. Wir mussten auf halber Strecke anhalten, weil ich nicht mehr weiterkonnte. Ich musste mich in Embryohaltung auf den Boden legen und atmen, damit ich nicht ohnmächtig wurde. Die Höhe, die Anstrengung, die Entbehrungen der letzten Tage, in denen wir immer wieder knallharte Anstiege zu bewältigen hatten, und die kalte Nacht hatten mich erschöpft. Ich raffte mich noch einmal auf und wir kamen zwei Kurbelumdrehungen weiter, bis ich wieder »Stop!!« schreien musste.

»Antonia, es sind nur noch anderthalb Kilometer bis zum Gipfel. Schaffst du es, wenn du läufst und ich das Tandem schiebe?« Ich gab keine Antwort, sondern stieg ab und stapfte einfach stoisch auf den Punkt blauen Himmels zu, den ich am Ende der Dreckpiste ausmachen konnte. Ich sah verschwommen, mein Kopf war leer, ich hörte mein Herz pochen. Mein ganzes Sein konzentrierte sich auf diesen blauen Punkt am Ende des Tunnels, den nur ich sehen konnte. Da musste ich hin. Jeder Schritt war eine Überwindung und ich musste an den Himalaya denken. Dort habe ich gelernt, einen Fuß vor den anderen zu setzen, auch wenn es unendlich langsam geht. Ich habe gelernt, dass es mich mehr Kraft kostet, einen falschen Schritt zu machen und diesen dann ausbalancieren zu müssen, als einfach kleine, bedachte Schritte zu machen. Ich konnte meinen eigenen Atem hören und das Rauschen in meinen Ohren. Noch einen Schritt, noch einen Schritt weiter. Mir war übel und ich musste hart gegen den Schwindel ankämpfen.

Dann war ich oben. Ich versuchte, stehen zu bleiben, mich nicht hinzusetzen. Daniel kam wenig später mit dem Tandem nach. Ich hatte ein schlechtes Gewissen. Ich war ein Klotz am Bein, eine

Versagerin. Er hatte das Tandem samt Gepäck allein den Berg hochschieben müssen. Ich ging auf ihn zu, um mich zu entschuldigen. Mir begegnete ein breites Grinsen und der Satz:

»Super, mein Schatz, wir haben es geschafft!« Ich war verdutzt. Zu wenig Sauerstoff löst Halluzinationen aus. Ich schaute ihn fragend an.

»Ich dachte schon, wir müssten umkehren, aber du hast super gekämpft.« Tränen der Erleichterung schossen mir in die Augen und eine Welle der Zuneigung erfasste mich. Ich liebe diesen Mann. Ich liebe ihn für seine Art, die Welt zu sehen, seinen Optimismus, seine Großzügigkeit und dafür, dass er sich mir nie beweisen muss. Ich sank in seine Arme – es war einer dieser Momente, in denen die Welt stillzustehen scheint.

Es waren nicht wir, die sich da umarmten, sondern etwas viel Größeres. Es waren diese beiden uralten Seelen, die sich nackt und verletzlich gegenüberstanden und sich liebevoll ineinander verschlangen und das feierten, was uns als Menschen ausmacht. Die Fähigkeit, bedingungslos zu lieben.

Daniel stopfte mir Traubenzucker in den Mund und stellte fest: »Wir sind so ein tolles Team!«

Ich grinste dümmlich und taumelte immer noch. Ob vor Glück, Unterzuckerung oder aufgrund der Höhe, war mir unklar. Ich wurde erst wieder »normal«, als wir unten am Pass ankamen und der Zucker wirkte. Wir machten ein paar Erinnerungsfotos, dann setzten wir uns wieder aufs Tandem und radelten weiter.

Plötzlich fluchte Daniel lauthals los. Die Dreckpiste hatte sich unwillkürlich in ein Waschbrett verwandelt, dünne Rillen in der Straße, die nervtötende Stöße verursachten.

Auf dem hinteren Reifen lastete enormes Gewicht, bei 30 Kilogramm Fahrradeigengewicht, 30 Kilogramm Gepäck und 120 Kilogramm geballter Muskelkraft in Menschengestalt (zumindest vorn). Erschwerend kam hinzu, dass Daniel auf der mit recht großen Steinen gespickten Piste kaum verhindern konnte, dass der Hinterreifen über einen eben solchen holperte. Und dann gab es einen Durchschlag, bei dem die Luft sehr schnell aus dem Schlauch entwich. Daniel war beim zweiten Platten mit den Nerven am Ende. Ich verstand seine Gereiztheit nicht, weil ich finde, man kann alles flicken und wenn nicht, kann man immer noch schieben. Wir hatten keinen Termindruck mehr. Wir waren doch am Pamir angelangt. Das versuchte ich zu sagen, als Antwort bekam ich jedoch nur gereiztes Schweigen. Ich spürte, es brodelte etwas unter der Oberfläche. Aber erst nach einer weiteren Weile bekam ich den Vorwurf an den Kopf geworfen:

»Du kümmerst dich ja nie um die Ausrüstung! Immer bleibt alles an mir hängen! Und wenn ich mich beschwere, dann tust du das immer ab!« Ich war verstört. Daniel ist selten so unversöhnlich, und so fühlte ich mich auf einmal ganz klein und allein zwischen diesen riesigen Bergen, umringt von der atemberaubenden Landschaft und der Kälte, die Daniel ausstrahlte. Mein Held vom Erdbeerfeld war zum fluchenden Rumpelstilzchen geworden, und ich spürte die Wut in meinem Bauch kochen. Impulsiv schrie ich abermals »Stooooop!«, diesmal nicht aufgrund *meiner* Schwäche, stieg vom Rad und stampfte schnaubend hinter einen großen Stein, hinter dem ich sowohl Pipi machte als auch wie ein Rohrspatz hervorschimpfte.

»Was ist nur mit dir los? Das macht mir Angst, wenn du so fluchst!«

Wir rangen weiter schweigend miteinander, keiner war bereit, nachzugeben, und so fühlte ich mich so weit von Daniel entfernt wie noch nie, obwohl sein Rücken keine 50 Zentimeter von mir entfernt war. Nähe hat eben nichts mit Distanz zu tun.

Diese innere Eiszeit dauerte an, bis wir drei Tage später Chorugh erreichten. Dort mussten wir eine Zwangspause wegen meiner schwächelnden Knie einlegen. Außerdem stand unser siebter Jahrestag bevor und das brachte uns beide dazu, darüber nachzudenken, was der andere uns bedeutet. Es ist harte Arbeit und ziemlich schwierig, die Gründe für die eigene Gefühlslage von den Gefühlen, die man für den anderen hegt, zu unterscheiden. Ich musste meine eigene körperliche Kraftlosigkeit und meinen Erwartungsdruck – Kann ich den Pamir schaffen? Hält meine Gesundheit durch? Was passiert, wenn ich ärztliche Hilfe brauche in dieser abgelegenen Gegend? – von der Trotzigkeit trennen, die ich in Bezug auf Daniel aufgebaut hatte: *Warum soll ich mich ums Rad kümmern, wenn er das doch viel besser kann? Warum lässt er mich so allein mit meinen gesundheitlichen Gebrechen und versucht, mich damit zu beruhigen, dass »man daran nicht gleich stirbt«?* Ich weiß, dass er solche Gedanken schwer nachfühlen kann, weil er praktisch nie Schmerzen hat. Ich fühlte mich unverstanden und immer noch im schattigen Tal eines erdrückenden Massivs. Ich war traurig und zog mich zurück. Während ich versuchte zu verstehen, was gerade mit uns passierte, passierte etwas in mir.

Ich verstand, dass ich die zurückliegenden Monate zu wenig auf mich geachtet hatte. Der Kontakt zu neuen Menschen, das Radeln, das Machen standen immer im Vordergrund. Dabei weiß ich, dass ich ein Mensch bin, der auch Rückzugsorte braucht. Zeit, um mich mit mir zu beschäftigen, meine Energie zu sammeln. Das wollte ich ab jetzt wieder mehr einfordern.

Ich erkannte, dass ich an meinen körperlichen Grenzen operierte, während Daniel den mentalen Druck spürte, uns heil durch den Pamir zu bringen. Er lud sich zu viel Verantwortung für mich auf – weil er lenkte, weil er sich um das Rad kümmerte. Geriet er zusätzlich unter Druck, weil nicht alles glatt lief, fühlte er sich von mir allein gelassen.

Jeder warf dem anderen also vor, ihn allein zu lassen, dabei hatten wir einfach keine Ressourcen mehr übrig, waren zu sehr mit unseren eigenen Problemen beschäftigt, um zu sehen, was der andere brauchte, um ihn zu unterstützen. Ich machte mir eine Erinnerung in meinen Kalender, die wöchentlich aufpoppen würde, um mich daran zu erinnern, dass ich den Reifendruck, die Muffen und die Radtaschenschrauben checken müsste, um Daniel zu entlasten.

An dem Tag, an dem wir feierten, dass wir uns vor sieben Jahren füreinander entschieden haben, feierten wir auch die vielen Male dazwischen, an denen wir uns wieder füreinander entschieden haben, und dieses ganz besondere Mal, wo wir uns aus unserem Tal auf die Südseite des Berges beförderten. Damit ist es nicht getan und es wird nie getan sein. Sich auf einen Menschen einzulassen, bedeutet eben Arbeit. Es ist manchmal anstrengend, und man wird immer wieder gezwungen, sich seinen eigenen Dämonen zu stellen. Aber es ist auch ein gemeinsames Wachsen, Sich-Ergänzen, Sich-Reiben. Und im besten Fall führt es dazu, dass man immer mehr über sich und immer mehr über den anderen erfährt. Es ist vielleicht nicht die einfachste Variante, dies auf einer Tandemtour um die halbe Welt herauszufinden, aber *wann* ist schon der richtige Zeitpunkt?

Die nächste Windböe zieht über das Wasser vor mir und ich merke, wie ich mich entspanne. Manchmal liegt die Lösung so nah. Mein inneres Monster hatte einfach Hunger. Und ich habe es mit der Wut auf Daniel verwechselt. Ich kaue meinen letzten Bissen Brot zu Ende und grinse ihn an. Er grinst zurück. Ich denke an die vielen Male, in denen ich voller Zärtlichkeit seinen verschwitzten Rücken betrachte. Dann fühle ich dieses warme Gefühl im Bauch, diese tiefe Zuneigung zu ihm. Ich bin dankbar, dass ich dieses Abenteuer mit ihm erleben darf, dankbar, dass wir uns als Team begreifen, in dem der eine dem anderen aushilft, ihn unterstützt und schützt. Manchmal auch vor sich selbst. In diesem Moment bin ich einfach nur glücklich, einen Menschen getroffen zu haben, dem ich es wert bin, alle Gefühlslagen, von himmelhoch jauchzend bis zu Tode betrübt, mit mir gemeinsam durchzumachen. Ich bin glücklich, dass wir uns gegenseitig fordern und nicht aufhören, einander weiterzubringen.

Ich blicke auf die Berglandschaft um uns herum und glaube sie mit anderen Augen zu sehen. Die Sonne strahlt auf die zerklüfteten Gipfel und ich atme tief die frische Luft ein. Mein Ärger ist verflogen, aber ich bin sicher, er wird wiederkommen. So ist das eben mit dem Pamir: Er holt die Extreme aus uns heraus. Zum Glück habe ich einen Typen dabei, mit dem man das machen kann.

24 (KEINE) GOLDIGE(N) ZEITEN

Die Menschen, die in dieser abgelegenen Region des Pamir-Gebirges leben, sind für ihre Gastfreundschaft bekannt. Das Gebiet gehört zwar geografisch zu Tadschikistan, doch findet man hier viele verschiedene Ethnien. Kirgisen, die man an ihren hohen, zylinderartigen Hüten erkennt, oder Pamiri, die eine eigene Sprache sprechen, die dem Persischen gleicht und nicht den Turksprachen zugeordnet werden kann. Früher lebten diese Stämme nomadisch, und erst Stalin zeichnete Grenzen mit dem Lineal, um die Gebiete in Verwaltungszonen einzuteilen. Nach dem Zusammenbruch der Sowjetunion wurden diese Verwaltungsgrenzen zu Landesgrenzen.

Doch die Herzlichkeit gegenüber Gästen ist bei allen gleich. Seit der Tourismus in der Region zugenommen hat, stellt das jedoch eine Herausforderung dar. Denn die Menschen hier leben von dem, was sie dem kargen Boden abringen können, und teilen es großzügig mit allen, die vorbeikommen. Auch wenn das Fremde sind, die normalerweise in der Stunde mehr verdienen als sie an einem ganzen Tag. Deswegen haben wir beschlossen, nach Empfehlungen von Nichtregierungsorganisationen den Familien Geld dazulassen, die uns zum Essen oder Übernachten einladen. Und diese Einladungen sind nicht selten.

Der 14-jährige Shamshidin fängt uns auf der Straße ab, die sich durch sein Dorf schlängelt. Er bittet uns zu sich nach Hause, wo seine Mutter und seine ältere Schwester ein leckeres Mahl für uns zubereiten. Shamshidin unterhält uns so lange in der Kühle des Wohnraumes. Als seine schlanke Schwester anmutig ihre Schuhe an der Schwelle des Zimmers von den Füßen streift und den Raum barfuß betritt, bemerke ich, wie sie ihre Kiefer zusammenpresst und sich ein gequältes Lächeln abringt. Sie stellt eine Schüssel vor uns auf den Tisch und zieht sich dann wieder zurück. Wir freuen uns über das leckere Essen und Shamshidin greift ebenfalls kräftig zu. Nach dem Essen bedeutet er uns, dass wir uns noch ein wenig ausruhen sollen. Wir strecken uns dankbar auf den am Boden ausgelegten Matten aus und genießen die halbe Stunde Dösen in angenehmer Kühle, bevor wir wieder ins gleißende Sonnenlicht treten. Shamshidins Mutter kommt auf uns zu und fragt uns per Handzeichen, ob uns das Essen geschmeckt hat. Wir reiben uns die Bäuche und Mmmmmhen zustimmend. Da kommt wieder Shamshidins Schwester um die Ecke und hält sich die Wange.

»Ibuprofen?«, fragt die Mutter uns.

»Yes.« Vorher möchte ich aber gern sehen, was sie hat. Sie sperrt den Mund weit auf und mir schlägt ein fauliger Geruch entgegen. Ich biege ihren Kopf behutsam noch ein Stück nach hinten und da sehe ich ihn hinten links: den schwarzen Stumpf eines Zahns. Ich atme frustriert aus und streichle ihr übers Haar. Wir haben keine unbenutzten Zahnbürsten dabei, um die arg zugerichteten dieser Familie zu ersetzen, die in einer Ecke an der Hauswand in einem Becher lehnen. Zahngesundheit ist teuer und benötigt vor allem eines: Aufklärung und Routine. Vielleicht aber zuallererst den Lebensstandard, sich damit überhaupt zu beschäftigen.

»Dentist in Duschanbe. Very expensive«, erklärt Shamshidin. Ich versuche mit Händen und Füßen zu erklären, dass sie weniger

von den zuckrigen Süßigkeiten essen sollte, die man uns als Will-
kommensaufmerksamkeit angeboten hat und die es überall in den
kleinen Dorfläden in rauen Mengen zu kaufen gibt. Als kleine
Versüßung des ansonsten so entbehrungsreichen Alltags. Wir geben der Mutter die Hälfte unseres Ibuprofen-Vorrats und geben
ihr mit auf den Weg, dass die Kleine immer etwas essen muss,
bevor sie eine Tablette einnimmt. Dann geben wir Shamshidin
das Geld für Speis und Trank. Die Mutter nimmt kein Geld von
uns. Sie sagt, es stehe Shamshidin zu. Wir hoffen, dass er zumindest einen Teil davon für die Behandlung seiner Schwester aus-
geben wird.

Als wir losfahren, fühle ich mich hilflos. Ich begreife, dass die Kosten für den Zahnarzt und die beschwerliche Reise nach Duschanbe
kaum machbar sind für die Familie aus den Bergen. Es macht mich
traurig, dass das Mädchen so sehr leiden muss. Und mir wird
einmal mehr bewusst, wie vieles für uns in Deutschland einfach
ganz selbstverständlich ist. Da muss keine Mutter hilflos dabei zuschauen, wie der Tochter die Zähne im Mund verfaulen. Da ist er
wieder: dieser Zwiespalt zwischen der Schönheit der Reise und dem
Realitätscheck, der natürlich nicht ausbleibt.

Ich versuche mich damit zu beruhigen, dass ich für das Mädchen getan habe, was ich konnte, und ertappe mich dabei, wie ich
denke: Das hast du nicht. Du hättest auch mit ihr nach Duschanbe
fahren und mit ihr zum Zahnarzt gehen können. Du hättest deine
privilegierten Lebensumstände nutzen können, um ihr zu helfen.
Stimmt, das hätte ich. Und trotzdem muss ich eine Grenze ziehen.
Ich kann nicht alles Leid auffangen, dem wir begegnen. Das ist
eine schmerzliche Erkenntnis. Aber eine notwendige. Ich atme ein,
ich atme aus und wünsche dem Mädchen in Gedanken das Beste.
Ich habe nicht alles getan, was ich konnte, und der Zweifel bleibt.

Ein Augenblick in Tadschikistan

Mein Magen krampft sich schmerzhaft zusammen. Es fühlt sich ein wenig so an wie auf der Schiffschaukel. Wie der Moment, kurz nachdem man ganz oben angekommen und der Schwerelosigkeit am nächsten ist. Man hat das Gefühl, der Magen hängt einem in der Kehle und man muss jeden Moment erbrechen. Nur ist dazu jetzt gerade keine Zeit. Während mein Magen sich also anschickt, sich umzudrehen, meine Augen über den unbefestigten Rand der Straße in unendliche Leere blicken und der Lastwagen sich keine Handbreit entfernt an uns vorbeischiebt, trete ich konzentriert in die Pedale. Sehr darauf bedacht, mein Gewicht genau über dem Oberrohr zu halten. Nicht nach links gegen den dröhnenden Blechhaufen, nicht nach rechts in Richtung des Abgrunds zu schwanken. Nach weiteren zwei Sekunden merke ich, wie ich nach Luft schnappe, ich habe nicht mehr geatmet. Ein Steinchen springt gegen meinen Knöchel und ich sehe gerade noch, wie das Ende des Lastwagens aus meinem Sichtfeld verschwindet. Daniel manövriert das Tandem wieder in die Mitte der Piste. In sichere Entfernung von dem ungeschützten Abbruch, der rechts von uns gähnt. Ich kann den Talboden nicht sehen und bin froh, dass uns jetzt mehr als 20 Zentimeter vom Abgrund trennen. Ich klopfe Daniel auf den Rücken und er dreht den Kopf zur Seite.

»Alles gut?« Mein Magen bewegt sich langsam wieder in Richtung »unterer Rumpf« und ich spüre eine Mischung aus Ungläubigkeit und Euphorie.

»Äh, das war jetzt schon eng, oder?«

»Findest du?«

Ich lache laut los. Da ist sie wieder. Die weeeeeeeeite Kluft zwischen Daniels und meinem Empfinden von dem, was »eng« ist. Während ich bereits den sicheren Tod erblickte und vor meinem inneren Auge sah, wie ich minutenlang eine nicht enden wollende Schlucht hinunterstürze, freute sich Daniel, uns durch eine »technisch anspruchsvolle Passage« zu manövrieren. Am Anfang unserer Tandemkarriere hat das öfter zu Auseinandersetzungen geführt. Auch viele Diskussionen, Annäherungen und gemeisterte Situationen später habe ich immer noch meine liebe Mühe damit, wenn Daniel das Tandem freihändig fährt.

»Das ist Physik. Wenn ein Rad rollt, dann rollt es.«

Klar, auch wenn dabei meine Knie auf dem Boden aufschrammen? Grrrrr.

In diesem Moment habe ich allerdings keine Lust zu stänkern. Ich tätschele meinem unglaublichen Nicht-Bruchpiloten liebevoll den Rücken.

»Solange du immer mitziehst, kann gar nichts passieren. Schwierig wird's, wenn du etwas anderes machst als ich.«

Eine heiße Welle der Zuneigung übermannt mich.

»Klar, ich ziehe immer mit dir mit.«

Und so radeln wir auf der Dreckpiste weiter, ungestört dem Sonnenuntergang entgegen – bis zum nächsten riesigen Laster.

Diese Laster sind keine Seltenheit auf den schmalen Straßen des Pamir. Sie bringen Waren aus China über den einzigen offiziellen Grenzübergang zwischen China und Tadschikistan: den Kulma-Pass. Er liegt auf schlappen

4362 Metern und ist *die* Verbindung zwischen den beiden höchstgelegenen Straßen der Welt. Dem Karakorum-Highway, welcher von China nach Pakistan führt, und dem Pamir-Highway. Meist sind die Lastwagen nur schwer beladen, wenn sie aus China kommen. Sie versorgen die tadschikische Bevölkerung – vor allem im eher vergessenen Murghob – mit Lebensmitteln und Produkten des täglichen Bedarfs über Elektronik und Schreibwaren bis hin zu Toilettenartikeln. Vielfach fahren die Ungetüme leer wieder zurück nach China, weil es offenbar nichts zu exportieren gibt aus Tadschikistan.

Ich ziehe meinen Hut vor den mutigen Fahrern, die sogar im Winter die Tapferkeit beweisen, auf solchen Straßen, im Angesicht endloser Abgründe, Waren zu transportieren. Ganz im Stil ihrer Vorfahren, welche bereits vor Jahrhunderten Seide, Pelze, Keramik, Porzellan, Jade und andere Güter durch dieses Gebiet zur Seidenstraße transportierten. Das war aber wohl doch noch anstrengender als motorisiert. Ich kann es ihnen sehr gut nachfühlen.

25 FREUNDSCHAFT

Die Detonation erschüttert meinen ganzen Körper. Der Knall ist ohrenbetäubend. Ich fühle die Druckwelle gegen meine Brust prallen. Kopfgroße Steinbrocken schlagen zwei Meter vor uns auf die Straße und hinterlassen tiefe Furchen. Ich schaue über den Fluss und winke den vermummten Gestalten zu – »Alles in Ordnung!« –, die uns schreiend und wild mit den Armen fuchtelnd vor wenigen Sekunden vor der Gefahr gewarnt haben. Hätten sie sich nicht bemerkbar gemacht, wären wir wohl gerade dort entlanggefahren, wo jetzt eine tiefe Narbe im Asphalt prangt. Ein großer Stein ist hier mit voller Wucht eingeschlagen und noch ein Stück über den Boden geschrammt. Die Afghanen auf der anderen Seite nicken und recken die Daumen in die Luft. Wir können weiter.

Hätte uns nicht eine Radlerin, die uns an diesem Morgen entgegengefahren ist, vor den Sprengungen für eine neue Straße gewarnt, wir hätten angenommen, dass wir mitten zwischen die Fronten des afghanischen Bürgerkriegs geraten wären. Wir fahren schon seit ein paar Tagen am Ufer des Panj entlang, dem äußersten Zipfel von Tadschikistan, an der Grenze zu Afghanistan, die der Fluss markiert. Wenn wir nicht wüssten, dass es sich um ein anderes Land auf der anderen Flussseite handelt, hätten wir die feinen Unterschiede wohl gar nicht bemerkt. Auch auf der afghanischen Seite erheben sich braune majestätische Berge, die so typisch sind für diese Gegend der Welt. Darauf sind Staubpisten zu sehen, die sich gefährlich nah an den Abgründen entlangschlängeln, dazwischen immer wieder grüne Oasen mit einfachen Lehmhäusern. Wir sehen vereinzelt Männer, die in leuchtend weißen oder braunen Pluderhosen und farblich dazu passenden knielangen Obergewändern Motorräder mit Seitentaschen fahren oder mit schnellen, behänden Schritten die engen Bergpfade am Abgrund erklimmen. Ab und zu ist ein Pick-up zu sehen, der eine Staubwolke hinter sich herzieht. An den flachen Stellen des Ufers sind Frauen und Kinder versammelt, die schwere Teppiche im Fluss waschen. Die Kinder winken uns freudig lachend zu. Die Frauen blicken uns neugierig hinterher. Sie tragen lange Gewänder und Kopftücher, aber keine Gesichtsschleier.

Ich habe diese von der Sonne beschienene augenscheinliche Bilderbuchidylle die letzten Tage voller Schmerz betrachtet. Dabei habe ich versucht, sie mit den Erzählungen von willkürlichen Morden, Überfällen und der tiefen Ungerechtigkeit, vor der unsere afghanischen Freunde in Deutschland geflüchtet sind, in Einklang zu bringen. Ich weiß, wie gern meine Freunde wieder bei ihren Familien wären, in ihrem Land, das sie so sehr lieben. Doch sie wissen, dass es ihr Todesurteil wäre, wenn sie zurückkehren würden. Die Taliban kennen keine Gnade, wenn es um Heimkehrer geht, die sich klar gegen das Terrorregime der Taliban gerichtet haben. In deren Augen sind sie Landesverräter.

Vielleicht hat die Ruhe und Harmonie, die die andere Seite des Flusses auszumachen scheint, ihren Ursprung in der Tatsache, dass diese Grenzregion zu Tadschikistan durch das hohe Gebirge vom Rest Afghanistans abgetrennt ist und weniger des Terrors hier ankommt.

Was das scheinbare Idyll jedoch trügt, sind immer wieder Soldaten, die auf »unserer«, der tadschikischen Seite, patrouillieren. Und wir nehmen wahr, dass die beiden Brücken, die über den Fluss führen, stark gesichert sind. Trotzdem schafft es das Opium ungesehen hinüber und durch Tadschikistan bis nach Europa. Der Drogenhandel floriert.

Während wir weiter und weiter radeln, blicke ich immer wieder auf die andere Seite des Flusses und versuche mir jedes Detail einzuprägen, um meinen Freunden später, wenn ich wieder eine Internetverbindung habe, ein wenig von ihrer Heimat erzählen zu können. Niemand, den ich kenne, kommt aus dieser abgelegenen und vergessenen Region im Nordosten Afghanistans. Trotzdem habe ich das Gefühl, dass es den Heimwehschmerz, der in ihnen lodert, lindern könnte, wenn ich ihnen so farbenfroh wie möglich von dem berichte, was ich gesehen habe.

Einer meiner Freunde ist Jurist und musste sein Heimatland und seine Töchter, seine Frau, seine Eltern, Geschwister, Onkel und Tanten in Afghanistan zurücklassen, weil er für die Vereinten Nationen und damit für die »Feinde« der Taliban gearbeitet hat. Die demütigende und verstörende Flucht, der soziale Abstieg von einem geachteten und erfolgreichen Mann im eigenen Land zu einem der vielen Geflüchteten in einer Gemeinschaftsunterkunft in Deutschland, war hart. Die misstrauischen Blicke bis hin zu Diskriminierungen sind dabei nicht das Schlimmste. Er kann seine drei Töchter seit sechs Jahren nur übers Telefon lachen hören. Er ist ein intelligenter und wacher Mann und ich bewundere ihn dafür, dass er angesichts dieser zermürbenden Lebenssituation nicht schon längst den Verstand verloren hat. Seine aufrechte und sanfte Art, sein Schicksal anzunehmen, macht mich demütig.

Ein anderer Freund lebte mit seiner Familie in einem abgelegenen afghanischen Dorf. Er erzählt mir oft, wie er dort ein eigenes Geschäft eröffnet hat. Er spricht mit Wehmut in der Stimme von der Freiheit, einfach mit dem Motorrad auf einen einsamen Berg zu fahren und dort im Schein des Feuers die unendliche Weite des Sternenhimmels zu betrachten. Er erzählt von der typischen bettartigen, erhöhten Sitzgelegenheit, die auch wir schon kennengelernt haben, die in ihrem Garten stand und auf der die ganze Familie im Sommer manchmal zu fünft und nur durch ein Moskitonetz geschützt im Freien übernachtet hat. Ich kann dieses Gefühl erst jetzt nachempfinden. Unsere Gastgeber haben uns öfter auf diese Art draußen nächtigen lassen und es ist ein Genuss.

Auch er und seine Familie mussten fliehen, weil der Terror zu groß wurde. Er ist als einziger männlicher Vertreter der Familie übrig geblieben. Seine beiden Brüder sind dem Terror zum Opfer gefallen. Weil er im Iran, wohin die Familie geflüchtet ist, harte Diskriminierung erfahren hat und um den Lebensunterhalt für seine Familie zu sichern, entschied er sich für die Flucht bis nach Deutschland.

Ich versuche mir vorzustellen, wie es ist, aus geordneten Mittelklasseverhältnissen eine Flucht quer durch Westasien zu unternehmen. Die beiden haben mehr oder weniger die gleiche Route genommen wie wir jetzt mit dem Tandem. Nur andersherum und illegal.

Am Ende landen sie im sicheren Deutschland. Ihren geschundenen Körpern und Seelen wird eine kleine Pause gegönnt. Anzukommen in einem Land, in dem man weder die Sprache noch die formellen oder informellen Regeln kennt, ist nie leicht. Bald ereilt sie die harte Realität: Anträge, Interviews, Überprüfungen – »Habt ihr wirklich einen triftigen Grund, Asyl zu beantragen?« Als ob diese

Männer nicht bereits genug durchgemacht hätten, werden sie durch die bürokratischen Mühlen gedreht, ihre Geschichten routinemäßig infrage gestellt. Wenn sie erzählen, dass sie tagelang ohne Essen und eine Möglichkeit der Erleichterung in einem LKW eingesperrt waren, wo sie irgendwann das Zeitgefühl verloren haben, gibt das nur ein Minus auf der Glaubwürdigkeitsskala. Dasselbe passiert, wenn sie in einem europäischen Land von der Polizei aufgegriffen und illegal festgehalten werden. Ich bestaune sprachlos ihre stoische Ruhe, mit der sie das alles haben über sich ergehen lassen.

Ich versuche mein Vertrauen in den deutschen Rechtsstaat zu retten, indem ich mir sage, dass die Beamten nur ihre Arbeit machen und es sicherlich mindestens genauso viele Menschen gibt, die Empathie für Geflüchtete haben. Gleichzeitig spüren sie den Druck der Öffentlichkeit, hören den raueren Umgangston gegenüber Geflüchteten. Sogar ich kann diese Veränderung spüren, wenn ich der Berichterstattung zu den bevorstehenden Bundestagswahlen 2017 folge. Ich sehe mit Entsetzen, wie sich Deutschland an einer Frage aufhängt, die bei rationaler Betrachtung zu vernachlässigen wäre: Sind eine Million Geflüchtete auf 82 Millionen Einwohner zu viel? Und das in einem der reichsten Länder der Erde, das für sich selbst humanistische Werte beansprucht. Mir läuft es kalt den Rücken hinunter angesichts solcher Debatten, die von einer Verzerrung der Tatsachen und von Pauschalisierungen leben. Klar wird es unter einer Million Geflüchteten auch ein paar Kriminelle, Vergewaltiger und Betrüger geben. Aber die findet man – so traurig und beunruhigend das auch ist – unter einer Million Deutschen, einer Million Finnen, Schweizern, US-Amerikanern, Spaniern, sprich, in sämtlichen Nationen gleichermaßen. Ein dumpfes Gefühl der Traurigkeit durchströmt mich. Haben wir wirklich nichts dazugelernt?

Ich mag gar nicht darüber nachdenken, welchen Anfeindungen meine Freunde ausgesetzt sind. Und das von Menschen, die aufgrund einer glücklichen Fügung ohne eigenes Dazutun in einem friedlichen Land geboren worden sind. Und die dieses Privileg als etwas verteidigen, das ihnen zusteht. Bei diesem Gedanken überkommt mich Wut.

Meine Freunde hingegen nehmen auch diese Anfeindungen hin. Sie schenken mir trotzdem ihr Vertrauen und ihre Freundschaft. Sie haben mir in Deutschland einen Einblick in ihre unendlich gastfreundliche Kultur gegeben, haben mich trotz der beengten Verhältnisse im Geflüchtetenheim eingeladen und für mich gekocht. Und ich weiß, dass sie Freunde sind, die alles für mich tun würden.

Während ich die Arbeiter auf der anderen Seite des Flusses beobachte, wie sie in waghalsigen Aktionen weitere Steine wegbrechen, muss ich an das letzte Telefonat mit Hasari denken. Ich entdecke jede Woche neue deutsche Wörter im Wortschatz meines jüngeren Freundes und erinnere mich, dass wir keine gemeinsame Sprache sprechen konnten, als wir uns das erste Mal trafen. Ich fühle ein wenig Stolz. Stolz, weil er so hart dafür arbeitet, sich ausdrücken zu können. Stolz, weil meine Freunde trotz aller Anstrengung und aller Rückschläge fest an eine Welt glauben, in der wir einander verstehen. Und Stolz, weil sie auf dem Weg nicht ihre Herzen zu Stein haben werden lassen. Sie zeigen mir jeden Tag die Tiefe, die ein menschliches Leben haben kann. Wenn ich in diese Tiefe blicke, wird mir bewusst, wie essenziell viele ihrer Probleme im Vergleich zu meinen sind. Ich wünsche mir dann, dass ihr Leben auch aus mehr belangloseren Problemen bestehen dürfte.

Wir kommen aus verschiedenen Kulturen, wir sind unterschiedlich aufgewachsen, wir sind unterschiedlich alt, sie sind Männer, ich bin eine Frau, und trotzdem definieren wir uns nicht über unsere Unterschiede, sondern über unsere Gemeinsamkeiten.

Ich bestaune die Schönheit der vor mir aufragenden Berge, die wir weiter erklimmen und darum die Grenze zu Afghanistan verlassen werden. Und ein unbändiger Wunsch nimmt in meinem Herzen Gestalt an. Wie gern würde ich nur einmal den Fluss überqueren und die Menschen auf der anderen Seite begrüßen. Ihnen Mut machen und sagen, dass ihr zerrüttetes Heimatland sich irgendwann wieder in einen lebenswerten Ort verwandeln wird. Sie sollen weiter daran glauben und nicht aufhören zu hoffen. So wie ich hoffe, dass der Rechtsruck in meinem Heimatland nur eine vorübergehende Blindheit seiner Bürger ist. Dass meine Mitmenschen bald erkennen werden, dass Hass und Neid uns als Menschheit nicht weiterbringen. Dass uns nur das Bewusstsein für unsere Gemeinsamkeiten retten kann. Vor der Kälte und dem Abgrund, der Verrohung, der Entmenschlichung.

Ich präge mir das Bild von Afghanistan tief in meinem Herzen ein. Und ich nehme mir vor, dieses Land eines Tages zu bereisen – nicht nur sehnsüchtig an seiner Grenze entlangzufahren, sondern seinen Boden zu betreten. Ich wünsche mir, dass mir meine Freunde dann ihr Land erklären können. Und ich hoffe es für sie.

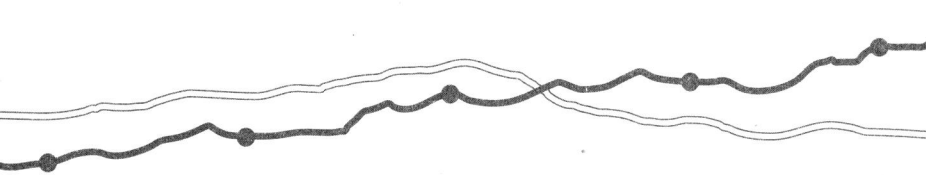

26 EINFACHES GLÜCK

Das leise Knistern und der Geruch nach Feuer wecken mich. Ich öffne die Augen und blicke auf die bunte Decke, die ich mir bis unter das Kinn gezogen habe. Mein Körper fühlt sich angenehm erholt an und ich genieße die Schwere, mit der die Decke auf mir liegt. Es fühlt sich alles so gemütlich an. Neben mir beginnt Daniel sich zu bewegen und hinter ihm nehme ich Ainura wahr, die mich neugierig beobachtet.

Ich strecke mich und setze mich auf. Als ich die Brille aufsetze, sehe ich, wie Gulnara, die Mutter von Ainura, mir durch die Öffnung in der Wand aus der Küche entgegenlächelt, während sie weiter den Ofen anfeuert.

Ich muss an gestern denken, als wir, um dem ewigen Wind zu entkommen, die Ansammlung von drei Häusern in der Nähe von Karassu ansteuerten und dort nach Unterschlupf fragten. Gulnara hat uns sofort aufgenommen und uns in ihr kleines Haus geführt. Vor dem ersten Raum zogen wir unsere Schuhe aus, dann öffnete sie die Tür, von der aus es nacheinander in zwei weitere kleine Räume ging: die Küche, die nur aus einem Ofen an der Wand und einem glatten Steinboden bestand, und den Wohnraum. Dort saßen die vierjährige Ainura und ihre noch kleinere Schwester Gultechra vor einem Laptop, der über eine Zwölf-

Volt-Autobatterie betrieben wurde. Es lief »Kung Fu Panda« und die zwei blickten so gebannt auf den Bildschirm, dass sie gar nicht bemerkten, wie wir uns auf den mit Teppichen ausgelegten Boden hinter sie setzten und zufrieden mitguckten. Es war dasselbe Gefühl, wie wenn man im Winter den ganzen Tag Schlitten fährt, dann ins Haus kommt und von der Wärme eingelullt wird. Das Kichern der Kinder und das leise Summen der Großmutter, die sich um Baby Sinat kümmerte, taten ihr Übriges. Ich fühlte mich pudelwohl.

Als der Film vorbei war, bemerkten die beiden Mädchen uns und waren ganz eingeschüchtert. Ich fragte Ainura auf Zeichensprachisch, wo die Toilette sei, und sie winkte mir, ich solle ihr folgen. Das kleine ringelbestrumpfte Mädchen führte mich nach draußen und dann mit sicheren Schritten auf ein kleines Häuschen zu. Ich stellte mich über das offene Loch und verrichtete mein Geschäft.

Danach zeigte mir Ainura die Yaks, die faul im Innenhof herumlagen und wiederkäuten, den Esel, der gelangweilt an seinem Pflock angebunden stand, und die Schaukel hinter dem Haus. Dort tobten wir uns ein wenig aus, bis die Großmutter kam und uns das Zeichen zum Abendessen gab. Als wir auf dem Weg zum Wohnraum durch die Küche gingen, stand da der Vater und schnitt Zwiebeln und Kartoffeln. Ich wunderte mich über mich selbst, dass ich mich wunderte, dass ein Mann dabei half, das Abendessen zuzubereiten. Gulnara kümmerte sich um das Feuer und bedeutete uns, uns zu setzen. Ich hatte das Gefühl, dass hier jeder gebraucht wurde und das tat, was er eben gut konnte. Alle waren aufeinander angewiesen und keiner war sich für etwas zu schade.

Wir bekamen selbst gemachte vegetarische Manti – Nudelteig gefüllt mit Kartoffeln und Zwiebeln. Es schmeckte mir unglaublich gut und so fiel ich schon bald darauf mit vollem Bäuchlein in den erholsamen Schlaf, aus dem ich gerade erst erwacht bin.

Ainura, Gultechra und ihre Großmutter haben mit uns im Zimmer geschlafen. Das Ehepaar mit dem Baby in der angrenzenden Küche. Als sich die ältere Dame erhebt, muss ich kurz an meine Oma denken. Nie im Leben hätte diese mit zwei fremden, müffelnden Radlern in einem Zimmer schlafen können. Aber wo hätten wir sonst schlafen sollen? Man kennt hier ohnedies weniger Privatsphäre als bei uns. Pragmatismus geht eben vor.

Ich erhebe mich und muss zuerst auf die Toilette, bevor ich meine Schlafstätte wegräumen werde, um Platz für das Frühstück zu machen. Also gehe ich nach draußen und sauge die kalte Luft ein, die nach Schnee riecht. Ich ziehe meine Daunenjacke enger um mich und versuche, im Klohäuschen tapfer die Kälte zu ignorieren, die an mir hochkriecht, während ich meinen nackten Po über die Öffnung halte. Fertig, die Hose so schnell wie möglich wieder hoch. Als ich auf dem Weg zurück zum Haus bin, sehe ich, wie sich Ainura mit einer Kanne abmüht, und frage mich, was Ainura damit vorhat. Sie hat es gerade so über den Absatz vor der Haustür geschafft und kommt nun mit kleinen, schnellen Schritten auf mich zu. Ihr Oberkörper ist dabei ein wenig nach hinten gelehnt, der Gesichtsausdruck hoch konzentriert. Trotzdem kann sie nicht verhindern, dass ein wenig Wasser durch die Öffnung der Kanne schwappt. Als sie vor mir steht, deutet sie mit ihrem Köpfchen auf meine Hände und ich halte diese ergeben unter die Kanne. In Erwartung eines eisigen Schwalls Wasser, der gleich über meine Haut rinnen wird, kneife ich die Augen zusammen. Aber sie hat ja recht: Nach dem Klo ist Händewaschen angesagt.

Als das Wasser meine Hände berührt, brauche ich einen Moment, um zu begreifen. Dann aber quieke ich vor Freude und Tränen schießen mir in die Augen. Ainura blickt entsetzt zu mir auf und versucht gleichzeitig verzweifelt, unter der Last der Kanne nicht nach vorn zu kippen. Ich kann mein Glück derweil nicht fassen. Warmes Wasser, um meine Hände und mein Gesicht zu waschen! Wasser, das vom Brunnen geholt werden musste, Holz, das hereingeschleppt und angefeuert werden musste. Alles nur, um mir diesen kleinen Moment des vollkommenen und überraschenden Glücks zu schenken.

Ich lächle die verstörte Ainura an und drücke ihr einen dicken Schmatz auf die Wange, der sie schon wieder fast aus dem Gleichgewicht bringt. Sie freut sich und kichert und ich biete ihr an, die Kanne zu nehmen, damit sie nicht so schwer tragen muss. Sie schüttelt fast beleidigt den Kopf. Ich verstehe. Es ist offenbar eine besondere Sache, Fremden diese kleine Aufmerksamkeit zuteil werden zu lassen. Da leidet man schon mal ein wenig, auch mit vier Jahren, um diese Ehre voll auszukosten. Und so lasse ich mir von ihr ganz gnädig noch ein bisschen Wasser in die Hände schütten, das ich mir ins Gesicht spritze. Dabei bemerke ich, wie sich der Schlaf aus meinen verkrusteten Augen löst und ich herrlich erfrischt bin. Ich brummele zufrieden vor mich hin, und Ainura wartet geduldig, bis ich meine Katzenwäsche beendet habe. Ich nehme ihre kleine Hand und sage feierlich: »Rahmat!« – »Danke!« Sie strahlt bis über beide Ohren, dann machen wir uns gemeinsam auf den Weg Richtung Frühstück.

Ich habe gelernt, diese kleinen, wohligen Glücksmomente voll auszukosten, denn ich weiß, der Pamir kann unerbittlich sein und mich im nächsten Moment schon wieder zur Verzweiflung treiben.

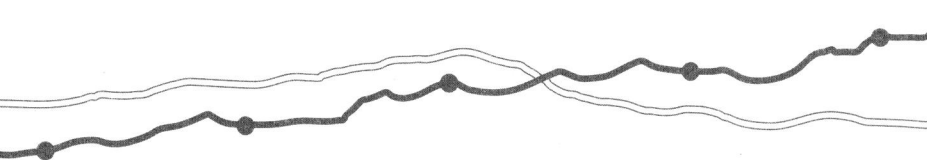

27 GEBORGENHEIT

Ich schnaube gequält aus. Vierzehn … fünfzehn … sechzehn. Ich habe das Gefühl, verrückt zu werden, wenn ich nicht meine Ausatmungen zähle. Ich trete in die Pedale, meine Hände krampfen sich um die Griffe des Lenkers. Trotzdem kommen wir gefühlt keinen Zentimeter weiter. Der Wind steht schräg vor uns. Er ist eine unsichtbare Wand, die sich aber durch ein stetiges Rauschen in meinen Ohren bemerkbar macht. Und durch die Tatsache, dass wir Hochleistungssport betreiben und dabei quasi auf der Stelle stehen. Ich will aber nicht auf der Stelle stehen! Ich will endlich ankommen! Meine Oberschenkel brennen, ich spüre, wie verkrampft mein Nacken ist und wie ich die Zähne zusammenbeiße, als würde ich ohne Narkose an einer offenen Wunde operiert. Ich bin wütend. Wütend auf diesen Scheißwind, der mir keinen Moment der Entspannung gönnt, wütend auf Daniel, weil er nicht so leidet wie ich, und wütend auf mich, weil ich will, dass Daniel leidet.

Der Tag hatte so gut begonnen. Wir waren im letzten Stück Tadschikistan an dem maroden Grenzzaun zu China entlanggefahren und hatten uns darüber gewundert, wie ein Land wie China einen Zaun auf dem Hoheitsgebiet eines anderen Landes, Tadschikistan, errichten kann, um seine eigenen Grenzen zu schützen. Die Landschaft war malerisch, eine weite, verlassene Gegend. Mittendrin der tadschikische Grenzposten, kurz vor der Passhöhe des Kyzyl-Art-Passes, der aus ein paar Baracken und Containern bestand. Es interessierte sich hier mal ausnahmsweise niemand weiter für uns und so waren wir schnell auf dem Pass, von dem aus sich uns ein noch prächtigeres Farbenspiel bot. Hier machten wir Pause und genossen die Sonne, die uns wärmte. Danach radelten wir einfach weiter, frohen Mutes, die Grenze ohne Schwierigkeiten gemeistert zu haben. Ich freute mich auf das neue Land Kirgistan, war gespannt auf seine Bewohner.

Kurze Zeit nach der Grenze erspähten wir über die weite Steppe hinweg bereits eine Ansammlung von Häusern, die von hier aus nur Punkte waren. Das war Sarytasch, dorthin wollten wir. Doch sobald wir aus dem Windschatten des letzten Berges herausgefahren waren, kam der Wind von schräg vorn. And here we are.

Ich fühle mich wie der Esel mit der Karotte, die ihm an einer langen Stange vor die Nase gehalten wird. Nur dass der Esel zusätzlich noch durch tiefen Morast muss. Und wir im Gegensatz zu ihm schon irgendwann ankommen werden. Auch wenn sich das im Moment nicht so anfühlt.

Ich merke, wie die Wut mir die Kehle hochkriecht und sich in einem quengelig bis gequälten Laut aus meinem Mund stülpt. Daniel schaut nach hinten:

»Alles gut?«

»Nein, alles scheiße! Ich will auf den Arm!«, rufe ich trotzig. Daniel bremst, und wir kommen zum Stehen. Er schaut mich an, ich schnaube wütend.

»Jetzt isst du erst mal ein paar Nüsse.« Auch wenn ich mir vorkomme wie ein garstiger Zwerg, ich kann nicht anders: »Ich will keine Scheißnüsse, ich will mich auf den Boden legen!« Daniel versucht sich das Lachen zu verkneifen. Ich sehe aber auch, dass er selbst an den Grenzen seiner Leistungsfähigkeit angelangt ist. Kein Wunder. Mittlerweile sind wir seit sieben Stunden im Sattel, seit neun unterwegs. Die Straßen waren, bis auf kurz nach der kirgisischen Grenze, durchweg Dreckpisten, die viel Aufmerksamkeit vom Piloten erfordern. Dazu der unerbittliche Wind. Der zehrt nicht nur an der Kraft, sondern auch an den Nerven. Nie ist es still.

»Ich will mich einfach nur hinsetzen. Und ein paar Minuten Stille.«

Daniel nickt verständnisvoll, sagt aber:

»Komm, nur noch acht Kilometer, dann sind wir da.« Für acht Kilometer brauchen wir normalerweise keine halbe Stunde. Bei dem Wind kann es aber auch eine Stunde sein. Ich merke, wie sich der trotzige Zwerg schon wieder in mir aufbäumt. Da schaltet sich mein Verstand dazu:

»Antonia, du kannst hier jetzt noch weiter rumheulen oder einfach aufsteigen und treten. Was meinst du, bringt dich schneller auf ein Sofa?« Scheiße! Ich nicke Daniel zu und wir treten weiter.

Es dauert tatsächlich eine Stunde, bis wir an unserem Ziel ankommen. Zu meiner Überraschung wird der Wind schwächer, sobald wir uns im Dorf befinden. Dort finden wir erst einmal Zuflucht bei Mirbeks Familie. Er quartiert uns in einem der Gästehäuser des Ortes ein und wir fallen zerschlagen in unsere Betten und schlafen zehn Stunden durch. Am nächsten Morgen erwartet uns ein in Watte gepacktes, endlich stilles Sarytasch. Es hat in der Nacht geschneit und der herbe Duft von Schnee kitzelt unsere Nasen. Wir genießen Mirbeks nicht enden wollende Fürsorge zwei volle Tage lang und fühlen uns wohlig geborgen wie noch nie. Wir werden mit selbst gekochtem Essen verwöhnt, das wir in einer echten Jurte im Garten einnehmen dürfen, die mit einem Handgeknüpften von Mirbeks Frau geschmückt ist. In satten Rottönen und mit filigranen Mustern. Beim Eingang steht ein Ofen, der die Jurte warm hält. Man bringt uns ungefragt Mittagessen und schaut den ganzen Tag nach dem Ofen und danach, dass wir immer genug heißes Wasser für Tee und Kaffee haben.

Die Kirsche auf der Wohlfühltorte sind Neru und Jan, Radlerfreunde, die wir während unserer Odyssee über den Pamir immer wieder getroffen haben. Es sind zwei wunderbar stille und sanfte Männer. Wir schaffen es, gemeinsam locker drei Stunden zu schweigen, zu lesen, uns gegenseitig Kaffee einzuschenken und dem Schnee beim Fallen zuzusehen. Es kommt mir vor wie eine Ewigkeit, seitdem ich das letzte Mal diese Art von gemütlicher Stille erleben durfte. Es ist, als würde die Zeit stillstehen, die Welt aufhören, sich zu drehen. Alles ist fokussiert auf dieses eine Zimmer im Hostel, das wir gemeinsam benutzen, in dessen friedlicher Stille wir vor uns hingammeln und einfach mal *sind,* und wo unser Körper und unser Geist sich von den Strapazen erholen können, die wir uns selbst eingebrockt haben.

Getrübt wird unser stilles Zusammensein nur durch die Tatsache, dass wir wissen, dass es andere Radler gibt, die es nicht vor dem Schneeeinbruch bis nach Sarytasch geschafft haben. Wir wissen, dass sie alles haben, um sich unterwegs auch bei Schnee selbst zu versorgen. Trotzdem hoffen wir, dass sie bald ankommen. Wir können genau nachfühlen, wie unangenehm es ist, bei diesem Wetter draußen sein zu müssen. Und ich muss Daniel gegenüber kleinlaut gestehen, dass er recht hatte, indem er uns immer wieder so zur Eile gerufen hat, ab dem Moment, als wir entschieden hatten, auch über den Pamir zu fahren. Sonst würden wir jetzt mit den anderen im Schneesturm stecken. Mein Held.

In dieser Stille denke ich auch zurück an den Moment, in dem ich schnaubend auf dem Tandem saß und alles verflucht habe. Der Moment, der wieder einmal über meine Kräfte ging. In dem ich einfach nur noch auf den Arm wollte. Und dann durfte ich ihn finden, den Schoß, den Ort, an dem ich mich von Grund auf erholen darf. In Stille, in Freundschaft. Braucht es manchmal dieses Über-die-Grenzen-Treten, um dann völlig loslassen zu können?

Diese philosophischen Gedanken sind schnell vergessen, während ich weiter gegen den Wind ankämpfe, in vollem Bewusstsein, dass es überhaupt nichts bringt, wenn ich trete wie eine Wilde und mein Po am Ende noch mehr schmerzen wird, weil ich so gezappelt habe. Ich will einfach nur heim. Jetzt.

Nach der Geborgenheit bei Mirbek fällt es uns schwer, wieder in den Tritt zu kommen. Der Körper will nicht recht und die Motivation, über die Pässe zu ziehen, war auch schon mal größer. Obwohl wir jetzt wieder auf geteerten Straßen fahren und die Pässe hier durchaus angenehm angelegt worden sind von ihren kirgisischen Bauherren: nicht zu steil und somit knieschonend. Trotzdem sind ganze vier große und mehrere kleine Pässe zu erklimmen, bevor wir unser nächstes Etappenziel, den Toktogul-See, erreichen werden.

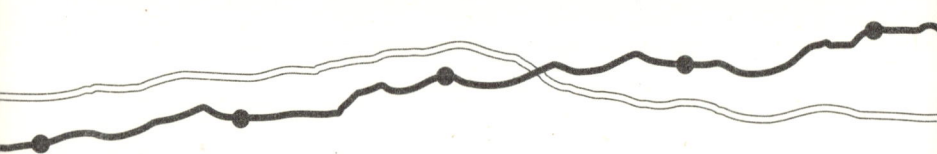

28 DIE PFERDE IM DORF LASSEN

Betretene Stille. Ich schaue in die Runde und versuche herauszufinden, ob alle schweigen, weil sie über das gerade Gehörte schockiert sind oder weil sie gern etwas dazu sagen würden, aber nicht wissen, wie.

Genís, der Katalane, hängt immer noch windschief in einer Ecke der Couch, während das ungarische Pärchen mir gegenüber betreten zu Boden schaut. Daniel links neben mir blickt die Niederländerin Anna rechts von mir, die eben gesprochen hat, weiterhin interessiert an. Da platzt es aus mir heraus: »There is not *one culture* on this earth in which this should be normal!« Ich bin selbst überrascht über die Heftigkeit, mit der mir dieser Satz über die Lippen kommt. Aber ich habe es einfach satt. Ich habe es satt, dass Frauen sich dafür verantwortlich fühlen, wenn Männer (ihre) Grenzen übertreten. Und ich habe es auch satt, dass tolerante europäische Frauen dazu tendieren, diese Männer auch noch zu verteidigen, indem sie laut fragen, ob die Männer möglicherweise etwas an ihrem Verhalten falsch verstanden haben könnten. So kulturell. Mir ist keine Kultur bekannt, in der es normal oder akzeptiert wäre, dass ein Mann eine Frau an Stellen anfasst, an die man nicht so leicht »aus Versehen« herankommt.

Ich blicke Anna direkt in die Augen und sofort tut mir meine

Reaktion leid. Einmal ausgesprochen, kann sie sich nicht länger damit trösten, dass da wohl jemand »etwas falsch verstanden hat«. Sie muss sich eingestehen, dass sie ganz platt begrapscht wurde und sich nicht dagegen gewehrt hat. Sondern, im Gegenteil, noch versucht hat, sich das Ganze schönzureden, den Täter in Schutz zu nehmen.

Schon als sie ihre Geschichte begonnen hat, hatte ich eine vage Vermutung, um was es gehen würde.

»Wisst ihr, ich wollte unbedingt die Lager der Nomaden in den Hochebenen sehen. Wie einsam es dort sein muss! Den ganzen Sommer nur Rinder oder Pferde. Weit weg von Familie und Zivilisation. Die Hirten haben uns herzlich begrüßt und uns Tee angeboten. Einer der jungen Männer hat mich gefragt, ob ich sein Pferd ausprobieren wolle. Als er mir in den Sattel half, spürte ich seine Hand direkt an meinem Hintern. Sie war dort länger als nötig. Ich habe kurz überlegt, ob ich ihn zurechtweisen soll. Aber dann überlegte ich, ob vielleicht das Angebot, das Pferd zu reiten, bereits ein kultureller Code für etwas sein könnte. Und ich es einfach nicht begriffen habe. Vielleicht ist das hier ganz normal.«

Das war der Punkt, an dem alle schwiegen und ich meinem Ärger Luft machte. Ich kenne Situationen dieser Art einfach zu gut selbst. Nicht von dieser Reise, aber von anderen, bei denen ich allein unterwegs war. Und manchmal habe ich genau so reagiert. Hätte mich einer in Deutschland so begrapscht, hätte der aber was zu hören bekommen. Aber im Ausland gilt unausgesprochen irgendwie immer die »Kulturmissverständniskarte«. Obwohl es sie gar nicht gibt. Weil es auf der Welt fast keine freizügigere und ungehemmtere Kultur gibt als die unsere. Warum sollten wir uns in einem fremden Land also zurückhalten, wenn wir belästigt werden? Um die Gastfreundschaft nicht zu verletzen? Um das

Gesicht unseres Gegenübers zu wahren? Um nicht selbst als zu »freizügig« beschuldigt zu werden?

Hier in Kirgistan ist der Brautraub übrigens noch immer ein praktizierter und anerkannter Teil der Kultur. Manchmal ist er abgesprochen. Dann weiß die zukünftige Braut zumindest, dass ihr Auserwählter sie irgendwann irgendwo abfangen und zu seiner Familie bringen wird. Aber es gibt auch die Fälle, in denen die Frau den Mann einmal zu viel angelächelt hat, und er das fatal »falsch« versteht. Dann findet sie sich in einer fremden Familie wieder, und um ihre »Ehre« zu retten, muss sie den Mann heiraten. Mich schüttelt die Vorstellung, geraubt und verheiratet zu werden, ohne das Recht auf Selbstbestimmung. Lebenslang gefangen zu sein, ohne das Recht auf Selbstverwirklichung.

Anna hat ihre Stimme wiedergefunden.

»You might be right.« Wie gesagt, es tut mir leid, dass ich so ungehalten war. Ich entschuldige mich und verabschiede mich nach draußen. Ich brauche mal ein wenig Luft und Ruhe an den Ufern des Toktogul Sees.

* * *

Der Morgen unseres Aufbruchs. Genís' Tretmühle steht auffällig eng an unserem Tandem. Ob sie sich wohl zueinander hingezogen fühlen? Ich grinse und schreibe anstelle des Tandems eine Liebesbotschaft an das andere Rad: »Hey Valentina, it was great chatting with you! Kind regards, the Tandem <3 <3 <3.« Ich freue mich schon diebisch auf den Moment, in dem Genís die Nachricht entdeckt. Auch wenn wir nicht dabei sein werden, weil wir dann bereits über alle Berge sind.

Ein Augenblick in Kirgistan

Der Sommer ist eindeutig vorbei. Nicht nur der plötzliche Wintereinbruch in Sarytasch hat uns das gezeigt, auch die morgendliche Kühle, die durch meine dünnen Wildlederschühchen in meine Füße kriecht, zeugt davon. Ich bin aber froh, dass ich sie mal tragen kann. Während wir durch die Gegend strampeln, habe ich meine immergleichen Fahrrad-Klickschuhe an und meine Füße sind froh, mal etwas anderes zu fühlen als die verstärkte Sohle. Während wir durch einen feudalen Park in Bischkek schlendern und die herrschaftlichen Bäume, die pompösen Brunnen und die eleganten Städter bewundern, muss ich an die vergangenen zwei Wochen denken.

In Sarytasch, wo unsere kirgisische Reise begann, dachte ich noch, wir würden es schaffen, in vier Tagen nach Bishkek zu radeln. Ich war müde von sechs Wochen Pamir-Gebirge und mich dürstete es nach einem Museum, nach Kunst, nach architektonischer Schönheit, die ich mir nicht erst durch körperliche Entbehrungen verdienen muss. Die Schönheit im Pamir ist natürlich da gewesen. Eben die *natürliche* Schönheit. Eine enge Schlucht, durch die sich ein kristallklarer Fluss schlängelte, links und rechts begrenzt durch braungrauen Fels. Die endlosen Hochebenen, auf denen die Jurten bereits abgebrochen waren und man ihre Abdrücke auf dem kargen Boden nur noch erahnen konnte. In den Ausläufern des Pamir, wo es eher gemächlich kalt wird, ein herbstlich buntes Tal, auf das wir von einem Pass hinabschauten. Die vielen verschiedenen

Rot- und Orangetöne zeichneten sich vor dem wolkenlosen blauen Himmel ab. Ab und zu Pferdeherden, die, in golden gefärbtes Herbstlicht getaucht, gelassen grasten. Eine kaum zu überbietende Komposition. Ich, gefangen in meiner ganz eigenen Caspar-David-Friedrich-Welt. Ausgewogen, faszinierend. Und doch kostet der Eintritt in dieses romantische Gemälde einiges. Gemarterte Körper und Ohren aufgrund von Windböen, die durch die engen Schluchten ziehen und unberechenbar an uns zerren. Klirrend kalte Finger bei den Abfahrten der zahllosen Pässe.

Dann das Sich-langsam-wieder-an-Zivilisation-Gewöhnen. An vorbeibretternde Autos, stinkende Laster und Krach, Getöse, Lärm. Irgendwie brauchen wir diesen Übergang vom Pamir nach Bischkek. Deswegen dauert er wahrscheinlich auch zehn Tage, 8000 Höhenmeter und vier lang gezogene Pässe. Die Zeitspanne stellt mich mal wieder auf eine Geduldsprobe. Ich bin hin- und hergerissen zwischen der verklärten Schönheit der Landschaft und dem Bedürfnis, einfach mal auszuruhen. Dass ich die Erwartung hatte, dass das alles schneller gehen würde, macht es natürlich nicht besser. Doch wie immer kommen wir auch dieses Mal irgendwann an. In Bischkek, der Hauptstadt der Kirgisen.

Und ich darf meine Radschuhe gegen meine Wildlederschühchen tauschen. Den Sattel gegen das Sofa. Meine gemäldeartige Landschaft gegen ein echtes Museum. Und die wilde Abenteurerin in mir darf sich in eine urbane Entdeckerin verwandeln. Mit vielen Pausen dazwischen, um wieder zu Kräften zu kommen. Wie sehr ich die Zivilisation genieße! Das warme Wasser, das aus dem Duschkopf auf mich herabrieselt, das Gemüse, das ich kaufen und mir selbst zubereiten kann, das Leben um mich herum, das sich wenig um die Jahreszeiten schert, das sich in Sicherheit wiegt vor den Härten der Natur.

»Kaffee?« Das lässt sich Daniel nicht zweimal fragen. Heiß, duftend, ohne dass wir dafür einen Finger rühren müssen. Wie herrlich einfach sich das Leben anfühlt, wenn die Erfahrung der Entbehrungen noch frisch ist. Das gilt es zu genießen.

Kashgar wiegt sich unter mir sanft hin und her. Ich lasse ihn schon einige Zeit am langen Zügel laufen. Die Steppe nahe dem Yssyk-köl-See ist weitläufig und er kennt den Weg sowieso. So habe ich mehr Zeit, um mich auf die Umgebung zu konzentrieren. Kleine Büsche, trockene rote Erde, darüber ein wolkenloser blauer Himmel. Joki mit seiner Stute vor, Daniel auf dem Wallach Kara hinter uns.

Ich genieße den warmen Geruch des Pferdes und vergrabe meine Hände in seiner Mähne. Was für wunderschöne, sanfte Wesen. Ich bin überglücklich, dass wir unseren Drahtesel für drei Tage gegen echte Pferde getauscht haben. Bei einer Pause in Osh haben wir vor Kurzem einen Film über die kirgisische Nationalheldin Kurmanjan Datka gesehen. Sie war eine Visionärin und hat das Schicksal ihres Volkes entscheidend mitgeprägt. Und das schon ab den 1860er Jahren. Da trat sie nämlich nach dem Mord an ihrem einflussreichen Mann und dem lokalen Machthaber Alimbek Datka im Jahr 1862 in dessen Fußstapfen. Und war damit die erste Frau überhaupt, die in Kirgistan die Geschicke des Volkes leitete. In dieser Position verhinderte sie nicht nur die Spaltung der vielen kirgisischen Nomadenvölker, sondern konnte auch Konflikte mit der Besatzungsmacht Russland größtenteils unblutig lösen, auch wenn sie dafür hohe persönliche Opfer brachte. Die Kirgisen verehren sie für ihre Weisheit und ihren Mut und so ziert sie bis heute die 50-Som-Banknote. Kurmanjan Datka hatte natürlich auch ein Pferd und ist geritten wie der Teufel. Sie ist meine Inspiration und ich stelle mir vor, wie ich stolz durch die Prärie reite, um im nächsten Konflikt weise zu vermitteln. Dann muss ich allerdings lachen. Denn Daniel versucht gerade wieder verzweifelt, den gefräßigen Kara davon abzuhalten, an einem Strauch zu knabbern. Aus der Traum von den großen Taten im wilden Osten.

Unser Guide Joki, der uns die nächsten Tage durch die kirgisische Steppe begleiten wird, erklärt, dass Kara bei größeren Gruppen sonst das Gepäck trägt. Deswegen ist er es gewohnt, sich zurückfallen zu lassen und zu naschen. Darum interessiert es Kara auch herzlich wenig, dass Daniel versucht, ihn krampfhaft dazu zu bewegen, weiterzugehen. Daniel ist der beste Tandempilot der Welt, keine Frage, aber den Gaul kriegt er einfach nicht von der Stelle. Zugegeben, die Pferde sind halbwild. Überall in Kirgistan ziehen sie in großen Herden vor der beeindruckenden Kulisse der verschneiten Bergketten durch die vielen Hochtäler. Oder sie werden von kirgisischen Cowboys tagelang von ihren Sommerweiden wieder ins Tal getrieben. Immer wieder übernachten wir an Stellen, an denen vorher die Herden samt Cowboys gelagert haben. Leider treffen wir nie welche an, wir sind immer zu spät. Zu gern hätte ich mehr über dieses Leben erfahren. Ich überlege, dass wahrscheinlich auch die meisten Kirgisen nichts über das Leben dieser Cowboys wissen. Wenn sie auf den Straßen unterwegs sind, stören die Pferdeherden eher, werden meist unsanft von den Geländewagen aus dem Weg gehupt und die Cowboys nicht gegrüßt. Es prallen einfach zwei Welten aufeinander. Menschen, die mit der Natur arbeiten, wissen, dass Dinge Zeit brauchen. Die Autofahrer aber wollen einfach so schnell wie möglich von A nach B gelangen. Sie sehen die Cowboys mit ihren Herden als Hindernis, das ihnen den Weg versperrt. Sie romantisieren sie nicht so, wie ich es tue, haben schlicht kein Gespür dafür, wie verstörend es für die Tiere ist, wenn sie ihre Herde mit dem Wagen durchtrennen, scheinen die weit aufgerissenen Augen, das aufgeregte Wiehern, die angespannten Körper gar nicht wahrzunehmen. Oder es ist ihnen einfach egal.

Kirgistan erleben wir allgemein als ein Land zwischen zwei Welten und im Umbruch. Die Städte sind voller hipper Cafés und Restaurants und es gibt wunderbar gepflegte Parks und alte Sowjetbauten. Wir begegnen Russen, Usbeken, Tadschiken, Kasachen, Tataren – und uns fällt auf, dass wir tatsächlich inzwischen in der Lage sind, die Unterschiede zwischen den verschiedenen Ethnien zu bemerken und sie voneinander abzugrenzen.

Auf der anderen Seite gibt es noch das traditionelle Kirgistan. Zu dem auch die Cowboys gehören. Halbnomaden, die ihre Schaf- und Pferdeherden auf Sommerweiden grasen lassen, um dann in tieferen Lagen mit den Tieren zu überwintern und von ihren mobilen Jurten wieder in Steinhäuser umzuziehen.

Jetzt, zu dieser Jahreszeit, sind nur noch wenige dieser Jurten übrig, der Winter naht. Von außen sind diese traditionellen Zelte meist schlicht weiß, sie sind aus Ziegen-, Schaf- oder Pferdehäuten genäht, in der heutigen Zeit auch manchmal ganz pragmatisch aus LKW-Plane gefertigt. Betritt man eine Jurte, stockt einem erst einmal der Atem. Denn bewundernswert ist das fein geschnitzte Gestell aus Holz, die wunderschönen, meist von den Frauen der Familien geknüpften Teppiche auf dem Boden und der bunte Wandschmuck. Die vielen Blumenmuster und der meist rote Grundton des Interieurs erzeugen eine Gemütlichkeit, die ich selten erlebt habe. Zottelige Schaffelle auf dem Boden machen das Ganze noch heimeliger. Man sitzt auf dem Boden, gebettet in mehrere Lagen Teppiche, Kissen und Tierfelle. Die Schuhe lässt man innen am Eingang stehen und kann so gemütlich im Schneidersitz am niedrigen Tisch sitzen. Na ja, mehr oder minder gemütlich. Da wir als Europäer eher gewohnt sind, auf Stühlen zu sitzen, mäkeln die Hüften schon nach wenigen Minuten. Ich habe ein wenig Übung durch Yoga, Daniel schafft es gerade so, die Hauptspeise in dieser Haltung einzunehmen, danach muss er seine Beine wieder zusammennehmen und angewinkelt auf eine Körperseite bringen, um weiteressen zu können. Ich bewundere die älteren Damen, die diese Sitzhaltung ihr Leben lang trainiert haben. Sie sitzen bis ins hohe Alter stundenlang am Tisch wie Buddha persönlich und im Stehen können sie mit Leichtigkeit ihre Zehen berühren, wenn sie sich vornüberbeugen. Nur beim Aufstehen bemerkt man manchmal, dass sie nicht mehr die Jüngsten sind. Ansonsten würden sie in einer Yogaklasse in Europa eindeutig die beste Figur machen. Ich bin fasziniert, welche Macht Gewohnheiten auf uns haben und wie sie unsere Körper formen.

Würde Daniel nicht schon seit zehn Jahren mindestens einmal am Tag für eine Stunde mit gekrümmtem Rücken auf seinem Rennradsattel sitzen und den Rest mehr oder minder auf einem Stuhl oder liegend verbringen, würde das mit dem Reiten heute vielleicht ein bisschen besser funktionieren. Inzwischen sitzt er etwas gepeinigt linkslastig auf Kara, weil einer seiner Steigbügel zu kurz ist und er einen Krampf im rechten Fuß hat. Außerdem tut ihm der Allerwerteste weh. Ich erbarme mich, steige ab und verlängere seinen Steigbügel. Das bringt ein wenig Entlastung, trotzdem ist klar, dass unser Nachwuchs-Cowboy bald die Faxen dicke hat.

Ich schwinge mich wieder auf Kashgar und treibe ihn an, bis ich in leichtem Galopp Joki erreiche. Es ist Zeit für eine Pause. Joki grinst verschwörerisch und treibt seine Stute an, er will ein Wettrennen mit mir veranstalten. Ich blicke nach hinten und frage mich, ob in Kara noch so viel Herdentier verborgen ist, dass er sich vielleicht doch von seinen Büschen losreißen und uns in gestrecktem Galopp hinterherjagen kann, wenn er sieht, dass seine Freunde davongaloppieren. Dann schüttele ich jedoch den Kopf und Joki zuckt mit den Schultern. Es ist nur ein Gefühl, aber ich habe den Eindruck, dass Gleichberechtigung für viele Kirgisen kein Thema, sondern Realität ist. Nur nicht offensichtlich. Männer dominieren schon noch die Chefpositionen und ich glaube zu beobachten, dass der Mann auch das offizielle Familienoberhaupt ist. Aber die Frauen entscheiden mit, haben ihre eigenen Clubs und Zusammenkünfte. Bei Joki ist mir aufgefallen, dass er im Haushalt mithilft und eine Zärtlichkeit an den Tag legt, wenn er über seine Frau spricht, die ich nicht erwartet hätte. Auch das existiert also. Neben den Brautrauben. Vielleicht ist das Leben eben doch nicht schwarz oder weiß. Oder diese Familie ist eine Ausnahme.

Joki und ich richten das Mittagessen her, während Daniel auf Kara zu uns aufschließt. Ich nehme einen Apfel und beschließe, dass nicht ich, sondern Kashgar ihn verdient hat. Ich strecke meinen Arm aus und biete ihm den Apfel auf der flachen Hand an. Seine weiche Schnauze streift meine Handinnenfläche, als er den Apfel mit lang gestrecktem Hals entgegennimmt. Ich streichle den hellen Fleck auf seiner Stirn und kraule ihm die Mähne. Dabei blicke ich in die Ferne und gebe mich wieder meinen Tagträumen von mutigen Frauen und galoppierenden Verfolgungsjagden hin.

30 SATT

Tag zwei hoch zu Ross. Der Anblick des Tisches haut mich fast um. Ich meine, noch nie eine solche Fülle gesehen zu haben, auch wenn wir auf unserer Reise bereits an einigen reich gedeckten Büfetts Platz nehmen durften. Aber dieses sprengt tatsächlich meine Aufnahmefähigkeit. Es sind eigentlich auch mehrere Tische, L-förmig zusammengeschoben. Auf der Tafel sind eine Menge Schüsseln und Platten verteilt, die alle geradezu überquellen, dazwischen liegt frittiertes Brot wie Konfetti verteilt, direkt auf der blumigen Wachstischdecke. Salzig und süß sind wild gemischt. Die Marmelade steht neben dem Fischsalat. Die Farbenpracht ist überwältigend, ich frage mich kurz, ob man sich so wohl im Bann einer psychedelischen Droge fühlt.

Unsere Gastgeber bedeuten uns, Platz zu nehmen, und wir lassen uns an einer Ecke der Tafel nieder. Wir sind mitten in ein Familienfest geplatzt. Auch wenn es wirkt, als würde hier gleich eine Hochzeitsgesellschaft verköstigt werden, so sind es doch eigentlich »nur« fünf Erwachsene, dazu kommen Joki und wir und sechs Kinder. Während die Erwachsenen Höflichkeiten mit Joki austauschen, laut lachen und uns mit Blicken und Händen zu verstehen geben, dass wir essen sollen, stehen die Kinder eng aneinandergedrückt im Türrahmen und knabbern an ihren Lollis.

Daniel und ich versuchen herauszufinden, was genau sich in den Schüsseln verbirgt. Um die Platten mit den großen Fleischstücken machen wir einen Bogen. Fleischgerichte haben wir bisher in Zentralasien genug gegessen. Ich muss an die vielen Situationen denken, in denen wir einen der fünf zentralasiatischen Klassiker serviert bekamen.

Klassiker Nummer eins: Laghman. Ein Gericht aus Fleisch, Gemüse und langen, schmalen Nudeln, die in einer dunklen, sämigen Soße aus Paprika schwimmen. Irgendwie erinnert mich das Ganze an Gulasch. Lecker!

Klassiker Nummer zwei: Mante – der große Bruder der kleinen türkischen Manti –, eine maultaschengroße Teigtasche mit sehr variierendem fleischlichem Inhalt. Mit »variierend« meine ich nicht, dass es verschiedene Arten von Fleisch darin gibt, es ist wohl meist Schaf, sondern dass das prozentuale Verhältnis zwischen Fleisch- und Fettklumpen sehr unterschiedlich gewichtet sein kann. Der Fettanteil ist oft so unwahrscheinlich hoch, dass Daniel die entsprechenden Klumpen mit Kartoffelstückchen verwechselt. Es ist hart, immer wieder die Vorfreude aus seinem Blick weichen zu sehen, wenn er abbeißt und realisiert, dass es gar keine Kartoffeln sind. Mitfühlendes Schulterzucken meinerseits.

Klassiker Nummer drei: Plov. Reis mit nur wenigen Zwiebeln und Karotten, dafür aber in viel Öl angebraten. Dazu immer ein wenig – genau – Fleisch obendrauf.

Klassiker Nummer vier: Somsa. Im Tonofen gebackene, calzoneähnliche Teigtaschen. Leider oft mit einer Füllung, die schrecklich doll an die von Mante erinnert. Außerdem sind Somsa regelrecht gefährlich. Wenn der hungrige Radler nämlich zu früh herzhaft in die Teigtasche beißt, verbrennt er sich nicht nur gewaltig die Zunge, sondern auch die Hand, die die Somsa hält. Dann spritzt der extrem heiße Fleischsaft in alle Richtungen und im schlimmsten Fall muss man das triefende Ding plump auf den Tisch fallen lassen, um schwereren Verbrennungen vorzubeugen.

Klassiker Nummer fünf: Suppe. Eine klare Brühe mit vereinzelten Karotten- und (diesmal echten) Kartoffelstücken – und riesigen Fettaugen, die wohl von dem mächtigen Stück Fleisch in der Mitte herrühren.

Alles in allem also eine extrem fleischlastige Küche, die nach zwei Monaten auch sehr eintönig werden kann. Und zwar so eintönig, dass ich die Fettaugen manchmal böse zurück angestarrt habe. Als würden sie sagen: »Ich kann doch auch nichts dafür, dass du immer an einem Stück Fleisch, sehnig oder weniger sehnig, herumnagen musst!«

Zur Verteidigung der zentralasiatischen Küche muss man sagen: Die Bevölkerung hier besteht nun einmal aus ehemaligen (Halb-) Nomaden und ist deswegen daran gewöhnt, Fleisch in rohen Mengen zu vertilgen. Und die Restaurants servieren in der Regel das, was die Menschen erwarten und eben gern essen. Wenn jemand zwei Monate durch den Schwarzwald radeln würde, würde er schließlich auch täglich Spätzle vorgesetzt bekommen. Ein Lichtblick in dieser karnivoren Zeit ist immer wieder die ein oder andere Gastfamilie, die uns überrascht und etwas Abwechslung in den Speiseplan bringt. Wie auch diese Familie, wie wir letztendlich erfreut feststellen. Sie lebt nämlich an einem kleinen See und deswegen steht nicht nur Fleisch, sondern auch Fisch auf ihrem Speiseplan.

Daniel und ich probieren uns durch die Schüsseln und sind froh, Joki dabeizuhaben. Der kennt seine westlichen Pappenheimer mittlerweile gut genug, um uns in vollendeter Höflichkeit in Bezug auf unsere Gastgeber davor zu bewahren, von dem uns angebotenen Schafkopf essen zu müssen. Wären wir allein zu Gast in einer Jurte am Ende der Welt und könnten uns nicht verständigen, hätten wir uns niemals getraut, dieses großzügige Gastgeschenk abzulehnen. Es ist wirklich eine besondere Ehre, vom Schafkopf essen zu dürfen. Wir ernten natürlich trotzdem verständnisloses Kopfschütteln, der Schafkopf gilt als Köstlichkeit sondergleichen. Wir sind auf zweierlei Weise froh: einmal, dass wir der Familie nicht ihr Lieblingsstück wegessen müssen, und dann auch, weil wir es gar nicht hätten genießen können.

Während wir uns genüsslich durch die Leckereien naschen, werden wir von den drei kleineren Kindern aufmerksam beobachtet. Während Joki das Schafkopfangebot dankend angenommen hat und gerade mit einem scharfen Messer jedes noch so kleine Stückchen Fleisch vom Knochen schabt, betrachte ich die Kinder meinerseits genauer. Erst jetzt nehme ich wahr, dass das, woraus mein Kopf ganz automatisch Lollis gemacht hatte, Schafsfüße sind. Die Kinder stehen im Türrahmen und nagen an den Hufen gebratener Schafsfüße herum! So viel zur kulturellen Prägung: Wir sehen vor allem das, was wir erwarten. Na ja. Über Geschmack lässt sich nicht streiten. Und: Das gibt auf jeden Fall weniger Karies als von Lollis.

Nach dem Essen ziehen wir uns in das kleine Zimmer zurück, das die Familie extra für Touristen angebaut hat. Vor der Tür fällt mir der dunkle Fleck aus getrocknetem Blut auf. Hier hat das Schaf wohl seinen letzten Atemzug getan und durfte dann kopfüber ausbluten, wie es der Islam in eng gefassten und strengen Regeln nun einmal dafür vorschreibt.

Vor dem Einschlafen denke ich noch mal an die Kinder. Und gestehe mir selbst ein, dass sie ein ungeschminkteres Leben leben als wir. Bei uns zu Hause lässt sich der Gedanke, dass ein Tier für das Steak auf dem eigenen Teller wirklich *sterben* muss, recht leicht ausblenden. Hier geht das nicht. Hier ist man live dabei, wenn das Tier getötet wird, und man kann es auch noch als Tier erkennen, wenn es auf dem Teller liegt. Dass das so ist und dass wirklich alle Teile des Tiers, von Kopf bis Huf, verwertet werden, zeigt aus meiner Sicht eine große Wertschätzung diesem Lebewesen gegenüber.

Zum Frühstück werden die Innereien gereicht. Mein Geruchssinn ist morgens besonders gut und so habe ich ein wenig Mühe, das Ei auf meinem Teller mit Genuss zu essen, während die anderen sich herzhaft an Kutteln, Leber und Nierchen gütlich tun. Zwischen meinen Übelkeitsanfällen bin ich fasziniert, wie selbstverständlich auch die Kinder das alles zum Frühstück verzehren. Es liegt natürlich an mir, dass ich das als »unnormal« empfinde. An meiner Interpretation der Wirklichkeit. Denn noch mal: Das Tier hat sein Leben gegeben für diesen Festschmaus. Trotzdem habe ich die ganze Fleischsache ein wenig satt. Ich hatte sie auch schon in Deutschland satt. Ich habe gelesen, dass 70 Prozent des Fleischs, das in Deutschland gegessen wird, über den Discounter bezogen wird. Was das für die Tiere heißt, ist offensichtlich: Massentierhaltung, Antibiotika, Standschäden, kein Tageslicht. Da finde ich das Abnagen eines Hufs dann doch schon fast appetitlich.

Was Klassiker der Esskultur betrifft, hoffe ich nun auf Kasachstan. Vielleicht gibt es dort Neues zu entdecken. Morgen werden wir die 23 Kilometer bis zur kasachischen Grenze abstrampeln. Ich freue mich.

31 VERWÖHNPROGRAMM UND VORURTEILE

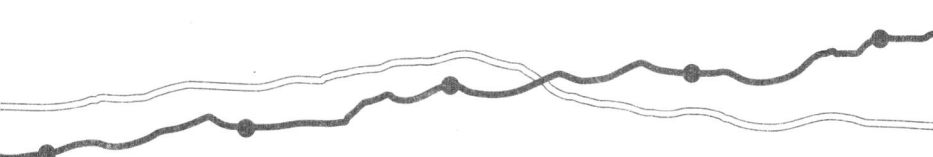

Ich stehe in der Tür. Mein Blick fällt noch einmal auf die Wohnung, die uns so viel Freude bereitet hat. Der knarrende Holzboden im Flur, das gemütliche Bett rechts, die heimelige Küche links. Und der kleine Wintergarten, den man durch die Küche erreicht. Ein windschiefes Gebilde, dessen Boden sich ein wenig nach unten neigt. Es ist gerade mal eine knappe Woche her, dass wir im 230 Kilometer entfernten Bischkek unser eigenes Apartment hatten. Doch irgendwie hat sich die kurze Zeit in Almaty angefühlt, als wären wir hier zu Hause. Wir hatten wieder einmal Zeit, ohne Plan durch die Stadt zu streunen, uns treiben zu lassen, zu beobachten. Dabei haben wir den Markt entdeckt, der direkt vor unserer Haustür beginnt und für den die ursprüngliche Autostraße in eine Fußgängerzone verwandelt wurde. Nichts Besonderes in Europa, aber eine Seltenheit in Zentralasien. Hier hat der motorisierte Verkehr gefühlt immer Vorrang. Nicht so in Almaty, der größten Stadt Kasachstans. Hier gibt es sogar Leihräder, wie man sie aus den größeren Städten in Deutschland kennt. Allgemein ist die Stimmung irgendwie kosmopolitisch. Es gibt Street Art auf den Wegen und an Häuserfassaden.

Wir können problemlos ein paar praktische Dinge erledigen. Unsere arg mitgenommenen Shirts werden einer Generalüberholung bei einer Schneiderin unterzogen, Daniel bekommt mal wieder einen Haarschnitt verpasst und lässt sich seinen 60-Tage-Bart ganz aus dem Gesicht raspeln. Ich lasse mich eines Abends genüsslich in den gepolsterten Sessel eines Schönheitsstudios fallen und mir meine zugerichteten Füße aufhübschen. Ich schäme mich zwar ein bisschen, weil die arme Kosmetikerin so viel Hornhaut wegrubbeln muss, freue mich dann aber über das leuchtende Rot, das im Anschluss meine Fußnägel ziert. Es wird die nächsten zwei Monate makellos halten.

Bei unseren ausgedehnten Erkundungstouren landen wir auch auf dem größten Markt Almatys: dem Green Bazaar. Hier gibt es nichts, was es nicht gibt. Ich erspähe eine Frau, die kleine weiße Ringe verkauft. Ich schleiche mich näher heran und erkenne den Geruch: Pfannkuchenteig! Wir bestellen ein Tütchen voll und es regnet Puderzucker darüber. Schmatzend verlassen wir den Markt. Nachdem wir eine Weile umhergelaufen sind und dabei fast alle zuckrigen Kringel vertilgt haben, sehe ich einen Mann auf einer Parkbank sitzen. Es ist klar, dass sie sein Zuhause ist. Sie ist voller Decken und Kleidung, alles penibel zusammengefaltet. Sein weißes Haar ist länger, als es hier üblich ist. Seine Kleidung abgewetzt. Plötzlich kann ich seine Traurigkeit spüren. Die Art von Traurigkeit, die man nach einem schweren Verlust verspürt. Ohne Reue, ohne Selbstmitleid. Ich fühle mich magisch von ihm angezogen und gehe wie ferngesteuert auf ihn zu. Meine Hand streckt sich aus, ich halte ihm das kleine Päckchen mit den Pfannkuchenringen entgegen. Ich bin ihm sehr nahe, trotzdem bemerkt er mich nicht. Erst als ich mit dem Tütchen seinen Oberschenkel berühre, schaut der Mann mich an. In diesem Moment lasse ich das Tütchen einfach los und gehe weiter, ohne noch einmal zurückzusehen. Ich weiß selbst nicht genau, warum ich so schnell weitergehe, irgendwie ist es mir unangenehm. Unangenehm, wie wenn ich in Deutschland jemanden sehe, der auf einer Parkbank wohnt, und dabei einen gewissen Widerstand in mir spüre. Ich frage mich dann immer, warum man dieses Leben wählt, anstatt sich irgendwie helfen zu lassen. Mir ist klar, dass man nicht immer die Wahl hat – trotzdem gruselt es mich ein wenig. Ich habe Angst. Angst, dass der Mann die Kringel in der Tüte entdecken und dann enttäuscht oder böse sein könnte. Weil ich ihm nur das gebe. Weil ich nicht mehr für ihn tue, obwohl ich das sicherlich könnte.

Einen Moment später höre ich den Mann hinter uns herrufen: »*cnacuбo*« – »Danke«. Er ruft es immer wieder und wieder. Erst jetzt wage ich, mich umzudrehen, lächle und nicke. Doch er schaut gerade mit weit aufgerissenen Augen auf die Pfannkuchen, als wären sie ein Schatz. Er nimmt einen Kringel aus der Tüte und beißt hinein. Seine Gesten sind andächtig. Er lässt das Stück ohne zu kauen einen Moment in seinem Mund, als würde er den Puderzucker zum Schmelzen bringen wollen. Er scheint völlig aufzugehen im Genuss der Süßigkeit. Ich lasse ihn mit seinem Moment der Freude allein, drehe mich wieder um und gehe weiter.

Das Bild lässt mich jedoch den ganzen Tag nicht los. Das Leben hat mir wieder eine Möglichkeit geschenkt, mir über meine Vorurteile Gedanken zu machen. Ich nehme diese Möglichkeit an.

An all das muss ich denken, während ich auf der Türschwelle unseres Apartments in Almaty stehe. Mit dem Türknauf in der Hand. Gleich werde ich die Tür zuziehen und wieder einen Ort verlassen, der mir Geborgenheit geschenkt und mir etwas Wichtiges beigebracht hat. Ich atme ein und schließe die Tür.

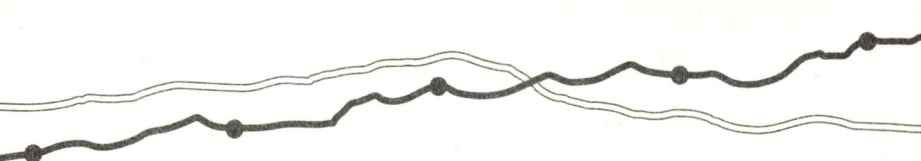

»*Fǎlánkèfú?*«, fragt der chinesische Grenzbeamte uns noch einmal. Ich lächle ihn erneut einnehmend an, schüttle den Kopf und
hebe die Arme in einer Geste der Unwissenheit. Ich verstehe leider nicht, was er von mir will. Wir sind gerade fünf Kilometer
durch das kasachisch-chinesische Grenzgebiet von 霍尔果斯
市 – Korgas – geeiert, wobei wir nicht glauben konnten, was wir
sahen: in der Ferne aufragende Hochhäuser mitten in der Steppe.
Es scheint, als wolle China gerade an der Grenze zeigen: Wir sind
ein moderner Staat mit beeindruckender Infrastruktur.

Aus Kasachstan, in dem wir insgesamt nur zehn Tage weilten,
konnten wir sehr entspannt ausreisen: Keiner wunderte sich, dass
jeder von uns zwei Reisepässe besitzt, in einem der Einreisestempel für Kasachstan, im anderen das Visum für China. Auch der
kasachische Beamte, den wir vorsichtig aus seinem Mittagsschlaf
weckten, den er gerade auf einer Pritsche neben dem Schalter
hielt, als wir eintrafen, winkte uns freundlich weiter und setzte
sein Schläfchen danach einfach fort.

Doch nun stehen wir vor diesem vermeintlich freundlichen
Chinesen, der mir bis zur Brust reicht, und der uns einfach nicht
vorbeilassen will, um ins Grenzgebäude zu gelangen, bis er weiß,
was er wissen will. Immerhin nehmen wir irgendwann an, dass es

um unser Herkunftsland gehen muss. Dummerweise habe ich mit meiner Chinesisch-Lern-App nur Sachen wie »Ich liebe Nudeln« gelernt, um zu verhindern, dass wir weiterhin ausschließlich Fleischgerichte angeboten bekommen. Woran ich nicht gedacht habe: den Namen meines Heimatlandes auf Chinesisch zu lernen. Bis jetzt haben unsere Gegenüber »*Allemanha*«, »*Germania*« oder sogar »Deutschland« immer wunderbar verstanden. Nicht so in China.

Der Mann tippt immer wieder auf unser Visum und fragt »*Fǎlánkèfú?*«. Also bemühe ich aufs Geratewohl unsere Übersetzungs-App und versuche auszusprechen, was da steht. »Déguó«, sage ich. Er schaut nicht überzeugt. Ich halte ihm das Telefon vor die Nase.

»Ahhhh, Déguó!«, sagt er. Der Klassiker. Irgendetwas an meiner Aussprache scheint in der fremden Sprache schwer verständlich. Aber zumindest dürfen wir weiter. Und da schlägt es wie ein Blitz ein: Der Beamte hat die ganze Zeit »Frankfurt« gesagt. Das steht als Ausstellungsort des chinesischen Visums in unserem Pass. Und er weiß natürlich nicht, zu welchem Land der in seinen Augen beinahe aberwitzig winzigen Länder in Europa diese Stadt gehört. Mal wieder Demut geübt und verstanden, dass Europa nicht der Nabel der Welt ist. Die erste Hürde ist geschafft, mal sehen, was noch kommt.

Wir landen in einer riesigen Halle, in der absolut nichts los ist und zehn chinesische Beamte sich gähnend zu Tode langweilen. Ich marschiere auf einen von ihnen zu, um herauszufinden, wie das mit dem Tandem laufen soll. Man kann ein wenig Englisch und bedeutet uns, das Tandem zusammen mit dem anderen Gepäck durch den Scanner zu schieben. Machen wir, das sind wir ohnehin schon von anderen Grenzübergängen gewohnt. Allerdings gucken wir ganz schön blöd aus der Wäsche, als der freundliche Beamte uns bittet, uns auch selbst auf das Band zu stellen. Der Personenscanner ist leider kaputt. Ich komme mir vor wie eine Wurst auf dem Fließband kurz vorm Verpacktwerden und frage mich, warum einem in Deutschland vor dem Röntgen beim Arzt eine schwere Schürze umgelegt wird, während das hier in China offenbar ganz ohne geht.

Bei der Eingangskontrolle im Anschluss macht ein freundlicher Herr Bilder von uns und haut einen Einreisestempel in unseren Pass. Wenn wir möchten, können wir ihn dafür per Knopfdruck mit Smileys bewerten. Erst jetzt kommt die Gepäckkontrolle. Wir laden wieder alles ab und die Taschen laufen durch den Scanner. Das Tandem darf wieder außen rum. Dann sind wir frei.

Draußen erwartet uns eine gewaltige Allee. Wir sind geflashed. Überall wird gebaut, an jeder Ecke stehen drei bewaffnete Polizisten, die Straßen sind neu, es gibt Pagoden und ein Schild außerhalb der Stadt, das uns verbietet, mit dem Fahrrad auf der Autobahn zu fahren. Es gibt also wieder Regeln. Ungewohnt und verstörend, irgendwie.

Da wir gerade durch zwei Zeitzonen gesprungen sind (in China gibt es nur eine Zeitzone, obwohl es wegen seiner Größe eigentlich fünf haben müsste, und die orientiert sich an Peking, auch wenn das 5000 Kilometer weit weg ist) und Grenzen immer anstrengend sind, halten wir erst mal für das Mittagessen. Wir knabbern an unserem aus Kasachstan mitgebrachten Brot herum und können nicht fassen, wie sehr sich die Welt an einer Grenze verändern kann.

Na ja, zumindest von »außen«. Denn als wir noch mal halten, um eine wärmende Suppe zu uns zu nehmen, stellen wir fest, dass man auch hier Laghman bestellen kann. Nur, dass man ihn in China mit Stäbchen anstatt mit dem Löffel isst. Das Muster der Schüsseln entspricht dem, das wir aus Usbekistan kennen: weiße Baumwollblüten auf dunkelblauem Grund. Und das breite Grinsen, das uns unser Gastgeber schenkt, als wir uns mit »Rahmat« bedanken, das von Usbekistan bis Kasachstan geläufig ist, zeigt uns einmal mehr, dass von Menschen gezogene Grenzen nur augenscheinlich bestehen. Kulturen und die Natur dehnen sich über sie hinaus aus. Notfalls auch versteckt vor einer Regierung, die eine »Leitkultur« durchsetzen möchte.

Wir fahren noch 25 Kilometer, knapp über eine Stunde, und wollen uns dann ein Hotel in 城西三村 – Chengxisancun – gönnen. Im ersten Hotel, das wir betreten – durch einen Metalldetektor –, werden wir abgewiesen. In China dürfen nur bestimmte Hotels Ausländer aufnehmen. Ein Hotel muss eine Konzession für die »ausländischen Freunde« bei der örtlichen Polizei anmelden. Das ist ein großer Aufwand, den nicht alle Hotelinhaber auf sich nehmen wollen. Also müssen sie den ausländischen Gast abwimmeln. Uns, in diesem Fall. Wir ziehen also weiter zum nächsten Hotel. Dort müssen wir abermals durch den Metalldetektor schreiten, dürfen dann aber auch einchecken. Nicht jedoch, bevor auch all unsere Taschen einmal durch den Scanner gesummt sind. Und wir ein Pfand hinterlegt haben. Dann schließen wir erst einmal die Zimmertür hinter uns und dürfen (hoffentlich) ein wenig Privatsphäre genießen. Denn sonst sind überall Kameras. Auf den Straßen, im Hotelflur, in den Geschäften. Für Xinjiang, die Provinz, in der wir uns befinden, gelten besondere Regeln und Sicherheitsvorkehrungen seit den ethnischen Unruhen im Jahr 2009. Die Uiguren, eine turksprachige Ethnie, die hier die Hälfte der 29 Millionen Einwohner ausmacht, aber eine Minderheit ist, hatten gegen die chinesische Regierung demonstriert. Dabei waren mindestens 50 Menschen getötet, viele weitere verletzt, andere festgenommen und verurteilt worden. Meine damalige Annahme, es gebe Umerziehungs- und Arbeitslager für die ethnische Minderheit, ist mittlerweile eine Tatsache.

Ich lese mit großem Interesse Artikel zu diesem Thema und bin sehr zwiegespalten. Einerseits verurteile ich jegliche Gewalt auf das Schärfste, andererseits hege ich aber auch ein gewisses Verständnis für die Uiguren, deren Kultur von der vorherrschenden Han-Kultur stark eingeschränkt oder unterdrückt wird.

Die Kameras sind das eine. Dazu beschäftigt jedes größere Geschäft, jeder öffentliche Markt, jedes Hotel, das wir betreten, Sicherheitsmänner, in Yining werden sogar einmal unsere Ausweise fotografiert, als wir in einem Café einen Kaffee trinken wollen. An jeder Ecke gibt es Polizei mit fiesen spitzen Schlagstöcken und in voller Kampfmontur. Und immer mal wieder sehen wir Bürgerwehren mit hölzernen Schlagstöcken patrouillieren. Tankstellen und Schulen gleichen Hochsicherheitstrakten mit Stacheldraht und Polizeiaufgebot. Jede Stadt, jedes Dorf hat ihren und seinen eigenen Checkpoint. Ganz schön verrückt. Und unheimlich. Denn so viel »Sicherheits«-Präsenz schafft, im Gegenteil dazu, sich sicher zu fühlen, eine angespannte bis latent aggressive Stimmung.

Pudelwohl fühlen wir uns hingegen auf den chaotischen uigurischen Märkten, die unter freiem Himmel stattfinden, wo es überall qualmt und nach gebratenem Fleisch riecht. Wo die Schafsköpfe und Kuhfüße ordentlich nebeneinander aufgereiht sind und Männer mit langen Bärten Tee an einem Tisch trinken, der mitten auf der Straße steht. Eigentlich gar kein so großer Unterschied zu den chinesischen Märkten, auf denen es auch überall nach Gebratenem riecht, dampft und qualmt. Ich verschlinge genauso gern die gegrillten Süßkartoffeln auf dem uigurischen Markt wie die köstlichen Süßigkeiten auf den chinesischen Märkten.

Als wir einen Platten auf einer langen, geraden Straße haben, lernen wir ein paar Uiguren kennen. Sie sammeln am Seitenstreifen tatsächlich den Müll auf – ein seltenes Bild. Die Frauen tragen Kopftuch, die älteren Männer die Tubeteika, eine traditionelle zentralasiatische Kopfbedeckung, die meist quadratisch ist und aus festem Papier besteht oder gehäkelt ist und bunt bestickt. Ein älterer Herr legt seine Hand aufs Herz:

»*Yardım?*« – »Hilfe?« Dann folgt das typische Woher, Wohin, Warum. Die Männer scharen sich um Daniel, die Frauen um mich, dabei kichern sie. Eine kneift mich in die Wange, um mir zu zeigen, dass sie mich süß findet. Ich fühle mich wohl. Leider kennen wir nicht genug gemeinsame Wörter, um ein richtiges Gespräch führen zu können. So gern hätte ich sie gefragt, wie sie die Lage in ihrer Heimat empfinden und die viele Militärpräsenz. Ein kleines bisschen bin ich aber sogar froh, dass wir uns nicht wirklich austauschen können – wer weiß, vielleicht könnten meine Fragen ihr gefährlich werden.

Als ich später mit geflicktem Reifen wieder in die Pedale trete, frage ich mich, wie ich mich fühlen würde, wenn meine Kultur so wenig wertgeschätzt werden würde. Im eigenen Land. Sehr viel mehr erfahren wir auch nicht von dieser Region und ihren Bewohnern, da keiner Englisch spricht und somit auch niemand etwas von uns will. Höchstens wirft man mal einen Blick in unseren Pass und fragt, woher wir kommen. Für diesen Fall habe ich inzwischen gelernt, »*Déguó*« richtig auszusprechen.

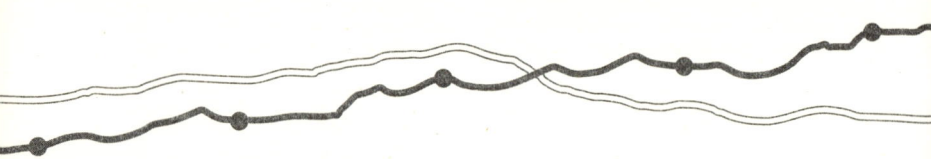

33 TRENNUNG AUF ZEIT

Ich schaue über den langsam dahinfließenden Mekong und bewundere die intensiver werdenden Farben des Abends. Über dem Fluss liegt ein leichter Nebel und ich atme die feuchte Luft ein. Ich spüre ein wenig Wehmut in mir. Ich freue mich aber auch. Es ist die Art von Freude, die man nur verspürt, wenn man lange auf etwas verzichtet hat – oder jemanden lange nicht gesehen hat. Manchmal weiß man von diesem Etwas gar nicht, dass es einem so wichtig ist, oder man hat die andere Person als so selbstverständlich hingenommen, dass sie einem erst fehlt, wenn sie nicht mehr da ist. Und dann freut man sich auf den Moment, in dem man das Ding wiederhat oder die Person wieder in die Arme schließen kann.

Bei unserem Tandem trifft beides zu. Es ist sowohl ein Ding als auch eine Persönlichkeit. Um seine Ding-Bedürfnisse, wie geölte Ketten, aufgepumpte Reifen und ab und zu mal eine Dusche, kümmern wir uns genauso wie um sein Befinden: Wir nehmen es überallhin mit, es darf auch mal auf eigensinnig schalten und eine Liebelei mit einer spanischen Tretmühle haben. Aber viel wichtiger ist, dass wir durch diese Trennung auf Zeit noch mal daran erinnert werden, wie viel wir im Gegenzug von ihm dafür bekommen: nämlich nichts Geringeres als unsere FREIHEIT. Und genau deswegen fehlt es uns auch so sehr. Morgen hat das Warten ein Ende. Da werden wir endlich das Tandem wiederhaben und Richtung Laos starten.

Verrückt, dass man sich nach 15 bereisten Ländern immer noch so auf das nächste freuen kann. Ich kann kaum glauben, dass wir in den letzten 25 Tagen über 6000 Kilometer zurückgelegt haben. Mit dem Tandem entspräche das ungefähr der Strecke von Konstanz nach Teheran und dafür haben wir vier Monate gebraucht. Diese Zeit haben wir aber nicht, weil wir für China nur ein Visum für 30 Tage beantragt haben. Es war also von Anfang an klar, dass wir innerhalb dieses Zeitraums niemals durch das Riesenreich würden pedalieren können. Deswegen haben wir uns entschieden, das Tandem in Yining, nahe der kasachischen Grenze, bis nach Jinghong an der laotischen Grenze, also einmal quer durchs Land, zu versenden. Wir selbst reisen mit Bus und Bahn hinterher und nehmen ein paar Sehenswürdigkeiten auf dem Weg mit. Unsere Körper freuen sich über die Ruhepause, und wir nutzen die Zeit, die wir nicht mit Radeln verbringen, um endlich wieder einmal Museen zu besuchen, in den Städten umherzuschlendern und uns durch das kulinarische Angebot zu mampfen.

Fünf Tage später vermissen wir das Tandem. Wieder auf Fahrpläne achten zu müssen, dauernd viele Menschen um uns zu haben und von Stadt zu Stadt zu reisen, gibt uns das Gefühl, in unserer Freiheit beschnitten zu sein. Wir vermissen die kleinen Dörfchen, das Nichts dazwischen, die erstaunten Gesichter, den Geruch, wenn wir durch den Morgen fahren.

Wir sind Touris und keine Abenteurer mehr. Das hat auch seine Vorzüge: kein wunder Po, kein Gegenwind und keine Anstiege, die man selbst hochstrampeln muss. Das ist aber auch schon alles Positive im Vergleich zum Tandemfahren. Denn: Wir laufen trotzdem Gefahr, überfahren zu werden – einfach, wenn wir bei Grün über die Fußgängerampel schlendern. Wir frieren in unseren Hotelzimmern genauso wie in unserem Zelt – oder sogar mehr, wenn wir uns nicht innerhalb der staatlich verordneten Heizungsgrenze befinden, die festlegt, wer überhaupt eine Heizung einbauen darf und wann geheizt wird (nur vom 15.11. bis 15.3. und nur im Norden Chinas!). Außerdem sind wir aufs Radfahren optimiert. Unsere Schuhe sind nicht wirklich zum Gehen designed, sondern zum Einklicken in Pedale, und wir müssen uns auf einem chinesischen Markt einen Rucksack kaufen, den wir nicht einfach ans Tandem klippen können, sondern den wir tatsächlich selbst tragen müssen.

Nicht, dass wir das Reisen ohne Rad verunglimpfen wollen. Wir kommen einfach schlecht klar mit der abrupten Veränderung. Vor allem weiß ich nicht, was ich mit so viel frei gewordener Zeit anfange, und vermisse die Bewegung. Mein Körper nimmt sich in der Ruhephase dann auch die Zeit, zu kränkeln, aber glücklicherweise betreibt unser Gastgeber in Ürümqi eine Praxis für Traditionelle Chinesische Medizin, und ich darf eine Feuerbehandlung machen, bei der das Handtuch, das auf meinem Rücken liegt, erst mit Ethanol durchweicht und dann angezündet wird. Eine interessante Erfahrung, auch wenn ich mich erst nach ein paar Minuten entspannen kann. Danach fühle ich mich besser. Einen Tag später gehen wir sicherheitshalber trotzdem noch ins Krankenhaus, wo mich Chris, ein Sino-Amerikaner, behandelt. Er darf zwar nicht mit zum Ultraschall, da er ein Mann ist, erklärt mir später aber anhand des Bildes, dass ich mir keine Sorgen zu machen bräuchte. Ich hätte eine Zyste, die mit meiner Menstruation wieder verschwinden würde. Er warnt mich allerdings vor den Schmerzen, die mich tatsächlich wenig später auf der 36-stündigen Zugfahrt nach Xi'An quälen werden. Aber danach ist, wie versprochen, tatsächlich alles wieder gut.

Wir bestaunen die reiche und vielfältige Kultur der Chinesen vom äußersten Westen bis in den südlichsten Zipfel dieses Landes, das dreimal mehr Menschen in sich vereint als ganz Europa zusammen. Wir werden freundlich, aber distanziert aufgenommen. Die besten Geschichten passieren jedoch immer rund um das Tandem. Zum Beispiel, als wir es versenden wollten und unsere Hostelhosts stundenlang Preise von Expressunternehmen verglichen, sich untereinander berieten, uns dann wieder per Translator auf den neuesten Stand brachten, mit uns zum Nachbarn gingen, um gebrauchtes Verpackungsmaterial zu kaufen, und das Tandem dann noch selbstständig auf den Transporter hievten, der es abholte. Und uns hinterher das Trinkgeld, das wir ihnen für die Mühen gaben, bei der Taxifahrt zum Bahnhof wieder unterjubelten.

Oder als wir das Tandem am Bestimmungsort abholen wollen und es im Hotel nicht aufzufinden ist. Schockstarre. Reise vorbei, kein Geld, um ein neues Tandem zu kaufen. Wie soll man so etwas hier überhaupt auftreiben? Bis einer der Angestellten auf die Idee kommt, dass es in der anderen Zweigstelle sein könnte. Uns dann höchstpersönlich begleitet und das schwere Paket zusammen mit Daniel bis auf den Hinterhof schleppt, wo uns die grazienhafte Empfangsdame in Kostümchen und Pumps fragt, ob sie uns helfen könne, die Holzkiste, die das Tandem schützt, mit roher Gewalt auseinanderzureißen.

Oder als Daniel in einer nahen Mopedwerkstatt nach Fett für die Muffen fragt und nur einen entsetzten Gesichtsausdruck erntet, bis klar wird, dass der Translator mal wieder ungenau war und Daniel kannibalisch nach Menschenfett gefragt hat, anstatt nach Schmierfett. Als das Missverständnis geklärt ist, traut sich der Verkäufer auch wieder näher an Daniel heran und schenkt ihm das Fett sogar.

Abenteuer on, wir sind bereit, weiterzufahren.

Und trotzdem bemerke ich eine gewisse Reisemüdigkeit. Hier und jetzt, wie ich so am Mekong stehe und mich auf Laos freue. Wir haben einfach schon so viel gesehen, mein Speicher ist fast voll und seit wir in China sind, ist alles wieder irgendwie westlicher. Auch wenn das verrückt klingt. Die Straßen sind gut, die Umgebung sauber – wenn man einmal von dem Dunst der Kohlekraftwerke in den Städten absieht. Die Menschen sind unnahbarer und verstecken sich in der Menge. Die Frauen kleiden sich wie die Frauen in New York oder London, wenn auch ein bisschen kitschiger. Überall werden Selfies gemacht, wird sich in Pose geworfen. Schnell teilen auf Insta und WeChat. Wir werden zwar beäugt, aber nicht angesprochen. Das finde ich schade und ich komme nicht umhin, mich zu fragen, warum China das erste Land nach Österreich ist, in dem das so ist.

Ich atme die feuchte Luft ein und muss daran denken, wie wir vor drei Wochen in Yining noch kläglich in unseren Jacken gefroren haben, als wir an der Grenze waren, die einmal den Grenzposten zwischen den beiden Riesenreichen Sowjetunion und China markiert hat. Und wie wir jetzt auf Bananenstauden blicken und bald den Weg zu den letzten vier Ländern unserer Reise antreten, bevor wir dann Indonesien erreichen. Es liegt so vieles hinter uns. Aber auch noch vieles vor uns. Vielleicht hat uns China auch gelehrt, das Tandem wieder mehr zu schätzen, und uns die Zeit gegeben, zu erkennen, dass es gut ist, dass wir nicht mehr ewig unterwegs sein werden. Ich nehme Daniels Hand und lege meinen Kopf auf seine Schulter.

»Morgen haben wir es wieder.« Meine Stimme hüpft vor Freude.

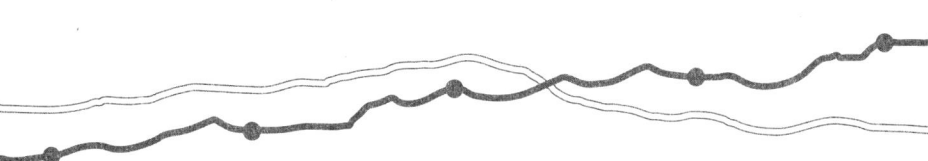

34 TAGTRÄUME

Ich öffne die Augen und bemerke, dass es schon fast dunkel ist. Mein heißer Körper liegt schwer in der Hängematte, und ich habe das Bedürfnis, etwas zu essen. Mein Blick fällt auf den Fluss unter mir, den dunklen Garten dazwischen. Beides kann ich jetzt nur noch erahnen. Er ist eine Lebensader. Nicht nur, weil er Wasser schenkt, das wir zum Überleben brauchen, sondern auch, weil sich hier wirklich das Leben abspielt.

Als ich mich kurz nach Mittag entkräftet in die Hängematte sinken ließ, nach drei Tagen Laos, spielten nur ein paar Kinder am Fluss. Kein Wunder, die Sonne stand im Zenit, es war drückend heiß und feucht und keiner, der nicht musste, war jetzt draußen. Nur für mich machte es keinen Unterschied. Der Bungalow, den wir bezogen haben, hat keine Klimaanlage. Außerdem war ich so kaputt, dass ich nur noch schlafen wollte, egal, wo. Seit anderthalb Tagen schleppe ich mich schon so durch die Gegend. Ich leide an einem heftigen grippalen Infekt und mein Körper versucht, ihn mit Hitze zu bekämpfen. Die Klamotten kleben also ohnehin an meinem erhitzten Körper.

Ich legte mich also in die Hängematte über dem Fluss und schaute in meinen Wachphasen dem Treiben zu. Zuerst waren da zwei junge Mädchen, die den Garten unter mir bewässerten. Ihre jüngeren Geschwister spielten Fangen und rannten wie wild über die Brücke, die lediglich aus einem einfachen Baumstamm bestand. Ihre Schritte waren so leicht und dabei so sicher und ihre kleinen Körper so drahtig, dass ich mir gar keine Gedanken machte, dass sie ins Wasser fallen könnten. Und wenn: eine willkommene Abkühlung. Ihr Lachen und Kreischen drangen immer leiser an mein Ohr, meine Augen wurden schwer und fielen wieder zu.

Als ich sie das nächste Mal wieder öffnete, überquerten gerade ein paar buddhistische Mönche in ihren leuchtend orangefarbenen Gewändern die Brücke. Der Kontrast des satten Orange vor dem Grün des Dschungels und dem Blau des Himmels war wunderschön. Sie schienen regelrecht zu strahlen. Ich weiß, dass diese Männer und Frauen nichts besitzen dürfen. Sie waren wahrscheinlich gerade auf dem Weg in das Dorf auf der anderen Flussseite, um dort die Nahrungsmittel entgegenzunehmen, die die Bevölkerung ihnen schenkt. Es ist aber nicht so, dass sie betteln würden. Es ist vielmehr ein jahrhundertealter Vertrag: Die Mönche gehen auf dem Weg der Erleuchtung und sind somit Respektspersonen für die lokale Bevölkerung, die sie unterstützt, wo sie nur kann. Für die Mönche ist es eine Übung in Demut, dankend zu empfangen.

Als ich das nächste Mal aufwachte, war es schon später Nachmittag. Die Sonne schien golden auf die Szene am Fluss. Junge Frauen zogen ihre Sarongs hoch bis unter die Achseln und badeten im Fluss. Ihr schwarzes langes Haar klebte an ihren nackten Schultern. Sie waren schlank und ihre dunkle Haut sah seidig weich aus. Sie kicherten und bespritzten sich gegenseitig mit Wasser. Auf der anderen Seite des Flusses waren die Jungs. Sie taten so, als würden sie die Mädchen gar nicht bemerken, vollführten aber doppelte Saltos, während sie ins Wasser sprangen. Ihre Oberkörper waren nackt – kein Haar auf der Brust zu sehen und Muskeln hoben sich sehnig vom Körper ab. Es war herrlich, die verstohlenen Blicke zu beobachten, die da von der einen Seite auf die andere geworfen wurden. Ich schlummerte mit einem Lächeln auf den Lippen wieder ein.

Kurz bevor es dunkel wurde, schlug ich die Augen erneut wieder auf. Nun sah ich ältere Männer am Fluss, die mit allen möglichen Behältnissen Wasser schöpften. Ich stellte mir vor, wie sie so die Vorarbeit für das Kochen leisteten: Ich vermute, dass es kein fließend Wasser gibt im Dorf. Deshalb muss das Wasser, das man zum Kochen und Abspülen benutzt, vom Fluss in die Häuser getragen werden. Die Männer nutzten den Umstand, am Fluss zu sein, um sich abzukühlen. Dann luden sie sich ihre gefüllten Behältnisse auf die Schultern und balancierten sie über die Brücke zurück zu ihren Behausungen.

Als die Männer verschwunden waren, folgten die älteren Frauen im letzten Sonnenlicht. Sie alle waren in Sarongs gekleidet, ihr Haar war offen und ergoss sich über ihre Schultern. Sie nahmen ihr Bad im Fluss in Ruhe und mit andächtigen Bewegungen. Wie eine Belohnung nach einem arbeitsreichen Tag. Sich zehn Minuten nur dem eigenen Körper widmen. Ihre Sanftheit wiegte mich erneut in den Schlaf.

An all das muss ich denken, als ich die Augen in der Dunkelheit nun also wieder aufschlage und den Fluss nur noch höre. Ich will das Ganze nicht romantisieren – viele von den Menschen hier hätten sicher gern fließend Wasser bei sich zu Hause. Laos ist eines der ärmsten Länder, das wir durchreisen, und wir fahren an vielen sehr bescheidenen Hütten vorbei. Und doch birgt dieses Leben am Fluss sehr viele Schönheiten. Für mich, die ich in diesen Tagen nicht fähig war, irgendetwas anderes zu tun, ist es sehr tröstlich, es beobachten zu dürfen. Es ist ein Geschenk für mich.

Daniel betritt unsere kleine Terrasse und beugt sich zu mir hinunter, um zu sehen, ob ich wach bin.

»Essen, meine Liebe.«

Ich freue mich. Unsere Gastgeberin hatte uns bereits heute Mittag gefragt, was wir zu Abend essen wollten, um genug Zeit zu haben, es vorzubereiten. Die Brühe der Gemüsesuppe besteht aus Ingwer und Chilis und ich bin mir sicher, dass sie es ist, die meine Grippe von zehn auf drei Tage verkürzt. Immerhin die Hälfte der sechs Tage, die wir in Laos verbringen, bevor wir über Huay Xai nach Thailand einreisen.

Ein Augenblick in Laos

Es hat etwas von Selbstkasteiung. Wie sonst kann man in vollem Wissen, dass es gleich höllisch brennen wird, den Löffel zum Mund führen, ihn öffnen und anfangen, die länglichen, knackigen Stücke zu kauen? Ich quieke zuerst entsetzt. Daniels Gesicht ist auch schon ganz rot, aber er kann *scharf* einfach besser ab als ich. Oder doch nicht? Ich stelle mir gerade vor, wie kleine Rauchwölkchen aus seinen Ohren steigen, als ihm die Tränen in die Augen schießen. Wir schauen uns an und lachen lauthals los. Unsere Schultern zucken unkontrolliert, wir legen die Köpfe in den

Nacken und der Papayasalat fällt uns fast wieder aus dem Mund. Das ist Laos. Lachen, wenn es eigentlich nichts mehr zu lachen gibt. Wo sonst würde man sich der Nahtoderfahrung von echt scharfem Papayasalat stellen?

Wir haben das hartnäckige Brennen der Chilis vermisst seit unserer letzten Reise hierher vor ungefähr vier Jahren. Jetzt endlich, nach zwei Tagen in Laos, haben wir einen Ort nahe Luang Namtha gefunden, der uns die volle Ladung gibt. Inmitten der freundlichen Stille in diesem Land, des feuchtwarmen Klimas und der hügeligen Anstrengung, ist es irgendwie erlösend, einen so klaren Schmerz im Mund zu fühlen. Klingt schräg, ist aber so. Ich kann außerdem tagelang von Sticky Rice mit einer scharfen Sambalsoße leben. Für mich das beste Mittel gegen Übelkeit beim Busfahren. Obwohl wir dieses Mal mit dem Rad unterwegs sind, bin ich trotzdem happy, die Kombi zu essen, wann immer es geht. Wenn es gar nicht mehr geht, weil die Schärfe nicht mehr abnehmen will, stürzen wir einfach süßen Sticky Reis aus dem Bambusrohr hinterher. Das hilft immer.

Wir hören erst wieder auf zu lachen, als die freundliche Imbissbesitzerin mit besorgtem Blick auf uns zukommt. Wir wischen uns die Tränen aus den Augen und bedeuten ihr mit einem Lächeln, dass alles in Ordnung ist. Da geht sie zurück zu ihrem Steintopf und mörsert weiter die frischen Chilis darin, die zusammen mit den noch grünen, in feine Streifen geschnittenen Papayas den köstlich höllischen Salat ergeben. Die nächsten Masochisten stehen bereits in der Schlange. Ein betörendes Gefühl bleibt auf der Zunge.

35 HEIMWE(H)G

Die Sonne scheint golden auf die Tempelmauer. Der Himmel strahlt in einem hellen Blau. Es riecht süßlich blumig nach Frangipani. Und mein Herz zerreißt fast. Ich bin untröstlich. Und sauer. Weil ich untröstlich bin. Mein Blick fällt auf den Teich vor mir, in dem sich ein Stück des jahrhundertealten Tempels spiegelt. Pinkfarbene Seerosen werden sanft von Wasser umspült. Ich seufze tief, aber auch das hilft nicht, den Druck in meiner Brust zu mindern.

Dieses unbestimmte Gefühl schleppe ich nun bereits seit China mit mir herum und an diesem Weihnachtsmorgen, inmitten der Ruinen der Hauptstadt Sukhothai der gleichnamigen thailändischen Provinz, erwischt es mich auf einmal mit voller Wucht. Es ist eine Art Leere, die mich so ausfüllt, dass ich all die Pracht um mich herum gar nicht mehr genießen kann. Eine Gruppe Farangs, wie die Thailänder vor allem uns Westeuropäer nennen, biegt um die Ecke, und ich identifiziere sie als einen Teil meines Problems.

Wir sind seit zwei Wochen in Thailand unterwegs und sie sind überall. Nicht, dass das per se schlimm wäre. Ich mag andere Menschen. Und ich bin ja auch hier. Aber wir haben das Gefühl, dass die Einheimischen gar nicht mehr an uns interessiert sind. Und wir vermuten, dass es an der Tatsache liegt, dass Thailand eine der größten Tourismusdestinationen überhaupt ist, und so eben auch viele Westeuropäer ihren Weg hierhin finden. Mit ihnen kommen Einflüsse, Meinungen, Geld und irgendwie auch ein wenig Gleichgültigkeit mit ins Land. Das betrifft Einheimische wie Touristen.

Bisher war unser Tandem immer ein willkommener Vorwand für die Einheimischen, um ein Gespräch mit uns zu starten, jetzt staunt eigentlich niemand mehr, wenn wir um die Ecke biegen. Sind unsere öffentlichkeitshungrigen Egos lädiert, weil wir von hemdsärmeligen Abenteurern zu kaffeesüffelnden Touristen degeneriert sind? Weil wir nicht so richtig zu unterscheiden sind von denen, die mit ihrem Rad nach Thailand fliegen, um dort zu radeln, oder von den bis an die Zähne ausgerüsteten Thais selbst, die mit ihren schlanken Rennvelos mühelos an uns vorbeiziehen? Kann sein. Aber wichtiger ist etwas anderes: die Herzlichkeit. Und die fehlt für uns. Seit China.

Ich meine nicht den Einzelnen. Es gibt sie immer noch. Die Menschen, die uns herzlich in ihr Haus bitten, uns unser Laufrad fast für umsonst neu einspeichen, uns ein ungläubiges Lächeln schenken, wenn sie fragen, wo wir herkommen und wir antworten, wir seien zu Hause in Deutschland losgeradelt.

Ich meine die große Masse. Die scheint mir irgendwie müde, übersättigt, ja, sogar fast gelangweilt.

Irgendwie war China ein Schnitt. Ohne unser Tandem waren wir dort eben wirklich »nur« noch Touristen. Und auch, als wir das Tandem zurückhatten und weiter durch ein Stück China radelten, durch Laos und jetzt auch durch Thailand: Unser Entdeckergeist scheint seitdem in eine Flasche geschlüpft zu sein. Wir haben selbst angefangen, uns mehr wie Touristen zu verhalten – was auch immer das genau bedeutet. Vielleicht bedeutet es, dass wir uns mehr als Dienstleistungsnehmer empfinden denn als Gäste. Wir können Hotels teilweise vorher buchen und müssen es auch. Weil in der Zeit um Weihnachten und Neujahr Thailand ein noch beliebteres Reiseziel ist als ohnehin. Sicherlich ist das der Hauptgrund dafür, dass die Thais uns als nicht besonders spannend empfinden, eben weil es genug Farangs gibt, und das ist absolut verständlich. Vielleicht ist es aber auch so, dass hier eine andere Gastkultur vorherrscht als im vom Islam geprägten Zentralasien.

Erschwerend zu meinem Gefühl kommt hinzu, dass gerade Weihnachten ist und ich das Familienchaos, inklusive diverser Termine bei Freunden, vermisse. Die herzlichen Begegnungen, die uns unterwegs bisher zuteil wurden, konnten unsere innigen und langjährigen Beziehungen zu unseren Freunden und der Familie auch nicht ersetzen, aber es waren doch geteilte Momente wahrer Anteilnahme, die Spuren in unseren Herzen hinterlassen haben. Diese Qualität haben unsere Begegnungen in China, Laos und Thailand leider selten erreicht, und ich fühle mich ein wenig wie verdurstend.

Und als dritte Komponente ist uns vielleicht ein wenig die Leichtigkeit flöten gegangen, seitdem wir uns in China mit unserer Rückreise per *Containerschiff* auseinandersetzen mussten. Schließlich ist Fliegen keine Option. Und Radeln erst recht nicht. Man kann aber natürlich nicht so einfach auf ein Containerschiff springen und sich jeden Abend mit dem Kapitän betrinken – da gibt es Agenturen und Preise zu vergleichen, Versicherungen, Impfungen und einen Wust an Papierkram zu erledigen. Und deswegen *muss* man sich irgendwann einen Plan zur Heimreise zurechtlegen. Das haben wir teils widerwillig und teils aber auch vorfreudig gemacht, was nun dazu führt, dass die Gedanken zum ersten Mal, seit wir losgeradelt sind, wieder öfter zu Hause landen. Und das ist eine zwiespältige Angelegenheit – denn man will das, was man gerade erlebt, in vollen Zügen genießen und im Moment sein und nicht dauernd an eine Zukunft denken, die vielleicht niemals so eintreten wird, wie man sich das vorstellt.

Wir erleben also im Moment eine Art Fokusänderung. Sie ist nicht besonders stark, aber sie ist da. Und irgendwie ist es ja auch schön, an Butterbrezeln, Kletterstammtische und all die dringend nötigen Umarmungen und Wiedersehenstränen zu denken und sich darauf zu freuen. Wir sind immerhin nicht aus einem Leben geflohen, das wir nicht mochten. Wir haben uns eine Weile von lieben Menschen verabschiedet, um die Welt zu entdecken, um Neues zu lernen, um uns Zeit zu geben, eine andere Perspektive einzunehmen. Das bedeutet aber nicht, dass wir es nicht schätzen, wieder zu diesen lieben Menschen und in unser »altes« Leben zurückzukehren. Und gerade an solch traditionsreichen Tagen wie Weihnachten kann es eben gut sein, dass einen das Gefühl des Heimwehs mal ganz schön hart trifft.

Mein Herz hängt immer noch in der Hose, ich finde die Seerosen immer noch kitschig und habe eine unerklärliche Wut auf die trekkingsandalentragenden Touristen, die gerade durch meine Kulisse latschen. So ist das eben. Manchmal fühlt sich alles falsch an und man würde vieles dafür geben, irgendwo anders zu sein. Dann bringt es gar nichts, dass man in einer wunderhübschen Landschaft sitzt, neben dem Mann, von dem man weiß, dass man ihn liebt. Dann muss man eben den Schmerz anerkennen und die Vergleiche loslassen, mit denen man die Menschen ansieht, die einem begegnen. Man muss einen Weg finden, den Ort der inneren Zufriedenheit wiederzuentdecken. Denn erst dann kann man alles um sich herum mit der Dankbarkeit annehmen, die den Dingen eigentlich gebührt.

Ich stehe auf, nehme mein Smartphone zur Hand und fabriziere eine kleine Videobotschaft, um meiner Familie mitzuteilen, dass ich sie liebe und vermisse. Und dann bin ich dankbar. Dankbar dafür, dass ich Menschen in meinem Leben habe, die ich so sehr liebe, dass ich sie vermisse. Auch wenn ich gerade auf einer halben Weltreise lauter verrückte Dinge erlebe, mir aufgrund eines günstigen Wechselkurses so ungefähr alles leisten kann und mein Heim ja eigentlich dabeihabe: Daniel – und ein Hubba-Hubba-Zelt.

Das Zelt brauchen wir in Thailand allerdings so gut wie nie, da es richtig große Spinnen, noch größere Schlangen und wenig geeigneten Platz gibt. Und so vermissen wir in den dreieinhalb Wochen, die wir bis Phuket brauchen werden, auch unser Reiseheim, in dem wir fast nie nächtigen können.

36 DAS LEBEN DAHINTER

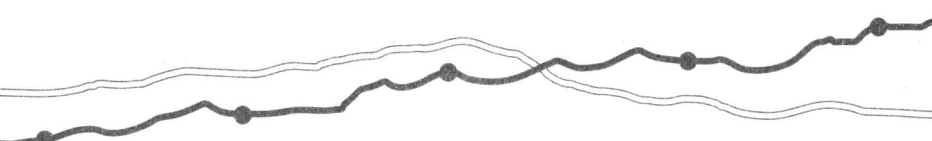

Ich lege meinen Kopf in den Nacken. Ich spüre, wie mein Haar meine Schultern streichelt. Ich bewege den Kopf sanft hin und her und freue mich über das Prickeln, das sich über meine Haut ausbreitet. Meine Gedanken fliegen zurück in den Iran. Ich muss an Aftab denken und an ihr Haar auf meinem Arm, als sie mich herausgeputzt hat. Und daran, wie sie mir gestanden hat, was für sie das Schönste gewesen sei bei ihrem Besuch in Deutschland: ein Tanktop zu tragen und die eigenen Haare auf den Schultern zu spüren. Die Wärme der Sonne auf nackter Haut.

Ich schaue mich um. Seit wir die Touristenzentren im Süden Thailands verlassen haben, sehe ich wieder weniger nackte Haut. Die Thai-Frauen tragen eigentlich immer Shirts, die ihre Schultern bedecken. Nur die Männer haben manchmal Muskelshirts an. Ich denke einmal mehr darüber nach, wie krass es für Bewohner des ländlichen Thailand sein muss, wenn sie in die Stadt reisen und dort die Touristen sehen, die ihr Land massenhaft bevölkern. Die meisten haben nicht viel an und verstopfen mit geliehenen Rollern oder Autos die Straßen. Es gibt zahlreiche westlich orientierte Cafés, die oft auch von Westeuropäern betrieben werden. Es gibt allerlei Möglichkeiten, sich zu vergnügen, von Elefantenreiten über Banana-Boat-Fahren bis hin zu Massagen. Und abends dann die Bars, aus denen laute Musik dröhnt und in denen die Mädchen sich verkaufen. Ich will nicht zu schnell urteilen, aber dieser offene Sextourismus erschreckt mich wirklich.

Und dann denke ich an gestern Abend. Da waren wir essen mit meiner Tante, ihrem Mann und einem befreundeten Paar, Paul, Schweizer, und Thida, Thai, die bereits seit Jahren zwischen den beiden Welten hin- und herpendeln. Ihre erwachsene Tochter lebt in der Schweiz. Meine Tante und mein Onkel sind jedes Jahr ein oder zwei Monate in Thailand, auf Phuket. Sie genießen die Wärme und das bekömmliche Essen der Thais und entfliehen so einem Teil des Winters in der Schweiz. Sie haben ein Stammhotel, mit dessen Besitzern sie sich sehr gut verstehen, die ihnen jedes Jahr am Ende ihres Aufenthalts extrem leckere Thai-Curry-Mischungen mit in die Schweiz geben.

Nach dem Besuch des einheimischen Fischrestaurants fuhren wir für einen Absacker in die Bar nicht weit vom Stammhotel meiner Tante und ihres Mannes entfernt.

Mir fiel die Mischung aus hübschen Thai-Frauen und meist älteren weißen Männern auf. Meine Tante und ich waren die einzigen weißen Frauen im ganzen Laden. Als Stammgäste wurden meine Verwandten herzlich von ein paar der Frauen begrüßt. Ich bewunderte deren glatte bronzefarbene Haut, das samtene schwarze Haar, die tiefdunklen Augen, die vollen Lippen, die in Rottönen schimmerten. Sie nannten meinen Onkel »Papa« und meine Tante »Mami« und begrüßten auch mich und Daniel mit einer herzlichen Umarmung. Ich spürte den Widerstand in mir. Es war eine Mischung aus Mitgefühl, Ekel plus etwas Neugier.

Mitgefühl empfand ich für die jungen Frauen dafür, dass viele von ihnen diesen Job sicher nicht gern machen, er aber gut bezahlt ist und sie damit ihre Familie durchbringen.

Der Ekel bezog sich auf die oft dicken, schwitzenden Männer, die am Tresen saßen. Vorurteil leider bestätigt.

Meine Neugierde rührte wohl daher, dass dies ein Ort war, von dem ich zwar wusste, dass er existierte, dem ich aber noch nie ausgesetzt gewesen bin und dessen Regeln für mich bisher nur aus Vorstellungen bestanden. Er hat etwas Verbotenes, Ruchloses.

Hier saßen wir also und tranken unseren Absacker. Ich saß neben Paul und gegenüber von Thida. Ich genoss es, mich einmal mit einer Thai unterhalten zu können, die noch dazu perfekt Deutsch sprach, und ihr all die Fragen zu stellen, die mich so brennend interessierten, seitdem wir dieses Land bereisen. Meist waren sie natürlich hochbrisant:

»Was hältst du vom neuen König? Vermisst du den alten? Was hat es mit den Protesten in Bangkok auf sich? Bist du nicht meganervt von all den Touristen, die dein Land besuchen und das Gefühl haben, es bestünde nur aus Strand und Tempeln?«

Thida ist eine intelligente Frau und es machte mir große Freude, ihren Antworten zu lauschen. Sie sprach jedoch sehr leise – für die ein oder andere Meinung kann man hier nämlich leicht ins Gefängnis wandern. Kritik am König gilt in Thailand immer noch als Hochverrat und wird entsprechend bestraft.

Was ich dann noch unbedingt wissen wollte, unter vorgehaltener Hand:

»Warum machen die Mädchen das?«, mein Blick wanderte dabei in der Bar umher. Thida blickte mich traurig an, doch bevor sie antworten konnte, mischte sich Paul ein.

»Die verdienen damit gutes Geld.« Ich mag Paul. Er ist ein guter Mann, sehr hilfsbereit, fürsorglich und genau. Aber in diesem Moment erhob ich die Stimme und machte meiner Empörung Luft:

»Und dass jemand Geld braucht, gibt anderen das Recht, über ihren Körper zu bestimmen?«

Paul schaute mich mit großen Augen an.

»Sie könnten ja auch auf dem Reisfeld arbeiten. Aber dann werden sie braun von der Sonne und können nicht zur Maniküre. Deswegen entscheiden sich viele für den einfacheren Weg.« Was wohl ein Versuch sein hätte sollen, mich zu besänftigen, trieb meine Wut nur weiter an.

»Den *einfacheren* Weg? Entschuldige bitte, aber hältst du es für *einfach*, irgendeinen fremden Typen mit aufs Zimmer zu nehmen?«

Paul versuchte es mit einem Witz:

»Na ja, da bin ich kein Experte.«

Meine Miene ließ ihn rasch hinterherschieben:

»Manchen macht das sicher auch Spaß.«

Bevor ich explodieren konnte, ging Thida dazwischen:

»Antonia, so ist das Leben hier. Die Familie ist wichtig und man ordnet sich ihr unter, auch wenn das bedeutet, dass man sie fast nie sieht und sich verkaufen muss.« Es ist ein trauriger Pragmatismus, aber ich verstand die Aussage. Thida fuhr mit einem Seitenblick auf ihren Mann fort:

»Und klar macht es den wenigsten Spaß. Deswegen trinken sie viel und verkleiden sich. Sie verstecken sich hinter einer Maske, die sie abends wieder abnehmen können.«

Ich nickte langsam und rückte näher an Thida heran.

Ich kann es mir leisten, über all das zu urteilen. Ich habe eine gute Ausbildung, werde immer irgendwie eine Arbeit finden, die mir halbwegs Spaß macht, und falls alle Stricke reißen, gibt es immer noch das soziale Netz in Deutschland, das mich auffängt. Wie auch meine Eltern. Ich muss mich finanziell nicht für sie verantwortlich fühlen. Sie haben genug Arbeit und haben für das Alter vorsorgen können. Ich kenne den Druck nicht, den die Lieben ausüben oder den man sich selbst macht, wenn man bemerkt, dass die eigenen Eltern das ganze Leben gearbeitet haben und im Alter doch kaum davon leben können.

Es sind Dinge, über die man sich im sonnendurchfluteten Thailand kaum Gedanken macht als Tourist und auf die man auch niemals aufmerksam gemacht wird, weil die Thais sehr freundlich, zuvorkommend und rücksichtsvoll sind. Ich habe auf unserer Reise keinen Thai erlebt, der sich beklagt hat. Irgendwie scheinen sie ihr Schicksal gelassen anzunehmen. Zumindest wirkt es so. Vielleicht liegt das am Buddhismus, dem über 90 Prozent der Thais angehören. So wie ich es verstanden habe, wird im Buddhismus das Leben als ewiges Leiden angenommen, und man kann durch gute Taten Karmapunkte sammeln und so in ein anderes Leben hineingeboren werden, das vielleicht besser ist. Eine gute Tat ist natürlich immer, der Familie zu helfen und sie zu unterstützen. In Bezug auf die Arbeit der Mädchen in der Bar gibt es allerdings eine gewisse Ambivalenz zu verzeichnen. Denn in den Fünf Silas – also den Zehn Geboten des Buddhismus – steht, dass man »keine unheilsamen sexuellen Beziehungen pflegen« soll. Vielleicht muss man sich pragmatisch aber einfach dafür entscheiden, dass die gute Tat, der Familie zu helfen, mehr zählt, als die Art, wie man es tut.

Mein Kopf qualmt. Ich lege ihn in den Nacken und frage mich, wie ich auf all diese Gedanken gekommen bin. Aftab. Die iranische Regierung, die die Bevölkerung mit Verboten zuschüttet, denen auch Touristen Folge leisten müssen. Und hier? Hier wird von der Regierung bei den Touristen vieles geduldet, was das eigene Volk sich nicht erlauben darf. Jedoch habe ich das unbestimmte Gefühl, dass sich die Zeiten ändern. Die Proteste in Bangkok zeigen, dass ein Teil der Thais sich andere Umstände wünscht und sich auch offen dafür einsetzt. Ich hoffe, dass dann auch die Mädchen in der Bar davon profitieren werden. Schutz vor Übergriffen, eine Krankenversicherung oder Rente wären doch ein Anfang. Im Moment ist das sicher noch nicht im Fokus der Demonstranten. Sie wollen erst mal die Militärregierung loswerden.

Ein Augenblick in Thailand

Ich kann es nicht fassen. Schön am Strand an der Westküste Thailands entlangradeln, seit einer Woche immer flaches Gelände, schönes Wetter – das ist doch *der* Traum eines jeden Radlers. Denkste! Traurig, aber wahr: Ich kann nicht mehr sitzen. Mein Po ist so wundgefahren, dass ich das Gefühl habe, Pergamentpapier am Hintern zu haben, das jeden Moment zu reißen droht. Es brennt wie wild und das ständige Schwitzen und die kleinen Bewegungen, die mein Hintern beim Treten auf dem Sattel vollführt, geben mir den Rest. Ich brauche eine Pause! Es ist so skurril. Da strampelt man durch alle möglichen Klimazonen, friert, schwitzt, fährt hoch und wieder runter, über den Pamir und durch den fast-kniescheibenbrechend-bergigen Norden von Thailand, wo wir das Tandem kilometerlang schieben mussten, weil die Wege einfach zu steil waren – und genau jetzt, wo man denkt, das Gröbste sei vorüber, erwischt einen der Wolf am Po. Unfassbar.

Ich atme einmal tief durch und bedeute Daniel damit, dass wir wieder losrollen können. Aber bitte vorsichtig, wie auf rohen Eiern. Wir steuern ein Resort an. Mit Palmen, weißem Strand und popofreundlichen Aktivitäten. Wie zum Beispiel Schwimmen oder Am-Pool-Liegen. Flach. Auf dem Rücken. Ohne die Sitzhöcker zu bemühen. Wenn es nur schon so weit wäre!

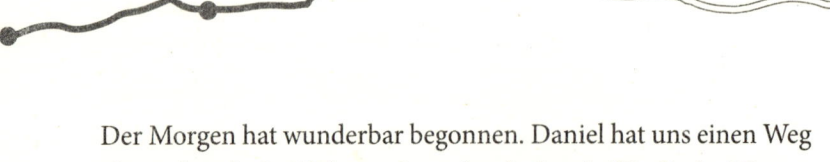

37 DER INNERE WELPE

Der Morgen hat wunderbar begonnen. Daniel hat uns einen Weg über schmale Sträßchen mitten durch das thailändische Hinterland herausgesucht. Es war noch nicht zu heiß und die Sonne strahlte klar und hell durch das Blätterdach.

Jetzt ist es bald Mittag und wir sind auf einer geraden Straße ohne Wald drumherum gelandet. Meine Hände kleben am Lenker und ich sehe, wie sich in Daniels Nacken die Schweißperlen sammeln, um sich zu ihresgleichen zu gesellen, die bereits den Kragen von Daniels Shirt durchnässt haben. Ich versuche die Hitze zu ignorieren und mich den Einzelheiten am Straßenrand zu widmen. Da zieht Daniel plötzlich quer über die Straße und bremst abrupt ab. Wir kommen vor einem Radler zum Stehen.

Adam kommt aus London und hat eine Weile in Singapur gearbeitet, jetzt ist er auf dem Weg zurück nach Hause – mit dem Rad.

»Guys, es war der Wahnsinn! Ich durfte gestern bei Mönchen in einem Tempel übernachten und ich habe sogar einen Ventilator bekommen, damit ich bequem schlafen konnte!«

Er ist in den letzten zwei Wochen mehr Kilometer geradelt als wir in vier schaffen, und sein durchtrainierter Körper steckt in einem eng anliegenden Radlerdress.

»Really?! Ihr seid schon so lange unterwegs? Habt ihr ein paar Tipps für mich?«

Klar haben wir die. Seine Energie wirkt ansteckend und als wir uns verabschieden, erlebe ich einen Moment, in dem ich wehmütig daran denke, wie wir vor acht Monaten gestartet sind.

Ich schaue Adam hinterher und wünsche ihm noch mal in Gedanken alles Gute für seine Reise. Ich bin sicher, er wird erstaunliche Dinge erleben, die seine Sicht auf die Welt verändern werden. Mit Blick auf Daniels Rücken überlege ich, was er so wunderbar findet am Radeln.

»Hinter jeder Kurve liegt etwas Neues.« Das wäre wohl seine Antwort. Und es stimmt, es ist immer wieder überraschend, was einen hinter der nächsten Kurve erwartet. Aber nach einer Weile hat man vieles davon auch schon einmal gesehen oder erlebt. Man ist kein unbeschriebenes Blatt mehr. Ich lächle wehmütig, bin etwas traurig über mich selbst. Mein innerer Welpe ist fast erwachsen.

Ich frage mich, ob ich deswegen in der letzten Zeit manchmal das leise Gefühl in mir spüre, aufhören zu wollen. Ob es einfach genug ist. Doch dann fühle ich es wieder: die Neugier, den Drang nach vorn. Beginnt nicht *immer* etwas Neues, wenn etwas aufhört? Also, warum nicht springen? Man muss nur wollen. So wie man sich während seines Alltags immer wieder fragen kann: »Ist es das, was ich wirklich will?«, so muss man sich das auch beim Radeln immer und immer wieder fragen und auch hier seine Entscheidungen entsprechend treffen. Wir haben nur ein Leben. Die Zeit ist kostbar.

»Huch, hast du den Turbo eingeschaltet?«, reißt mich Daniels Stimme aus den Gedanken, er lacht. Da merke ich selbst, wie ich frohen Mutes in die Pedale trete – den neuen Erlebnissen entgegen.

Wieder einmal hat mich eine Begegnung, ein anderer Mensch dazu gebracht, mir über meine eigene Situation Gedanken zu machen und etwas Wichtiges zu erkennen. Ihm selbst ist das dabei gar nicht klar. Danke, Adam. Und mein innerer, wenn auch schon etwas älterer Welpe? Macht große Augen und tollt eine Runde durch mein Innerstes. Es kribbelt.

38 TROSTLOSIGKEIT

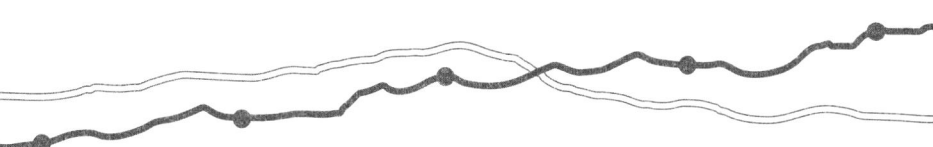

Schon seit Tagen fahren wir an ihnen vorbei. Sie stehen in Reih und Glied fein säuberlich nebeneinander am Straßenrand. Wenn ich versuche, zwischen ihnen hindurchzuschauen, dann sehe ich kein Ende, keinen Horizont, keine Lösung.

Wir sind schon eine Weile in Malaysia unterwegs. Es ist ein spannendes Land mit seinem Mix aus Kulturen, seiner Vergangenheit als Kolonie Großbritanniens und der Mischung aus Tradition und Moderne. Das Radfahren ist hier allerdings kein Genuss. Es ist zu heiß und feucht. Während wir der Ampelschaltung dabei zusehen, wie sie quälend langsam von 90 auf 0 zählt, brennt die Sonne erbarmungslos auf uns nieder und ich sehe, wie der Schweiß von Daniels Handgelenk auf den Boden tropft.

Sein Shirt ist immer schon nass, bevor wir überhaupt auf das Tandem steigen, und nur der Fahrtwind macht die Hitze einigermaßen erträglich. Wir fahren oft auf gut ausgebauten Straßen, mit glattem Teer und recht breiten Fahrbahnen. Wir wissen das zu schätzen. Wir haben schon anderes erlebt. Leider gibt es selten einen Seitenstreifen, der uns vor dem vielen Verkehr schützt. Und ganz Malaysia scheint in einer Art Bauwahn zu stecken. Wir fahren oft an endlosen Straßenbaustellen entlang. Eine unangenehme und stressige Sache, die sehr an unseren Nerven zehrt. Die Spur ist dann durch Betonbegrenzungen eingefasst und so eng, dass ein Auto *gerade so* an uns vorbeikommt. Die Lastwagen müssen oft minutenlang hinter uns herfahren, weil es einfach keinen Platz gibt, um anzuhalten und sie vorbeizulassen. Es ist alles andere als ein angenehmes Gefühl, ein solches Ungetüm im Nacken zu haben, und der ein oder andere Brummifahrer verliert auch schon mal die Geduld und überholt uns waghalsig. Während solcher Sequenzen können wir der Umgebung wenig Beachtung schenken. Ansonsten fahren wir durch kleinere und größere Städte an der vielbesiedelten Westküste entlang und haben einen ständigen Begleiter: Palmölplantagen.

Im entwickelten Malaysia sieht man keine dieser hochstämmigen Ölpalmen, wie wir sie ab und an in Thailand angetroffen haben. Hier stehen durchweg zwei Meter hohe Palmen, deren rot-schwarze Fruchttrauben in dieser Wuchshöhe einfacher vom Boden aus zu ernten sind, als von den viel höheren in Thailand.

Ich komme mir manchmal vor wie in einem schaurigen Traum, in dem ich nicht von der Stelle komme. Dabei kommen wir von der Stelle, nur die Aussicht bleibt immer dieselbe.

Das alles beginnt in Sepang, in der Nähe der weltweit bekannten Rennstrecke, und wird (fast) erst enden, als wir Malaysia nach zwei Wochen wieder verlassen: ein Meer von Stämmen, links und rechts der Straße, das an einem vorbeizieht. Man sieht nie das Ende einer Plantage, wenn man zwischen den einzelnen Stämmen hindurchschaut. Das Ausmaß wird uns so richtig bewusst, als wir auf einer der Brücken stehen, die über die großen Flüsse führen. Ölpalmenplantagen, so weit das Auge reicht. Aus europäischer Perspektive sieht das Ganze sogar noch sehr nach Dschungel und Abenteuer aus. Alles ist schön grün und die Palmblätter passen perfekt zu unserem Bild von den Tropen.

Als ich jedoch das erste Mal eine dieser Plantagen betrete, um hinter dem Schutz einer der Stämme eine Pipipause einzulegen, bin ich entsetzt. Vollkommene Stille. Kein Vogel singt, kein Insekt zirpt. Nichts raschelt. Wer schon einmal in einem echten Dschungel war und sich nachts gefragt hat, wer das Orchester da draußen angeschaltet hat, den wird diese Stille beängstigen. Der Boden, über den ich laufe, ist trocken und federt. Es riecht süßlich, und das einzige Geräusch bleibt mein eigenes Plätschern. Es ist irgendwie unheimlich. Unnatürlich. Ich ziehe die Hose schnell wieder hoch und stapfe lautstark zurück zur Straße, falls es sich doch eine Schlange auf diesem toten Stück Erde gemütlich gemacht hat.

Wieder auf dem Rad, überkommt mich eine tiefe Traurigkeit. Ich weiß um die ökologischen Folgen, die eine solche Monokultur für das fragile System unserer Erde bedeutet. Uralten Regenwald abzuholzen, um darauf Ölpalmenplantagen zu errichten, lohnt sich wirtschaftlich ganz sicher. Man kann erst mal das beliebte Tropenholz verkaufen und dann im nächsten Schritt gute Erträge mit den Ölpalmenfrüchten erzielen. Die weltweite Nahrungsmittel- und Kosmetikindustrie verarbeitet das Palmöl mittlerweile in rauen Mengen und ersetzt oft einheimische Komponenten mit dem billigeren Öl von einer dieser Plantagen, auf denen ich Pipi gemacht habe. Der Kunde ist zufrieden, wenn die Haselnusscreme schön streichzart ist und die Hautcreme bei Zimmertemperatur nicht flockt.

Das Problem ist nicht nur, dass die gefällten Baumriesen das CO_2 in die Luft entlassen, das vorher so schön in ihnen gebunden war, und damit unfreiwillig zu einem sich verstärkenden Klimawandel beitragen. Mit jedem Stück gerodeten Urwalds verspielen wir außerdem die Chance, bisher unentdeckte Heilmittel zu finden, und zerstören den Lebensraum von uns bekannten, aber auch noch unbekannten Tierarten und ein Stück unserer Verbindung zur Natur.

Bulldozer und Baumerntemaschinen, die die Erde zerfurchen und in nur einer Minute die Fläche von 35 Fußballfeldern in eine öde Mondlandschaft verwandeln – das wäre, als würde man den Bodensee ablassen und in nur zwei Minuten bliebe ein schlickiges hellgraues Loch mit toten Fischen und Unrat zurück, das wie ein Schlachtfeld anmutet. Kein Trinkwasser mehr für mehr als fünf Millionen Menschen, keine schöne Aussicht, kein Leben.

Ab und zu wird uns dies vor Augen geführt, wenn ein indigenes Volk sich wehrt gegen diese Zerstörung und die schädliche Monokultur. Dann erbarmen sich unsere westeuropäischen Medien und berichten darüber, versuchen die Allgemeinheit zu sensibilisieren und aufzurütteln. Ich finde, wir müssen diesen Völkern dankbar sein, dass sie sich wehren, dass sie sichtbar machen, was wir nicht so gern sehen wollen. Denn sie wollen nicht nur die Ruhestätten ihrer Ahnen schützen, etwas, das ihnen heilig ist. Sondern sie stehen für die Natur ein, die uns alle ernährt und ein Zuhause bietet, während wir betreten wegschauen. Weil wir es können. Das glauben wir zumindest. Wir können so entkoppelt von so vielen natürlichen Prozessen leben, dass wir wirklich die irrwitzige Idee entwickelt haben, wir bräuchten die Natur nicht, um zu überleben.

Aber was das alles für die Artenvielfalt, die Menschen und das Ökosystem vor Ort bedeutet und im globalen Zusammenspiel für unser aller Umwelt und Klima, ist alles andere als rosig. Wir sollten uns darüber bewusst sein, dass genau dieses System es uns überhaupt erst ermöglicht, auf dieser Erde zu *leben*. Und was die pestizidgeschwängerten Früchte unserer Haut und unseren Körpern antun können, können wir heute noch gar nicht bis ins letzte Detail absehen.

Auch unsere Sorglosigkeit und Überheblichkeit sind natürlicherweise begrenzt.

An diesem Tag kann ich die Schwere von dem, was ich beobachtet und (nicht) gehört habe, kaum von mir abschütteln. Ich bin einmal mehr entsetzt über die skrupellose und blinde Art, wie global Lebensmittel »produziert« werden. Um welchen Preis. Wer oder was dabei unter die Räder kommt, scheint zweitrangig zu sein, solange der Rubel rollt.

Dabei hätten wir das alles gar nicht nötig. Dabei könnten Kleinbauern Nahrung für die gesamte und sogar wachsende Weltbevölkerung produzieren. Wenn wir nur nicht immer auf die Großen setzen würden, auf Massenware, die so lieblos mittelmäßig ist. Wenn wir es uns selbst und wenn es uns unsere Kinder wert wären, schonend mit unserer Heimat umzugehen. Die Werkzeuge hätten wir und wir würden dabei nicht schlechter essen, sondern besser. Ja, vielleicht würden wir ein wenig mehr dafür bezahlen müssen. Aber wäre das wirklich so schlimm? Oder wäre es eine Katastrophe, wenn die Haselnusscreme ein wenig zickte beim Aufs-Brot-Streichen?

Ich seufze und frage mich, ob wir es überhaupt schaffen können, als Weltgemeinschaft jemals so viel Mitgefühl zu entwickeln, dass es für mehr reicht als »Man sollte mal« oder die Ausflüchte, mit denen wir nicht mal uns selbst überzeugen können: »Es ist doch alles gar nicht so schlimm, wie alle sagen.« Es *ist* so schlimm, fürchte ich. Und es ist Zeit, dass wir etwas ändern. Höchste Zeit. Ich denke immer, es kann doch gar nicht so schwer sein. Wir müssen uns lediglich darüber im Klaren sein, in was für einer Welt wir leben wollen – und dann so leben, dass sie möglich wird. Ohne Neid, mit viel Mitgefühl. Stelle man sich nur einmal vor, wie so eine Welt aussehen könnte!

Rechts von uns sind jetzt zur Abwechslung mal Kokospalmen zu sehen. Die schlanken, langen Stämme ragen in den hellblauen Himmel. Sie sehen irgendwie netter aus als die dunklen Ölpalmenstämme. Ich grinse zynisch in mich hinein. Denn das Bild trügt. Auch sie werden in Monokulturen angepflanzt und laugen den Boden aus. In Thailand haben wir außerdem oft Männer beobachtet, die mithilfe von dressierten Affen die Kokosnüsse von den Bäumen geholt haben. Ich hätte so gern mal mit einem von ihnen gesprochen, diesen Alltag verstanden. Aber meine eigene Bewertung ihres Umgangs mit den Tieren hat mich davon abgehalten. Ich hätte keinem von ihnen unvoreingenommen gegenübertreten können. Dabei machen die Männer natürlich nur ihre Arbeit, vielleicht gibt es einfach nichts anderes, mit dem sie Geld verdienen könnten, um ihre Familien zu ernähren. Nicht jeder Mensch hat die Wahl und schon gar nicht eine so große Auswahl an Möglichkeiten wie wir.

Die Palmen ziehen weiter an uns vorbei, und ich hoffe dabei so sehr, dieses Land findet den Weg zurück zu seiner ursprünglichen Landwirtschaft, die mindestens die Grundlage allen Lebens schont, sie im besten Fall vielleicht sogar feiert. Dasselbe wünsche ich mir für mein eigenes Zuhause. Denn dieses triste Einerlei ist für mich nicht lebenswert. Ich bin für Vielfalt und Freude.

39 MEIN EIGENES BETT

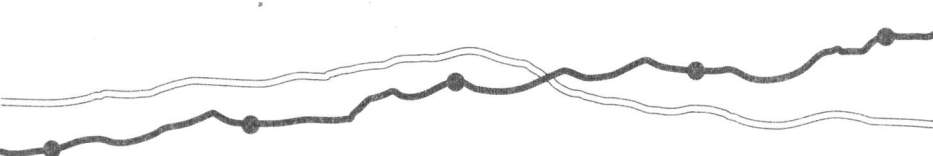

»*Iya Ibo, tidak apa-apa. Aku tidur di dalam kamar, Daniel di dalam tenda.*« Ich blicke in die besorgten Augen der Mutter unserer Warmshowers-Gastgeberin Nilam und versuche sie mit meinem nach drei Wochen inzwischen wieder etwas flüssigerem Indonesisch zu beruhigen.

Nilam hatte uns vor ein paar Stunden an einer Kreuzung in der Nähe von Pontian abgepasst, damit wir den Weg zu ihrem Elternhaus, das, zugegebenermaßen, ein wenig im Nichts steht, besser finden konnten. Sie war routiniert mit dem Roller vor uns hergeknattert, während wir ihr strampelnd folgten. Sie ist eine erfahrene Warmshowers-Gastgeberin, wach und neugierig, und sie weiß, dass wir nach der Ankunft erst mal eine Dusche brauchen. Während Daniel sich mithilfe der auf dem Land noch sehr gängigen Schüssel und dem Wasser, das in einer Art Trog bereitsteht, den Dreck und Schweiß vom Körper schrubbte, erzählte Nilam mir von ihrem Leben.

»Früher war ich viel unterwegs. Ich habe in der Tourismusbranche gearbeitet und auch Reisen in die Türkei und den Iran unternommen. Ganz anders als heute. Jetzt beginnt mein Tag jeden Morgen um 4 Uhr 30. Dann bereite ich Nasi Lemak zu und verkaufe es an meinem Straßenstand. Tagsüber schreibe ich an

Büchern zum Thema Religion, helfe meiner Mutter mit den Anliegen der Familie und meinen zwölf Geschwistern und abends verdiene ich mit Englischstunden etwas dazu.« Das ist übrigens auch die Sprache, in der wir uns unterhielten. Ich war ganz geplättet von so viel Energie. Aber immerhin ist sie auch unsere allererste weibliche Warmshowers-Gastgeber*in*. Sie ist bekennende Muslima. Die Stärke, eigene Ziele zu verfolgen, eine teilweise Unabhängigkeit und Religion scheinen sich in diesem Land also nicht auszuschließen.

»Ich war vor ein paar Jahren schon einmal in Malaysia. *Dan aku bisa bahasa Indonesia* – ich spreche Indonesisch.« Just in diesem Moment kam ihre Mutter um die Ecke. Weil ich gerade so schön in Schwung war, begrüßte ich sie höflich mit »*Selamt siang, Ibo*«. Sie flippte fast aus und prompt ergoss sich ein malaysischer Wortschwall über mich, dem ich nur mit Mühe bruchstückhaft folgen konnte. Indonesisch und Malaysisch sind sich zwar sehr ähnlich, aber ich muss mich erst mal wieder an den doch etwas anderen Zungenschlag gewöhnen. Es ist ähnlich wie beim Deutschen im Vergleich zum Schweizerdeutschen. Im Großen und Ganzen verstand ich zumindest, worum es ging, und konnte sogar antworten. Nilams Mutter erzählte, dass bereits viele Radler hier zu Gast waren, dass aber noch keiner von ihnen ihre Sprache gesprochen habe. Ich erwiderte, dass es mich glücklich mache, ihr damit so eine große Freude machen zu können, dass ich aber auch verstünde, warum niemand die Sprache lernte, der hierherreist. Es ist einfach so, dass die meisten Malaysier so gut Englisch sprechen, aufgrund ihrer kolonialen Vergangenheit, in der sie von den Engländern besetzt gewesen waren. Sie nickte verständnisvoll und stellte weitere Fragen, bis Daniel aus dem Badezimmer schlüpfte. Dann kam auch ich endlich in den Genuss der kühlenden Schüsseldusche.

Als ich gerade fertig war und meine Sachen in dem uns zugewiesenen Zimmer unterbringen wollte, kam Nilams Mama erneut auf mich zu und fragte etwas verschämt:

»*Antonia, Anda menikah sama Daniel?*«

Ich schüttelte den Kopf. Ich wollte nicht lügen. Nein, ich bin nicht mit Daniel verheiratet. Sie nickte und lächelte und ging. Ich wusste bereits, was kommen würde, und sah dem Ganzen eher gelassen entgegen.

Kurze Zeit später kam Nilam tatsächlich zu mir und erklärte in ausschweifenden Worten, dass Daniel und ich nicht in einem Zimmer schlafen könnten, weil wir nicht verheiratet seien.

»I do not care. But my mother does.«

Ich glaubte ihr, dass sie auch als praktizierende Muslima nichts dagegenhatte, dass wir zusammen in einem Zimmer schliefen. Einfach, weil sie ihren Glauben nicht auf unser Leben anwenden wollte. Ich verstand aber auch ihre Mutter, die das unter ihrem Dach nicht dulden konnte. Sie hatte ihren Kindern andere Vorstellungen mitgegeben und beigebracht und ich fand es richtig, dass sie für uns keine Ausnahme machte. Und ich finde es auch viel ehrlicher, wenn Dinge nicht nur (nicht) getan werden, weil die Nachbarn, die Polizei oder sonst wer etwas mitbekommen könnte, sondern weil man selbst eine eigene Werteskala vertritt. Außerdem fand ich es so herrlich »asiatisch«, dass sie ihre Tochter vorschickte, um mir die Botschaft zu übermitteln, damit ich nicht vor Scham mein Gesicht verlieren würde.

Auch jetzt, wo sie vor mir steht mit besorgtem Blick und ich ihr versichere, dass es für uns kein Problem sei, nicht im selben Raum zu schlafen, fühle ich keinen Ärger.

»Ibo, ich finde es toll, dass ich nach 341 Tagen wieder mal ein ganzes Bett für mich allein habe!«

Also helfe ich Daniel, das Zelt draußen aufzuschlagen – aber ohne Regenschutz, so kann er durch das Moskitonetz später die Sterne anschauen.

Ist das nicht irgendwie verrückt? Da fahren wir durch die sogenannte Islamische Republik und durch diverse stark islamisch geprägte Länder und dann ist es hier in Malaysia so weit: Wir müssen getrennt schlafen.

Als Daniel sicher unter dem Moskitonetz eingerichtet ist, gehe ich in mein Zimmer und lege mich in das Queen-Size-Bett. Ich freue mich diebisch, dass ich hier in alle Richtungen ausgestreckt liegen darf. Der letzte Gedanke des Tages gilt nicht etwa Daniel und der Frage, ob aus dem nahen Wald doch noch etwas kommt, das ihn beißen könnte. Nein, er gilt dem köstlichen Nasi Lemak, das uns Nilam morgen zum Frühstück servieren wird. Ich kann es kaum erwarten.

* * *

Es ist noch dunkel. Wir sitzen vor den Tellern, die Nilam gerade vor uns abgestellt hat. Eigentlich bräuchte es die Teller nicht, denn Nasi Lemak ist ein typisches To-go-Essen und zu diesem Zweck so eingepackt, dass man es zur Not erst auf dem fahrenden Motorroller durchschütteln und sich danach genüsslich darüber hermachen kann. Es besteht aus fünf bis sechs Must-haves: Reis, in Kokosmilch gekocht – der Teil des Rezepts ist übrigens der Grund für das Wort *lemak* im Namen, was »reichhaltig« oder »fett« bedeutet. *Nasi* heißt einfach »Reis«. Dazu gibt es ein oder zwei Currys, eine scharfe Sambalsoße, die mit Anchovies angebraten wird, ein Spiegelei und Gurkenscheiben. Das Ganze wird auf einem Bananenblatt angerichtet, das wiederum von einem braunen Tonpapier umschlossen ist. Die kleinen Päckchen sehen dann ein bisschen aus wie Schultüten und der Überraschungseffekt ist meist ebenso groß, denn jede Familie hütet ihr ganz eigenes Geheimrezept in Bezug auf die Auslegung der fünf Bestandteile.

Als ich Daniel das alles erzählt habe, hat er schon den halben Teller geleert und sich dabei wahrscheinlich eher auf seinen Geschmacks- als auf seinen Gehörsinn verlassen. Zumindest mampft er strahlend vor sich hin. Ich lasse das bereitgelegte Besteck neben dem Teller liegen und benutze meine rechte Hand, um die erste Portion Reis erst ein wenig zu verdichten, bevor ich sie durch das Curry und den Sambal ziehe und mir in den Mund lege. Dabei schaffe ich es auch nach jahrelanger Übung nicht, diesen Vorgang so elegant aussehen zu lassen wie bei den Malayinnen. Sie führen eine vollendete kreisende Bewegung vom Teller zum Mund aus. Dabei stecken sie auch nicht ihre Finger bis zu den Mittelgelenken in den Mund, wie ich es dilettantisch tun muss, damit nicht alles auf meinem Schoß landet. Sie verfrachten die mundgerechte Portion mit einer gezielten Bewegung des Daumens direkt in ihren halb geöffneten Mund. Ohne dass ich die Portion dabei sehe, ihnen in den offenen Schlund schauen müsste oder sie nachher etwas im Mundwinkel oder am Kinn hängen hätten. Faszinierend. Zum Glück ist Eleganz keine Voraussetzung für das Genießen dieses reichhaltigen Frühstücks. Ich gebe mich den verschiedenen Geschmäckern in meinem Mund voll hin und freue mich mal wieder über die Erinnerungen, die damit in mir emporsteigen. Lecker Malaysia!

Ein Augenblick in Malaysia

»Nur noch ganz kurz warten, Antonia!«, versuche ich mich selbst zu beruhigen.

Wir sind den ganzen Morgen über eine unbefestigte Straße geholpert. Eigentlich eine schöne Abwechslung im sonst geteerten und baustellengespickten Malaysia. Es gab nur ein Problem: Hunger und nichts in den Satteltaschen. Wie immer, wenn der Weg wenig anstrengend ist und ich mit leerem Magen vor mich hinträumen kann, hatte ich Essensvisionen. Wie es wohl wäre, jetzt den Duft von diesem und jenem zu riechen? Es dann langsam zum Mund zu führen und den Glücksmoment zu genießen, kurz bevor man hineinbeißt? Ich stellte mir vor: Das Wasser ist schon im Mund zusammengelaufen, der Körper sitzt entspannt, aber erwartungsvoll an einem Tisch, der ganze Organismus wartet auf Nahrung. Und dann wirklich in dieses und jenes zu beißen. Wie es auf der Zunge zergeht oder wie herrlich knusprig es ist. Wie es zusammen mit zum Beispiel Kaffee einen noch viel größeren Genuss schafft als allein vertilgt. Wie alles sich im Mund vermischt und ein ganz neues sinnliches Erlebnis bietet. Wie man das ein ums andere Mal abbeißt und sich jedes Mal aufs Neue freut, dass noch etwas auf dem Teller übrig ist. Oje, ich habe wirklich Hunger!

Und da kommen zwei Teller auf uns zu. Ich beiße in das knusprige Brot.

»*Sedap?*« – »Lecker?«

Ich lächle nur dümmlich und Daniel, der sich bereits an meine Essensorgasmen gewöhnt hat, bestellt noch einmal: »*Kopi O dua, Roti Canai dua.*« – »Zwei schwarze Kaffee und zwei Canai-Brote.«

Ich schaue ihn verliebt an. Der Mann weiß, was ich brauche. Oder er hat einfach Angst, dass ich irgendwann meine Drohung wahr mache und in seinen Arm beiße, wenn ich Hunger habe und wir nichts dabeihaben? Gerade schaut er schmatzend zu mir auf und stellt fest:

»Das ist echt das beste Roti, das wir bis jetzt hatten. Obwohl die anderen auch megalecker waren. Du hast nicht zu viel versprochen.«

Ich weiß. Ich nicke glücklich.

40 IN DER SCHWEIZ ASIENS

Das Tandem und ich stehen vor einer großen Mall. Die Menschen strömen um uns herum. Wir sind schließlich auch zweieinhalb Meter lang und durch die Taschen sicher einen Meter breit. Da muss man schon um uns herumnavigieren.

Ich höre Englisch, Chinesisch, Malaysisch, Hindi. Die Straße neben uns ist extrem laut und ich fühle mich ein wenig überfordert von der schieren Menge an blinkenden Leuchtreklamen und den umherhastenden Menschen. Ich bin so viele Reize nicht mehr gewohnt. Es ist Sonntag und die Singapurer nutzen die geöffnete Mall als Freizeitbeschäftigung. Ganze Familien kommen mir mit gefüllten Taschen in der einen und einem Softdrink in der anderen Hand entgegen. Manche schauen mich neugierig an, die allermeisten sind allerdings mit ihren Smartphones beschäftigt und nehmen mich nicht einmal wahr. Ich fühle eine Art distanzierte Gleichgültigkeit. Es ist auffällig, wie wohlgeordnet dieses Land ist und wie wenig man hier dem Zufall überlässt.

Bereits heute früh, als wir über die Brücke, die die Stadt Johor Bahru auf dem malaysischen Festland mit der Insel Singapur verbindet und gleichzeitig die Grenze zwischen den beiden Länder markiert, fahren wollten, bekamen wir eine Lektion in Sachen

Regelkonformität erteilt. Denn es gibt drei Spuren, die Motorroller benutzen dürfen, und ein paar weitere für Autos. Wir entschieden, dass wir eher zu den Rollern gehören, und fuhren auf
die Spur, von der wir annahmen, dass dort am wenigsten los sei.
Hinter uns entbrannte ein Hupkonzert. Wir verbanden das erst
mal nicht mit uns, bis wir selbst bemerkten, dass wir auf der Spur
gelandet waren, die ausschließlich für die Roller ist, die ein Gerät
installiert haben, das automatisch anzeigt, dass sie passieren dürfen. Wir brachten die Ordnung durcheinander und standen mit
unserm dicken Radhintern voll in der Spur für die Pendler, die
natürlich not amused waren, dass die doofen Touris sie behin-
derten. Wir versuchten das Tandem irgendwie aus dem Weg zu
bekommen, aber es war einfach nicht genug Platz zum Wenden.
Was irgendwie symptomatisch ist für eine Insel, die sich künstlich
erweitert, in dem sie manchmal legal, manchmal illegal den Sand
in Indonesien abbaggert und im eigenen Meer zu Bergen anhäuft,
die über dem Wasserspiegel liegen.

Wir ließen den Shitstorm über uns ergehen, bis sich ein Roller-
fahrer hinter uns erbarmte und uns in die richtige Spur vor sich
einreihen ließ. Ich dankte ihm herzlich, denn nichts lag mir fer-
ner, als mich vorzudrängeln, und es war mir unheimlich peinlich,
dass uns alle verärgert anstarrten. Daniel konnte da nur gelassen
grinsen und selbstbewusst sagen:

»Man kann halt nicht alles wissen.«

Ich fühlte mich sehr unwohl in meiner Haut und stellte fest,
dass dies die erste Situation auf unserer Reise war, in der man
nicht einfach mit uns sprach, um eine Lösung zu finden, sondern
uns unwissend ließ, ohne uns eine helfende Hand zu reichen.

Daniel reißt mich aus meinen Gedanken. Er ist zurück aus der Mall und präsentiert mir seine Beute: ein neues Smartphone. Sein altes hat gerade so lange durchgehalten, bis wir in dem Land gelandet sind, in dem es Elektronik zu kaufen gibt – auch an einem Sonntag. Mich nervt das Ganze, aber ich verstehe auch, dass Daniel ein neues Smartphone braucht, um unsere Route zu planen. Mit meinem alten Knochen ist das schon lange nicht mehr möglich. Und so löse ich mich von dem Gedanken, dass wir in einer Fünf-Millionen-Stadt irgendwie die nachhaltigste Lösung finden müssen. Zum Beispiel in Form eines gebrauchten Smartphones. Aber dafür bräuchten wir Zeit und da wir so bald wie möglich nach Indonesien übersetzen wollen, muss ich einmal fünfe gerade sein lassen. Das hebt meine Stimmung nicht unbedingt.

Nachdem wir das Geschäftliche also erledigt haben, peilen wir unser Hostel an.

41 OHNE TANDEM?

Ich sitze auf der Bank in der kleinen Küche unseres Hostels und schaue Daniel fragend an.

»Was denkst du?«

Daniel zuckt mit den Schultern. Ich nehme einen Schluck aus meiner Kaffeetasse und versuche mir vorzustellen, wie es wäre, ohne Tandem von Singapur nach Yogyakarta, unserem Ziel, zu reisen: Wir würden erst mal das Boot von Singapur nach Batam nehmen, der indonesischen Insel, die nur eine halbe Schiffsstunde von Singapur entfernt ist. Dann würden wir vor Ort versuchen, ein Ticket für die nächstmögliche Fähre von Batam nach Jakarta zu bekommen. In Jakarta angekommen, könnten wir mit dem Zug nach Yogyakarta weiterreisen. Es würde unsere Ankunftszeit um circa zwei Wochen nach vorn ziehen. Wir hätten keinen Stress damit, das Tandem auf zwei Schiffe verladen zu müssen, und dabei nie zu wissen, wie gut (oder schlecht) es die Einzelteile der Ausrüstung verkraften, nicht am Tandem transportiert zu werden. Zum Beispiel die filigranen Haken, die unsere Taschen am Gepäckträger halten. Sie können leicht abbrechen, wenn sie sich nicht um die Stange schmiegen dürfen, für die sie konzipiert sind. Wir haben auch kaum Erfahrung mit dem Verladen des Tandems. Wir sind immer alle Wege gefahren. Jeden Meter.

Wir haben aber von anderen Radlern gehört, dass das Verladen der Räder manchmal recht herausfordernd war und sie es im Nachhinein lieber vermieden hätten. Wir sind außerdem nicht mal sicher, ob das Tandem überhaupt mit auf das Boot nach Batam dürfte. So regelverliebt wie die Singapurer sind, trauen wir es ihnen zu, dass das Tandem gar nicht transportiert wird. Einfach, weil es nicht ins Schema passt.

Ich merke, wie meine Gedanken sich grau färben und ich mir weitere Worst-Case-Szenarien ausmale. Nach der Erfahrung an der Grenze zu Singapur zweifle ich nicht nur an der Hilfsbereitschaft meiner Mitmenschen, sondern auch an meiner eigenen Kraft, ein weiteres Hindernis überwinden zu können. Seitdem das Tandem nicht mehr sofort die Herzen der Menschen öffnet, trete ich deutlich unbeschwingter in die Pedale.

Und dann wäre da noch das Argument, dass wir ohnehin wieder zurück nach Singapur müssen, um unser inzwischen bestätigtes Containerschiff zu boarden, das uns Richtung Heimat bringen wird. Warum das Tandem also nicht gleich hierlassen, sodass es auf uns warten kann, und es dann mit auf das Containerschiff nehmen?

»Wenn wir es mit auf das Containerschiff nehmen, dann müssen wir allerdings vielleicht noch durch halb Europa radeln. In europäischen Zügen darf man oft keine Räder mitnehmen«, gibt Daniel zu bedenken. Ich nicke und stelle mir vor, noch eine Weile durch Italien zu tingeln, nachdem wir innerhalb von zwei Wochen von Asien nach Europa katapultiert worden wären. Ich merke, wie es sich nicht richtig anfühlt. Wie ich keine Lust habe, durch Europa zu reisen. Mein Speicher ist voll. Ich kann nichts mehr aufnehmen. Und vor allem würde ich alles mit den Erfahrungen vergleichen, die wir von der Türkei bis nach Kasachstan gemacht haben. Und das wäre unfair. Und unbefriedigend.

»Das kann ich mir nicht vorstellen.« Ich traue mich, ehrlich zu sein. Er nickt. Ihm geht es ähnlich. Ich horche in mich hinein und versuche, irgendwo die Lust zu finden. Die Lust, die Neugierde, die mich letztendlich dazu gebracht hat, diese Reise überhaupt zu beginnen.

Ich nehme noch einen Schluck aus meiner Kaffeetasse und muss an die vielen Menschen denken, die uns bis jetzt begegnet sind, und mit denen wir über unsere Reise auf dem Tandem gesprochen haben. An die Menschen zu Hause, die jede Woche mit Spannung unseren Blogeintrag erwarten. Kann ich denen wirklich schreiben, dass wir das Tandem in Singapur lassen, weil es »praktischer« ist, »einfacher«? Ich spüre den Widerstand in mir. Wir sind losgezogen, weil wir eine Pizza in Yogyakarta essen wollten. Wir wollten nicht fliegen, sondern radeln. Wir hatten einen Traum und wollten diesen auf ökologisch vertretbare Art und Weise in die Tat umsetzen.

Und jetzt verlässt uns kurz vor dem Ziel der Mut? Die Kraft? Das Vertrauen darauf, dass wir alles irgendwie schaffen können? Wir werden pragmatisch, bequem, kraftlos?

Ich spüre, wie sich mein Inneres aufbäumt, wie sich meine Brust hebt. Wir *können* das schaffen. Es ist normal, dass wir müde sind. Angefüllt mit Begegnungen und Erlebnissen. Satt von überwundenen Herausforderungen. Müde gegenüber weiteren bürokratischen und organisatorischen Anstrengungen. Aber was bedeutet all das vor dem Hintergrund des Ziels, das wir einmal formuliert haben? EinzuRADELN nach Yogyakarta. Uns mithilfe unserer eigenen Beine von Europa bis nach Asien zu bringen. Hindernisse zu überwinden, an die wir nie gedacht hätten, Wendungen zu nehmen, die wir uns nie hätten vorstellen können. Und jetzt schreckt uns die Vorstellung ab, dass man uns mit Tandem nicht mit offenen Armen auf einem Schiff willkommen heißt? Dass man uns vielleicht nur widerwillig mitnimmt?

Ich schüttle den Kopf. Was für ein verrückter Gedanke. »Daniel, das können wir nicht machen. Wir müssen diesen letzten Teil der Reise auch mitnehmen. Auch wenn es wehtut, auch wenn wir keine Lust mehr haben. Das verzeihen wir uns doch sonst nie.«

Daniel nickt bedächtig.

»Na ja, es ist unsere Reise. Wir können sie gestalten, wie wir wollen. Aber du hast schon recht: Wenn ich mir jetzt vorstelle, die letzten Meter ganz ohne Tandem zu sein, dann habe ich noch weniger Lust, loszugehen. Mich in einen Zug zu pressen. Mich an Fahrpläne halten zu müssen.«

Ich verstehe sofort, was er meint.

Wir haben das zu dritt begonnen, also beenden wir es auch zu dritt. Auch wenn wir uns im Moment kraftlos fühlen. Auch wenn wir es niemandem beweisen müssen. Auch wenn es anstrengend wird. Wir steigen wieder auf.

42 KNIETIEF IN DER SCHEISSE

Ich stehe unter dem heißen Wasserstrahl und schaue der braunen Suppe dabei zu, wie sie im Abfluss verschwindet. Meine Arme hängen teilnahmslos an meinem Körper herunter, ich habe das Gefühl, dass meine Beine gleich unter mir nachgeben werden. Ich kann einfach nicht mehr. Und ich frage mich, wie die Menschen dieser Stadt ihr Schicksal so gelassen hinnehmen können.

Bereits auf der Fähre, die uns von Batam in die indonesische Hauptstadt Jakarta brachte, hörte ich das Wort von Mund zu Mund fliegen: »*Banjir.*« »*Ada Banjir.*« »*Airnya sampai satu meter.*« – »Überschwemmung.« »Es gibt Überschwemmung.« »Das Wasser steht einen Meter hoch.« Ich versuchte positiv zu bleiben und die Bilder zu vertreiben, die sich aus meiner Erinnerung emporschälten. Meine Kollegen bei Mercedes Benz, wo ich neun Jahre zuvor mein Pflichtpraktikum innerhalb meines Bachelorstudiums absolviert habe, kamen an »Banjir«-Tagen meist ein bis zwei Stunden später. Nicht, dass sie nicht sowieso schon fast vier Stunden für den Weg von ihren Quartieren am Stadtrand zur Arbeit benötigten – one way, versteht sich –, an »Banjir«-Tagen war der notorische Stau auf den völlig überlasteten Straßen ein noch größerer Albtraum.

Obwohl das wirklich schwer vorstellbar ist, wenn man einmal

den Stau in Jakarta miterlebt hat. Schätzungen beziffern den wirtschaftlichen Schaden durch den Stau in der Zehn-Millionen-Einwohner (ob zwei bis fünf Millionen, mehr oder weniger, kann niemand verlässlich zählen)-Metropole jährlich auf über vier Milliarden Dollar. Weil Angestellte zu spät oder nie bei der Arbeit ankommen, Waren und Güter die Containerschiffe nie oder mit immenser Verspätung erreichen. Weil es dem Geschäftspartner irgendwann zu blöd wird, noch einen Tee zu trinken, während er auf den im Stau steckenden Verkäufer wartet. Und das in einem Land, das wirtschaftliche Entwicklung bitter nötig hätte. Leider versinken alle Projekte, die die infrastrukturelle Entwicklung zum Ziel haben, ganz oder teilweise im Sumpf der Korruption. So wie Jakarta selbst auch im Sumpf versinkt. Nicht nur wegen der Korruption, sondern auch, weil die Holländer, die damals als Kolonialmacht über das heutige Indonesien herrschten, »Batavia«, das heutige Jakarta, auf sehr unsoliden Grund gestellt haben. Nämlich auf ein entwässertes Sumpfgebiet. Kein Witz. Seither ist die Stadt immer weiter abgesunken und liegt heute nur noch acht Meter über dem Meeresspiegel. Für den großen Hafen macht das kaum einen Unterschied, für die Bewohner, die das Pech haben, direkt neben den offenen Abwasserkanälen oder zu nah am Meer zu wohnen, einen umso größeren. Jedes Jahr zur Monsunzeit gehen sie unter. Dann überschwemmen Wasser, Plastik, Müll und Fäkalien die Straßen – und die Hütten der ärmeren Menschen.

Noch auf dem Schiff, während ich die Situation noch nicht ganz überblicken konnte, keimte die Hoffnung in mir, dass der Regen vielleicht nicht so ergiebig war oder wir es zumindest noch vor der Rushhour aus dem Hafen schaffen könnten. Als wir das Tandem allerdings aus dem Hafengelände schoben, zeigte ich Daniel die erste legendäre Sehenswürdigkeit von Jakarta: »Macet«.

Den Stau. Die Autos, die direkt vor uns Stoßstange an Stoßstange in drei Reihen standen, bewegten sich Zentimeter für Zentimeter vorwärts. Die Luft war ein nach Abgasen riechender Schleim. Denn das Thermometer zeigte 30 Grad und dazu kam die Schwüle von 80 Prozent Luftfeuchtigkeit. Der Schweiß lief uns schon jetzt über das Gesicht. Und dabei standen wir hier nur herum. Neben uns zwängte sich ein LKW aus der Hafeneinfahrt auf die Straße. Daniel begriff sofort, dass er die Deckung dieses fahrenden Riesen nutzen musste. Wegen eines Rads machte sicher keiner halt. Vor allem nicht die sich überall durchdrängelnden Motorroller, die jede noch so kleine Lücke nutzen. Dabei sind weder Bürgersteige noch sonst etwas tabu. Der Stärkere gewinnt. Willkommen im Dschungel der Moto-Raubtiere!

Neben gefühlten 50 anderen Rollern hatte ein Mann den Schatten des Lkw genutzt, um zu uns aufzuschließen. Er fragte:

»You need help?«

Ich zuckte mit den Schultern. Daniel hielt an und zeigte ihm, wohin wir wollten. Er nickte wie ein eilfertiger Soldat, klärte uns darüber auf, dass unser Hotel hinter den von den Überschwemmungen stark betroffenen nördlichen Gebieten der Stadt liege, und meinte aufmunternd:

»You can trust me. I bring you there.«

»*Terima kasih*« – »Danke«. Zu diesem Zeitpunkt erlag ich noch der Illusion, dass das nicht so schwer sein konnte, und war darum gar nicht sicher, ob wir seine Hilfe wirklich brauchen würden.

Drei Stunden später und nach Sonnenuntergang fragte ich mich, wie ich so naiv sein konnte. Und war froh, dass ich meine Gedanken nicht laut ausgesprochen hatte. Yudhy führte uns vom Hafen weg und über große Straßen, bis nichts mehr ging. Dann mussten wir auf die kleineren Straßen durch Wohnviertel, die traditionellen Kampungs, ausweichen. Das heißt, eine Straße sahen wir gar nicht. Denn sie verbarg sich unter mindestens 20 Zentimeter Wasser. Zu dieser Einschätzung kam ich anhand von Yudhys Roller-Rücklichtern, deren roter Schein von der Wasseroberfläche gespiegelt wurde, während er uns sicher den Weg wies. Die Einwohner der Viertel standen in ihren Sarongs, den bodenlangen, oft mit traditionellen Mustern versehenen Röcken, in ihren Türen. Das Licht fiel von hinten auf die Szenen. Unter anderen Umständen hätten sie wohl gerade bei den Nachbarn vorbeigeschaut, sich gegenseitig massiert oder einfach nur das Treiben auf der Straße beobachtet. Das taten sie auch jetzt, allerdings blieben sie, um keine nassen Füße zu bekommen, in ihren Türrahmen stehen. Trotz all des Chaos um sie herum fanden sie trotzdem noch die Zeit und Muße, uns mit dem javanischen Gruß »Monggo« und einer eleganten Handbewegung zu bedeuten, dass wir in ihrem Kampung willkommen waren. Mir saß ein Kloß der Rührung in der Kehle.

Es ging in verwirrendem Zickzack durch die Straßen, meist durch niedriges Wasser. Mein Körper war in voller Alarmbereitschaft. Wir sahen nicht, was sich unter dem Wasser verbarg, und das Treten war schwierig. Es fühlte sich eher an wie Tretboot fahren. Irgendwann sind auch dem größten Helden die Hände gebunden und Yudhy gestand uns, dass er jetzt nicht mehr weiterkönne, weil das Wasser höher stieg, als sein Auspuff hoch sei. Und wenn der unter Wasser stehe, saufe der Roller ab.

Also verabschiedeten wir uns von unserem Retter, er drückte uns noch zwei Softdrinks in die Hand und weg war er. Ich schüttelte fassungslos den Kopf über so viel Hilfsbereitschaft und Selbstlosigkeit.

Auch für uns wurde das Radeln nun unmöglich. Also traten wir beherzt in die – genau – Scheiße. Das heißt, wir wussten es nicht genau, aber es war recht wahrscheinlich, dass in der Dreckbrühe nicht nur Regenwasser schwamm, sondern auch die Exkremente der Bewohner dieses Molochs.

Ich ging mit unseren beiden Vordertaschen voraus, die ich vom Rad gelöst hatte, um den Wasserwiderstand zu verringern. Daniel schob das Tandem hinterher. Wir wateten knietief durch die Brühe und ich versuchte mir *nicht* vorzustellen, was passieren würde, wenn das Material unserer großen hinteren Taschen nachgeben und die Soße das Innere erreichen würde. Ich machte den nächsten Schritt und fühlte – Leere. Mein Magen krampfte sich zusammen, ich kippte vornüber und sah gerade noch, wie ein Polizist, der auf der anderen Straßenseite stand, mit entsetztem Gesichtsausdruck in meine Richtung stürmte. Ich sah einen dunklen Abwasserkanal vor meinem inneren Auge und meinte, die sandige Brühe bereits in den Nasenlöchern zu spüren. Ich riss meine Arme mit den Taschen in den Händen nach hinten und schaffte es so, meine Bewegungsrichtung umzukehren. Weg von dem dunklen Sog, rückwärts. Mein hinterer Fuß schmatzte im schlammigen Untergrund und ich konnte meinen ins Leere getappten Fuß zurückziehen, ohne mich auf den Po zu setzen. Ich atmete schwer ein und aus und schaute dabei erschrocken den Polizisten an, der uns inzwischen erreicht hatte. Er schüttelte gleichsam verärgert und erleichtert den Kopf und wies uns einen Weg, unter dem sich keine gähnenden Löcher mit direktem Fahrschein in die Kanalisation versteckten.

Als ich den ersten Schritt auf dem neuen Weg ging, merkte ich, dass ich die ganze Zeit vor Schreck nicht mehr geatmet hatte. Ein quietschendes Geräusch entfuhr meiner Kehle, es war das Geräusch einer an Luft Ertrinkenden. Um uns herum war es so laut, dass nur ich es hörte. Und ich war froh, dass ich an Luft ertrank und nicht an Scheiße.

Ich löse die Stirn von der Scheibe der Duschkabine. Das Wasser, das von meinem Körper rinnt, ist inzwischen nicht mehr braun. Ich zwinge mich, das Wasser abzustellen und aus der Kabine zu treten. Meine Kehle ist immer noch rau. Ich bin so kaputt wie noch nie. Mein ganzer Körper schmerzt. Der Schreck sitzt tief.

Da meldet sich mein weises Inneres. Glück gehabt. Wie so oft, du Sonnenkind. Ich atme tief ein, nehme mir vor, mich ins Restaurant zu schleppen und etwas zu essen. Mein Körper braucht das.

Die Bewohner dieser Stadt werden jedes Jahr aufs Neue damit konfrontiert, dass ihr Hab und Gut sich auflöst, sie obdachlos werden und sie sogar Angst haben müssen, dass ihre Lieben in den Fluten ertrinken. Was macht dieses Ausgeliefertsein mit einem? Was macht man mit der Angst und der Wut, die einen fast ersticken lässt, anhand der Tatenlosigkeit der Regierung?

Die Menschen von Jakarta jedenfalls machen einfach weiter. Manchmal lächelnd, manchmal scherzend, manchmal verzweifelt. Und sie bieten einem trotzdem die Hand, wie Yudhy, wenn man selbst knietief in der Scheiße steht.

Augenblicke in Indonesien

Wir sitzen auf einem Bambuspodest am Fenster des kleinen Restaurants. Wenn man aus dem Fenster schaut, sieht das javanische Hochland sehr schön aus: überall grün, dicht bewaldet, dschungelartig. Dazwischen immer wieder terrassierte gelbe Flecken: Reisfelder. Der Dunst zieht hier und da noch aus den Bäumen, was dem Ganzen eine märchenhafte Magie verleiht.

Frage ich meine Beine, so finden die die Hügel gar nicht schön, geschweige denn amüsant. Seit zwei Tagen geht es nur hoch und runter, hoch und runter. Auf engen Straßen, auf denen der Asphalt zum Rand hin oft gefährlich ausfranst. Und von Serpentinen scheinen die indonesischen Straßenbauingenieure auch noch nie etwas gehört zu haben. Die Straßen wurden ganz einfach senkrecht auf die Hügel gezogen. Das gibt mir manchmal das Gefühl, ebenso senkrecht mit dem Tandem am Berg zu stehen, und löst die unangenehme Vorstellung in mir aus, gleich wieder von der Schwerkraft rückwärts den Berg hinuntergezogen zu werden.
Während wir also hochkeuchen, verfluche ich diese Baumeister und beim Runterfahren versuche ich so viel Luft wie möglich einzuatmen, um nicht beim nächsten Anstieg gleich wieder aus dem letzten Loch zu pfeifen. Ich fühle mich wie in einer Achterbahn, die ich selbst antreten muss, damit sie in Fahrt kommt. Mühsam.

* * *

Es ist früher Morgen des dritten Achterbahntages in Indonesien. Wir sitzen vor einem der kleinen »Indomarket«-Supermärkte irgendwo zwischen Garut und Yogyakarta, die wir aufgrund ihres einmaligen Angebots lieben gelernt haben: Sie verfügen über eine Toilette. Das klingt vielleicht banal, aber auf den viel befahrenen und bewohnten Straßen von Java, die wir entlangstrampeln, gibt es kaum eine Möglichkeit für eine gepflegte Pipipause ohne Zuschauer. Auch an der verlassensten Straße steht ein kleiner Holzverschlag, aus dem heraus Mittagessen, Waschpulver in Mini-Packungen für einen Waschgang oder das allgegenwärtige Tolak Angin – eine Mischung aus Kräutern und Zucker, die man direkt aus der kleinen viereckigen Packung saugt und die gegen so ziemlich alles, von Schnupfen über Unwohlsein bis hin zu Zuckermangel, hilft – verkauft werden. Die Betreiber haben die Umgebung mangels Kundschaft sicher gut im Blick. An den Straßenrand schließen sich entweder undurchdringbarer Dschungel oder flache Reisfelder an, aus denen oft unerwartet ein Kopf herausschießt, um uns zuzugrinsen. Und wenn dann mal alles stimmt und auch gerade kein Auto auf der Straße in Sicht ist, schießt garantiert ein Roller, beladen mit einer vierköpfigen Familie und drei Hühnern, aus irgendeinem Dickicht. Also verrichte ich mein Geschäft lieber in den sicheren vier Wänden einer meist gepflegten Supermarkttoilette. Als Bonus bekommt man eine kleine Abkühlung in den klimatisierten Verkaufsräumen und einen Einblick in den indonesischen Konsum-Traum: gekühlte Getränke in allen Farben, Hauptsache süß, Knabberzeug, eingeschweißte Toasts, Kekse und Kosmetika, die einen weißeren Teint versprechen. Es gibt keine frischen Produkte und wenig Grundnahrungsmittel. Eher ein überdimensionierter Kiosk als ein Supermarkt – und für uns ein tägliches Ritual, das wir gern wiederholen.

An diesem Morgen sind wir allerdings noch ein bisschen früh dran und unser bevorzugter Ort der Glückseligkeit ist noch geschlossen. Die Morgensonne scheint so schön auf den Vorplatz, der aus einer Terrasse mit Tischen und Stühlen darauf sowie einem großzügigen Parkplatz besteht. Und so beschließen wir, auch ohne den Konsumtempelbesuch eine kleine Pause einzulegen.

Als wir so in den Stühlen hängen, sehe ich aus dem Augenwinkel ein Gefährt, das sich langsam die Straße entlangschiebt. Es ist einer der vielen mobilen »Warungs«, die das eigentliche Rückgrat der indonesischen Wirtschaft bilden, weil sie die Versorgung mit warmen Mahlzeiten garantieren. Vom Büroangestellten über den Handwerker und die Hausfrau bis hin zum Studierenden essen alle gern auswärts. Zudem ist es günstig und lecker, da ein Warung immer eine Spezialität anbietet. Ein Warung kann dabei eine kleine Garküche mit ein paar tiefen Plastikhockern sein, die abends auf den Bürgersteig aufgestellt werden, ein festes Restaurant mit Stühlen und Tischen und einem Rolltor, das man nachts abschließen kann, oder eben die fahrbare Variante, die meist aus einer Art Lasten- oder Motorrad zusammengebaut ist.

In unserem Fall schiebt der tretende Besitzer einen Glaskasten vor sich her, der augenscheinlich aus vier Fensterrahmen samt -glas zusammengezimmert und mit »Bubur Ayam« beschriftet ist. Da fährt also gerade eine der beliebtesten indonesischen Frühstücksmahlzeiten an uns vorbei. Mein Mund formt wie von allein das Wort »Baaaaaaaaaaaaaaaaak!«

Der angesprochene »Bak«, also der »Herr«, ist zwar bereits an dem Parkplatz vorbeigefahren, hat aber feine

Ohren, die meinen verzweifelten Ausruf gehört zu haben scheinen. So reißt er in einer waghalsigen Aktion den Lenker seines Rads herum und dreht um, indem er einmal quer über die Gegenfahrbahn fährt. Ich habe das Gefühl, dass eines der beiden vorderen Räder schon nicht mehr den Boden berührt und die mitfahrenden porzellanenen Schüsselberge sich gefährlich in Richtung des blechernen Deckels, unter dem sich das Bubur Ayam versteckt, neigen. Das Manöver endet jedoch ohne Scherben oder Unfall und der »Bak« kommt fröhlich auf uns zugestrampelt. Ich, mindestens genauso fröhlich, bestelle freudestrahlend »*Bubur Ayam, dua*« und der Koch versucht sich nicht anmerken zu lassen, dass er aufgeregt ist, zwei *Bule-Biule* – Weißen – hier und jetzt ihr Frühstück zuzubereiten. Er nimmt bedächtig eine der geblümten Porzellanschüsseln, die vorhin so nahe am Zerbrechen waren, öffnet den blechernen Deckel und schöpft mit einer Kelle das dampfende Gemisch aus Reis und Hühnchen hinein. Er wiederholt es mit einer zweiten Schüssel und dekoriert beide im Anschluss mit knusprigen Krabbenchips. Dann zaubert er zwei Löffel hervor und bedeutet uns, in Ruhe zu essen. Er würde warten. Wir setzen uns wieder auf die Terrasse des Indomarket in die Sonne und genießen die salzig cremige Mischung aus einer Art Risotto mit Hühnchenfleisch, das in feine Streifen gezupft ist. »Pulled Chicken« würde man als Foodie wohl sagen.

Unser *Bak*, der als Arbeitsuniform ein traditionelles Batikhemd in Grün gewählt hat, setzt sich in der Zwischenzeit auf den Sitz seines Dreirads und raucht in Ruhe eine der berüchtigten Nelkenzigaretten. Falls er neugierig ist, zeigt er es keinesfalls, sondern nimmt ehrwürdig ein um den anderen Zug von seinem Qualmstengel, während wir seinen belebenden Brei löffeln.

Ich kann unser Glück kaum fassen und finde, das alles passt perfekt zu einem hippen, ressourcenschonenden Lebensstil. Schließlich radelt er das Frühstück CO_2 neutral und verpackungsfrei zu uns, wahrscheinlich ist alles hausgemacht, und dann hat er auch noch die Muße, uns essen zu lassen. Das weiß ich sehr zu schätzen. So sitzen wir kauend und rauchend und ansonsten schweigend zusammen. Als wir fertig sind, nimmt er die Teller und Löffel wieder an sich und spült sie mit Wasser ab, verstaut alles wieder und strampelt weiter. Bis zum nächsten »Bak!«, das ihn möglicherweise dazu bringen wird, seinen waghalsigen Stunt zu wiederholen. Und das den ganzen Morgen lang, bis die Blechschale in seinem Dreirad leer oder aber die Zeit für Bubur Ayam vorbei ist. Entweder, er hat dann sein Tagesgeschäft bereits verrichtet oder aber, er zieht nach einer Pause noch mal los, um die Abendvariante des Gerichts an die hungrigen Kunden zu bringen.
Wir jedenfalls winken ihm fürs Erste freudig gesättigt hinterher, als er seine Lastenkiste weiterstrampelt, und sind froh, jetzt endlich die vier Wände nutzen zu können, die vorhin noch versperrt gewesen waren. Auch der Indomarket ist jetzt erwacht. Und die scharfe Sambalsoße brennt zweimal.

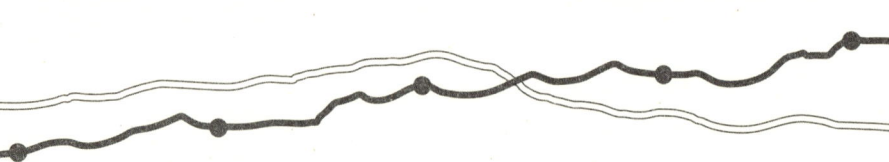

43 FINITO

Wir radeln eine Straße entlang, die von Wald umgeben ist. Es ist früher Morgen und noch schattig zwischen den Bäumen. Ich genieße die Ruhe, das gleichmäßige Treten. Die Sonne blinzelt golden durch das Dickicht.

* * *

Wir erreichen ein geschäftiges Dorf. Die Schulkinder sehen adrett aus. Die Jungs tragen blaue Bundfaltenhosen und weiße Kurzarmhemden. Die Mädchen haben blaue Röcke an, die bis zu den Schienbeinen reichen, weiße Blusen und manchmal einen weißen Hijab dazu, der einen schönen Kontrast zu den dunklen Augen bildet, die uns interessiert anblicken. Dazwischen Erwachsene, die auf dem Weg zur Feldarbeit sind oder vor ihren kleinen Kiosken stehen und das Treiben auf der Straße beobachten. Es riecht, wie ich etwas zwiegespalten feststellen darf, gleichermaßen sehr intensiv nach Rauch und nach Frittiertem.

* * *

Wir fahren an Reisfeldern entlang, die sich leuchtend grün gegen den blauen Morgenhimmel abheben. In der Ferne sind Vulkane zu erkennen. Sie erheben sich respekteinflößend aus dem sonst flachen Land. Weiße Nebelschwaden verleihen dem Stillleben eine mystische Stimmung – so als ob wir uns plötzlich mitten in einem Fantasy-Filmset finden würden.

* * *

Wir halten an einer Kreuzung bei einem kleinen Laden. Ich hole drei von den erfrischenden Isogetränken, die wir gern mal zur Abwechslung vom Wasser trinken. Siti wird gleich wieder umdrehen und nach Kebumen zurückfahren, wo wir unsere letzte Nacht vor unserem Ziel verbracht haben. Sie hat uns bis hierher begleitet und auch viel geleitet. Sie ist begeisterte Radlerin und kennt sich gut aus in der Umgebung. Wir sind ihr dankbar, denn so haben wir ein paar Schleichwege entdeckt und sind endlich einmal weggekommen von den viel befahrenen Straßen. Wir stoßen mit unseren Getränken an, sitzen eine Weile auf den Stufen des Ladens beisammen. Dann ist es Zeit, sich zu verabschieden, wir umarmen uns und fahren in entgegengesetzte Richtungen davon.

* * *

Wir sitzen vor unserem Mittagessen in einem Padang-Restaurant am Straßenrand. Der klapprige Deckenventilator über mir vermag nur ein laues Lüftchen zu produzieren. Aber immerhin sorgen ein wenig Schatten und eine leckere Auswahl vom Büfett, das im Fenster des Restaurants ausgestellt ist, bei uns für Freude. Es gibt verschiedene Leckereien, Rendang, das indonesische Gulasch, fritierte, kleine Fische mitsamt Augen und noch so einiges, das ich nicht zuordnen kann. Daniel und ich essen, ohne viel zu reden.

Wir legen nur ab und zu das Besteck zur Seite und machen unserem Unglauben Luft.

»Wir sind echt bald da!«

* * *

Dann sind wir da.

* * *

Nanamias Pizzeria steht direkt vor uns und ich staune, wie sehr sie sich verändert hat in den letzten neun Jahren. Wie überhaupt ganz Yogya. Wir nähern uns drei Jungs, die dabei sind, vor der Pizzeria ein Plakat aufzuhängen. Als sie sich umdrehen, gefrieren ihre Gesichtszüge für einen Moment. Sie blicken sich an. Dann halten zwei von ihnen das Plakat zwischen sich hoch – wir erkennen erst jetzt, dass es *unser* Willkommensplakat ist. Unsere Namen und unsere Route sowie ein paar Fotos von unserem Blog sind darauf. Wir quieken begeistert auf und schauen uns das Plakat genauer an, klopfen den Jungs auf die Schulter. Sie bitten uns ins Innere des Restaurants. Wir setzen uns an einen kleinen Tisch in der Mitte. Daniel stellt unsere Fronttasche mit all unseren Wertsachen auf den Tisch, wie wir es in den letzten elf Monaten fast jeden Tag getan haben. Dann blicken wir uns an. Wir sind da. Ich versuche zu ergründen, was ich fühle. Ich bin froh, hier zu sein. Ich bin aufgeregt, Nana und Matze, unsere lieben Freunde, wiederzusehen, deren Pizzeria das Ziel unserer Tandemreise ist. Und ich bin hundemüde.

Wir sitzen ein wenig angestrengt an diesem Tisch. Noch können wir uns nicht entspannen. Können nicht begreifen, dass wir tatsächlich das Ende unserer Tour erreicht haben. Ich bin ganz in Gedanken versunken und entdecke Nana und Matze erst, als sie bereits den Roller vor dem Restaurant geparkt haben und gerade ihre Helme abnehmen. Ich stürme los und bin zuerst bei Nana. Ich nehme sie in den Arm.

»Halloooooooo!!!«

Matze reißt mich von den Füßen und dreht sich einmal im Kreis mit mir. Wir sind da.

Kurz darauf sitzen wir wieder am Tisch und reden, als hätten wir uns erst letzte Woche gesehen. Nach zwei Stunden realisieren wir, dass wir in den nächsten zwei Wochen noch ein wenig mehr Zeit haben werden, um alles zu besprechen. »Welche Pizza soll es sein?« Nana blickt uns gespannt an. Daniel und ich schauen einander an und müssen grinsen. »Wir waren Padang essen, Nana! Sonst wären wir bis hierher verhungert.«

»Ihr seid lustig, da fahrt ihr um die halbe Welt, um eine Pizza bei uns zu essen, und dann das!«, schilt sie uns und bestellt uns ein Dessert.

Dieser Moment ist bezeichnend. Wir haben während der Reise gelernt, unsere Taten oft unseren körperlichen Bedürfnissen unterzuordnen. Wir sind pragmatischer geworden, aber auch entspannter. Wir nehmen die Dinge, wie sie kommen, und versuchen uns nicht in das zu pressen, was wir uns vorstellen. Und so essen wir eben keine Pizza und sind trotzdem glücklich, denn es bleiben uns noch viele Tage, genau das zu tun.

Und dann kommt der Punkt, an dem meine Müdigkeit voll einschlägt. Ich fühle mich ein wenig krank und einfach nur kaputt. Meine Schultern schmerzen und mein Kopf ist schwer. Ich will nicht mal mehr die vier Kilometer bis zu Nanas und Matzes Zuhause radeln und so fährt Nana uns mit dem Auto. Zum Glück war unser offizielles Ziel die Pizzeria, sonst hätte ich auf den letzten Metern kläglich versagt.

44 ANGEKOMMEN?

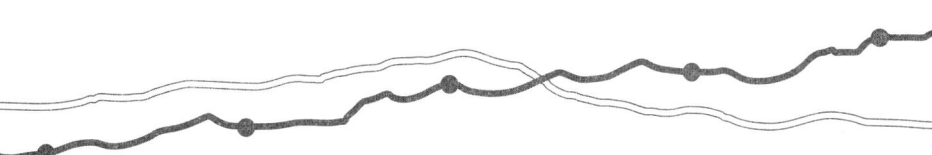

Von Daniel fällt mit der Ankunft in Yogya eine große Anspannung ab. Er muss drei Tage schlafen, essen, repeat. Was sonst gar nicht seine Art ist. Es ist wie nach der Prüfungszeit im Studium oder einer anderen langen Phase der Anspannung, in der man auf etwas hingearbeitet hat. Ist das Ziel dann erreicht, fühlt man, wie müde und ausgezehrt man eigentlich ist, und der Körper fordert Erholung ein.

Ich werde in den folgenden drei Tagen und auch nicht wirklich danach je das Gefühl haben, angekommen zu sein. Es klingt so unglaublich, mit dem Rad von Deutschland nach Indonesien fahren zu wollen. Aber eigentlich ist es einfach eine Abfolge von Tagen, die man auf dem Rad verbringt, während man der Welt dabei zusieht, wie sie sich um einen herum verändert. Man isst, man trinkt, man schläft, macht Pipi. Man fährt hoch und runter. Es ist kalt oder heiß. Man hat einen guten oder keinen guten Tag. Aber man kommt stetig voran und irgendwann ist man eben da. Und kann die Reise gar nicht mehr als Ganzes begreifen.

Wir beginnen nach einigen Tagen langsam damit, meine alten Freunde zu treffen, zum Essen das Haus zu verlassen, und ich zwinge Daniel dazu, sich ein paar der beeindruckenden Sehenswürdigkeiten von Yogya anzusehen. Immerhin ist diese Stadt der kulturelle Mittelpunkt der faszinierenden javanischen Kultur.

Wir fühlen uns ein wenig verkatert. Wie nach einer langen, schönen, elf Monate andauernden Party, über die man noch lange sprechen wird. Erinnerungen, bei denen man grinsen muss, bei denen sich einem das Herz zusammenzieht und ein wohliger Schauer den Rücken hinunterläuft. Wir erzählen Matze und Nana viel von unseren Erfahrungen und erleben sie dabei und auch später, wenn Menschen uns bitten, eine Anekdote zum Besten zu geben, immer wieder mit.

Irgendwann beginnen wir die Ankunft in Yogya als eine Zwischenstation zu begreifen. Als eine Zwischenstation im Leben. Jetzt können wir uns auch langsam auf das Containerschiff freuen, das uns von Asien nach Europa bringen wird, und auf all das, was wir dabei erleben dürfen. Wir freuen uns auf zu Hause und darauf, wieder eine andere Art der Beschäftigung zu haben. Und wir begreifen, dass wir alle Aspekte unseres Lebens mögen und deswegen keine Wehmut verspüren.

* * *

Manchmal habe ich die Idee, die Zeit anhalten zu wollen. Weil es gerade so schön ist, weil ich in diesem Moment nirgendwo anders sein wollen würde. Gerade während unserer Reise, bei jeder neuen Begegnung, ist mir jedoch bewusst geworden, dass das Wertvolle an der Zeit eben genau ihre Eigenschaft ist, zu verrinnen, abzulaufen, weiterzugehen. Anstatt das als etwas Bedauernswertes zu begreifen, schätze ich es nun. Denn es bringt mich dazu, die Momente intensiver zu erleben, ganz da zu sein, mich voll zu fokussieren. Und es nimmt mir die Illusion, irgendwann fertig zu sein.

Ich werde nie fertig sein. Nicht, solange ich lebe. Ich werde nie fertig damit sein, zu lernen, mich zu verändern, mich weiterzuentwickeln. Ich werde vielleicht gewisse Ruhepunkte erreichen, wo ich lange oder kurze Phasen von etwas abschließe, aber das ist nie das Ende.

Früher hat mich dieser Gedanke unruhig gemacht. Oje, nie fertig werden, sich nie ausruhen können! Nie sagen können:

»Jetzt bin ich fertig, am Höhepunkt meines Lebens, auf dem Zenit meines Seins angelangt.«

Und jetzt? Jetzt denke ich, dass uns die Zeit geschenkt wird, damit wir etwas mit ihr anfangen.

Die Welt ist stetigem Wandel unterworfen. Nichts ist in der einen Sekunde noch genau so, wie in der danach. Und deshalb will ich lernen, Momente als Schätze zu begreifen und Abschnitte als das, was sie sind: als etwas, das endlich ist, aber eben im Anschluss auch der Anfang von etwas Neuem. So gelingt es mir, meinen Aufgaben viel entspannter entgegenzutreten und mich stets auf das Nächste zu freuen, auch, wenn es manchmal schwer ist, sich vom liebgewonnenen Alten zu trennen. Aber das Alte bleibt. In der Erinnerung an einen Moment, einen Augenblick, den man immer wieder erleben kann und der einen manchmal überrascht, indem er ganz unangemeldet wieder in unseren Gedanken auftaucht. Und als Dankbarkeit für das, was wir daraus vielleicht lernen durften.

Das Leben besteht aus *Zwischendecks*. Dieser Gedanke hilft mir auch dann, wenn ich mich an einer Station befinde, an der ich eigentlich gar nicht sein will. Dann fällt mir manchmal schwer, das große Ganze im Blick zu behalten. In diesen Momenten vertraue ich darauf, dass die Zeit es schon regeln wird. Sie wird weiterlaufen und ich und du werden uns mit ihr verändern. Dass das geschieht, ist unausweichlich. Und das ist doch irgendwie auch ein Geschenk. Zu wissen, dass wir auch die unangenehmen Zwischenstationen überstehen werden. Weil die Zeit weiterläuft, weil sich die Welt weiterdreht. Und wir uns auf und damit mit ihr. Ob wir wollen oder nicht. Ob wir uns dagegen wehren oder uns dem einfach hingeben.

Ein Augenblick

Wieder Jakarta, wieder Batam, wieder das Hostel in Singapur. Ich komme mir vor wie in einem nie enden wollenden Déjà-vu. Dann endlich der Tag der Abreise. Ein schwarzer Van holt uns vom Hostel ab. Wir fahren durch den beeindruckenden Hafen von Singapur. Ich setze den Fuß auf die erste Stufe der Gangway.

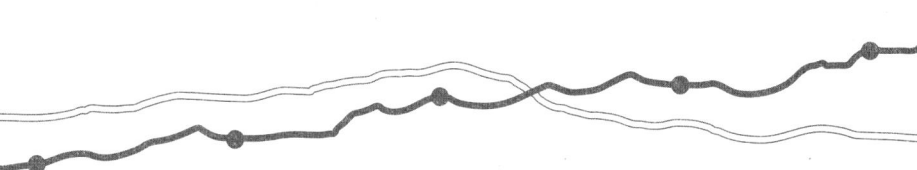

45 LEERE

Ich nehme zwei Stufen auf einmal. Bis ich oben im Flur zur Kommandobrücke stehen bleiben muss, um nach Luft zu schnappen. Das goldene Morgenlicht strahlt durch die verglaste Front der Brücke. Ich durchquere den leeren Raum und betrete einen der unüberdachten Flügel der Brücke durch die offene Tür. Frische Luft schlägt mir entgegen. Eine Art von Frische, die ich seit Kasachstan, also seit knapp fünf Monaten, nicht mehr gefühlt habe. Vor mir liegt der Hafen von Valetta auf Malta. Ich sehe Rebhänge, eine alte Burg, halb verfallen, und weiß getünchte Häuser. Auch wenn man mich hierhergebeamt und mich gefragt hätte, wo ich bin – ich bin sicher, ich hätte zumindest »Europa« geantwortet. So vertraut ist mir dieses fremde Land, in das ich noch nie in meinem Leben einen Fuß gesetzt habe.

Ich haste von der Reling auf der einen Seite zur Reling auf der anderen Seite und versuche, all die Bilder in mir aufzunehmen. Ich sehe einen mediterran anmutenden Kirchturm, ein passabel aussehender Bus fährt auf der Straße am Hafen vorbei und die aufgehende Sonne taucht die Szenerie in ein warmes Licht. Ich bin aufgeregt wie lange nicht mehr. Wir sind in Europa! Zu Hause. Und ich kann es kaum erwarten, das Containerschiff zu verlassen und die Insel zu entdecken.

Zuerst schauen wir aber noch dabei zu, wie die Container von unserem Schiff abgeladen werden. Sie fliegen wie von Zauberhand an uns vorbei und werden von den bereits am Festland wartenden Lastwagen aufgenommen. Ich ertappe mich dabei, wie ich es den Containern neide, dass sie schon von Bord sind.

Aber nicht, weil mir die zwei Wochen auf See nicht gefallen hätten. Ich denke an die endlosen Stunden zurück, in denen wir nur Wasser gesehen haben. Die Gleichförmigkeit unserer Tage. Nach dem Aufstehen ein wenig Sport, dann kurz auf der Brücke vorbeischauen, einen Kaffee trinken, sich von den Offizieren etwas über das Radar erklären lassen. Dann Mittagessen. Wir aßen mit Appetit, weil der Sport ein Loch in unserem Bauch hinterlassen hatte. Nach dem Essen gingen wir beide ein wenig unseren ganz eigenen Beschäftigungen nach. Ich schrieb, las oder malte. Daniel hörte Podcasts oder betrat nochmals die Brücke, um die weite Leere um uns herum zu betrachten.

Meist war es den ganzen Nachmittag über still. Außer Bruce, unser australischer Mitpassagier, kam vorbei, um ein Schwätzchen zu halten. Aber auch er las viel und so verstrichen die Stunden mit süßer Langsamkeit. Bereits um 17 Uhr 30 wurde das Abendessen serviert und alle fanden sich im Speiseraum ein. Im Anschluss schauten wir häufig noch mal zu dritt auf der Brücke vorbei, um den Sonnenuntergang zu bestaunen und über die wirklich großen Fragen der Menschheit zu sinnieren. Dort standen wir oft noch, wenn die Sonne längst im Meer versunken war. Wir versuchten nur anhand der Lichter und ohne Radar herauszufinden, was für eine Art Schiff vor uns in heller Beleuchtung erstrahlte, oder genossen einfach die frische Luft auf Deck, die in unseren Haaren wühlte.

Manchmal wurde die Gleichförmigkeit durchbrochen, weil einer der Offiziere uns mit auf das Unterdeck nahm und wir ganz vorn auf dem Schiff die »Titanic-Schwalbe« ausprobieren durften, oder wir verschwanden im Bauch des eisernen Wals, um uns erklären zu lassen, wie wir vorankamen, wie Wasser aufbereitet wurde oder wie die Klimaanlage funktionierte. Einmal probten wir auch einen Piratenangriff und zogen uns geordnet und gemeinsam in die geheime Zitadelle des Schiffs zurück. Da wir vor Somalia unterwegs waren, hätte aus der Übung durchaus Realität werden können …

Der wahrscheinlich beeindruckendste Tag war die Durchquerung des Suezkanals. Als ich morgens um sechs Uhr die Brücke betrat und rechts und links von uns Land sah, überkam mich ein Glücksgefühl. Land. Da, wo wir Menschen leben, uns bewegen, essen, trinken, uns mit Freunden treffen können. Noch nie war ich so glücklich, Anzeichen von Zivilisation zu sehen. Niedrige, lehmfarbene Häuser, die zwei Türme einer Moschee, Autos, die aus unserer Perspektive lächerlich klein wirkten. Wir waren höher als alles, was an Land an uns vorbeizog. Wir waren ein fahrender Riese. Wir würden unwirklich aussehen für Menschen an Land, die das tägliche Elefantenrennen durch den schmalen Kanal nicht gewohnt wären. Riesige Schiffe in allen Farben, die Waren aus der ganzen Welt in Richtung Europa schipperten.

Ich erinnere mich auch an die Felder, die ich von dort oben gesehen habe. Sattes, saftiges Grün. Leben. Die Farbe von Leben. Und ein Esel, der vor einer niedrigen Hütte angebunden war. Ein paar Ziegen, die ich bis oben auf das Deck riechen konnte. Mein Herz sprang vor Freude. Ich spürte die Energie in mir pulsieren. Nach so viel Weite und Nichts brachten mich ein paar grüne Halme so sehr aus der Fassung.

Das Meer hat mir schon immer ein mulmiges Gefühl vermittelt. Für mich ist es zu groß, zu stark, zu unbändig und kein Lebensraum für Menschen. Wir wären und einige sind ihm ausgeliefert. Es ist unwirtlich und manchmal grausam. Als ich so darüber nachdenke und liebevoll den Hafen und all das Leben darin betrachte, überkommt mich dieses tiefe Gefühl von Dankbarkeit. Dankbarkeit dafür, dass dieser unglaubliche Planet neben den mehr als 70 Prozent »unwirtlichen« Wassers auch knapp 30 Prozent Land geschaffen hat, auf dem wir herumtollen können. Was für ein Geschenk.

Chen reißt mich aus meinen Gedanken. Einer der Zweiten Offiziere hat ein paar der Momente dieses Morgens auf Malta mit seiner Kamera eingefangen. Jetzt kommt er freudestrahlend mit seiner Ausbeute auf mich zu und ich bewundere seine Meisterwerke. Mal ein Sonnen*aufgang*. Wir trafen Chen oft auf unserer Sunset-Runde, weil er die Abendschicht hatte, und er war eigentlich immer dabei, ein paar Bilder des Sonnenuntergangs zu machen. Am Ende seiner Heuer wird er sicherlich um die 300 Sonnenuntergänge auf seiner Kamera gesammelt haben. Ich schmunzele. Und frage mich, welcher seiner Freunde das Durchhaltevermögen beweisen wird, sie sich alle anzusehen.

Irgendwie ist diese Wiederholung auch sinnbildlich für das Leben eines Seemanns. Sechs Monate auf See, vielleicht einen Monat zu Hause, dann wieder sechs Monate auf See. Wenn sie auf See sind, vermissen sie ihre Familie, auf Heimaturlaub das Meer.

Diese Leere, die es nach der Arbeit zu füllen gilt. Manche übernahmen zusätzliche Schichten, während wir durch Piratengebiet fahren. Nicht nur des Geldes wegen. Vermutlich auch, um nicht verrückt zu werden bei all der Gleichförmigkeit. Bei all den täglichen Ritualen, Vorgaben, Richtlinien, Hierarchien, den immer selben Gesichtern und dem sich zweiwöchentlich wiederholenden Speiseplan. Manche spielten Basketball, Tischtennis oder Playstation, hoben Gewichte oder liefen sich den Frust auf dem Laufband von der Seele. Andere suchten sich kleine Bastelarbeiten oder bereiteten gemeinsam Köstlichkeiten für das Abendessen zu. Ich muss grinsen, als ich daran denke, wie wir zu Ostern kleine, eierförmige Kekse gebacken und sie in der Officers Lounge versteckt haben. Und wie die harten Seemänner wie kleine Kinder vor Freude strahlend nach ihnen gesucht und sie im Anschluss genüsslich verdrückt haben.

Jede Abwechslung wird mit Begeisterung umarmt. Und so suchte, nach anfänglicher Zurückhaltung, auch der ein oder andere die Unterhaltung mit uns. Auf diese Weise durften wir viel lernen über die Veränderungen, die auch den Schiffsverkehr erreicht haben. Wie es immer mehr um Zahlen, Effizienz und Break-Even-Points geht und immer weniger um die verklärte Romantik von Männern, die ausgezogen sind, um sich den Gezeiten zu stellen. Wir hörten, wie es ist, so lange von der Familie getrennt zu sein, wie schwer es ist, eine Partnerin zu finden, die solch lange Fernzeiten toleriert. Wir sahen Fotos von kleinen Töchtern, die ein weiteres Schuljahr ohne Papa an ihrer Seite abgeschlossen hatten, und von kranken Ehefrauen, die hoffentlich noch den nächsten Heimaturlaub ihres Mannes erleben würden.

Ich spürte ständig diese leise Melancholie in Gegenwart der Männer. Sie waren die perfekten Gentlemen und sehr darum bemüht, unseren Aufenthalt so angenehm wie möglich zu gestalten. Sie ließen uns samstags beim Bingo mitspielen, wir durften mit ihnen kochen und sie waren enorm geduldig, wenn wir unsere endlosen Fragen stellen. Trotzdem lag immer auch eine gewisse Schwere um. Vielleicht sind es auch Traurigkeit und Wehmut, die ihren Ursprung in so vielen verpassten Momenten haben. Das Familienfest, der Geburtstag des Sohnes, der Jahrestag mit der Freundin. In den seltensten Fällen können sie vor Ort sein. Und was dann bleibt, ist vielleicht Traurigkeit, die sich immer tiefer in ihre Augen frisst. Die sie aber abzulegen scheinen, wenn es an Land geht. Dann sprühen sie regelrecht vor Unternehmungslust.

So auch an diesem Morgen. Chen wird das Schiff nicht verlassen können. Er muss das Be- und Entladen überwachen und dann ein wenig schlafen, bevor es wieder auf See geht. Dafür wuselt es in den Gängen der anderen Decks umso mehr. Ein aufregendes Vibrieren liegt in der Luft. Auch ich kann es kaum erwarten, wieder festen Boden unter den Füßen zu spüren. Endlich wieder mehr als 400 Quadratmeter, um mich zu bewegen. Ich freue mich auf Blumen, Farben, Gassen, die ich erkunden, eine Kultur, die ich entdecken kann. Ich freue mich auch darauf, zu essen, wann ich will, und zu genießen. Zum Beispiel einen der Weine, deren Trauben am gegenüberliegenden Hang wachsen.

Ich spüre jedoch auch ein Stück Melancholie in mir. Ich habe sie ins Herz geschlossen, diese ruhigen Männer mit den traurigen Augen. Sie drucksen herum und hauen mir zum Abschied auf die Schulter. Vielleicht nehme ich ein Stück Melancholie von ihnen mit. Mir wird von jetzt an immer bewusst sein, dass es Männer und Frauen gibt, die auf den Weltmeeren unterwegs sind und eine weite Leere leben, während ich in der dichten Fülle des Landes ertrinke. Und das ist traurig und tröstlich zugleich. Meine Augen werden feucht.

Wir wünschen unseren zarten Seebären alles Gute und stürmen die Gangway hinunter. Europa. Zu Hause. Ein bisschen von der

Leere nehmen wir mit. Auch ein bisschen von der Weite. Die Leere füllen wir an Land mit Leben. Die Weite bleibt hoffentlich noch ein wenig in uns und erinnert uns daran, das Leben zu leben, mit all seiner Vielfältigkeit und seinen Überraschungen.

Ein Augenblick auf Malta

Eine Spanierin in einem roten Kimono und mit roten Lippen empfängt uns an der Rezeption. Sie ist neu in ihrem Job und noch ein wenig unsicher. Als sie im Begriff ist, uns das Zimmer zu zeigen, will ich schon reflexartig nach einem sicheren Ort für das Tandem fragen. Bis mir einfällt, dass wir es gar nicht mehr dabeihaben. Wahrscheinlich wartet es in Indonesien in einem Container mit tausend anderen Sachen gerade noch auf die Verladung in Richtung Europa.

Als ich beim Frühstück zwei Deutschen lausche, die sich über ihre Freunde zu Hause unterhalten, verfliegt ein Zauber. Bis gestern habe ich mich knapp ein Jahr lang gefragt, worüber sich die Menschen um mich herum wohl unterhalten, habe versucht, Bruchstücke davon zu verstehen, mir eigene Geschichten ausgedacht. Als ich nun den beiden am Nebentisch zuhöre, wird mir bewusst, dass es meist um sehr Alltägliches gegangen sein muss. Wahrscheinlich hätte ich mich auch ab und zu durchaus fremdgeschämt, wenn ich etwas verstanden hätte. So wie ich mich jetzt gerade für meine Landsleute schäme, weil sie inzwischen über den schrecklichen Streichkäse lästern, den sie gerade auf ihre Stullen schmieren.

Mir fällt eine gewisse Distanz auf, die zwischen den Menschen im Hostel und auf der Straße herrscht. Man wünscht sich vielleicht einen guten Morgen, hier und da entsteht auch ein Gespräch, aber ich fühle mich im Großen und Ganzen wie die Beobachterin eines skurrilen gesellschaftlichen Experiments, in dem Menschen seltsam unabhängig voneinander agieren. Es wirkt, als hätten diese Menschen kein Gespür für den Raum, in dem sie sich bewegen. Als würden sie die anderen Menschen um sich herum gar nicht wahrnehmen.

Und während ich das beobachte, fällt mir ein, dass das eben so ist in Europa. Wir sind Individualisten, die gern möglichst anonym ihren Tätigkeiten nachgehen. Wenn jemand Interesse an uns zeigt, uns auf der Straße anspricht, reagieren wir erst mal skeptisch. Was soll das werden? Möchte jemand nur nach dem Weg fragen, entspannen wir uns wieder. Hat der- oder diejenige allerdings offenbar vor, mit uns über das Wetter zu sprechen oder uns womöglich gar kennenzulernen, bleiben wir lieber zurückhaltend.

Ich muss daran denken, wie uns während unserer Reise Menschen manchmal und sogar oft an den unmöglichsten Orten angesprochen haben, sogar *während* wir an ihnen vorbeifuhren. Sie zeigten Interesse an uns, sie machten den ersten Schritt auf *uns* zu. Sie schauten nicht betreten oder desinteressiert weg, wenn wir irgendwo standen, sondern gingen offen und mit Neugier auf uns zu. Erst das macht doch die menschliche Interaktion echt und ehrlich: Man sieht einander in die Augen, grüßt sich freundlich und dann kann man doch auch schon fragen, ob wir verheiratet sind. Warum nicht? Anstatt den Moment abzuwarten, in dem wir vorbeigeradelt sind, um uns dann neugierig oder gar wertend hinterherzusehen – und so die Chance zu verpassen, zu erfahren, was wir eigentlich so treiben, wer wir sind.

Andererseits genieße ich diese Teilnahmslosigkeit der Menschen in der Hostelküche auch ein wenig. Denn sie erlaubt mir, ebenfalls abzutauchen, mich nicht interessieren zu müssen, einfach nur mit Daniel reden zu dürfen. Dauernd im Mittelpunkt zu stehen, macht auch müde. Vor allem, wenn man dem Interesse des anderen wirklich gerecht werden will. Einfach hier zu sein, hat auch seine Vorteile.

Und so erlebe ich meinen ersten Kulturschock zurück in Europa. Ich schüttele den Kopf über die Europäer, die sich an der Fährkasse vordrängeln, die Senioren, die sogar im Urlaub Stress haben und von hinten auf das Schiff drücken. Ich muss wieder lernen, von anderen nicht sofort als »anders« erkannt zu werden und damit alle Privilegien zu verlieren, die damit einhergehen: Interesse, Wärme, Lächeln, Offenheit, Staunen und ganz viele Geschichten. Nun bin ich wieder eine Europäerin unter vielen. Es fühlt sich ein wenig so an, als hätte man mir die Flügel gestutzt. Mich macht das irgendwie wütend, und auf einmal möchte ich Malta so schnell wie möglich verlassen. Ich fühle mich nicht wohl ohne das Tandem, ohne die Freiheit, ohne die Wärme der Menschen.

* * *

Sizilien, Rom, Zürich.

46 HEIMAT

Meine Mutter schließt mich im Bahnhof von St. Georgen im Schwarzwald in die Arme. Wir haben uns ziemlich genau ein Jahr und anderthalb Monate nicht gesehen. Und es fühlt sich an, als wären es vier Wochen gewesen. Meine Mami hat eine schicke neue Brille und trägt ein strahlend weißes Oberteil, das ich nicht kenne. Ansonsten ist alles wie immer. Beruhigend.

* * *

Ich jogge mühelos den Steilhang kurz hinter unserem Haus hinauf. Ich muss grinsen. Ich hätte es nie für möglich gehalten, dass ich diesen Berg mal so locker erklimmen würde. Eigentlich war ich extra aus dem Schwarzwald weggezogen, damit ich mal flach joggen gehen kann. Jetzt weiß ich, dass das einfach eine Sache des Trainings und somit auch der Perspektive ist. Nach einem Jahr Hardcore-Radtraining schreckt mich so ein Berg nicht mehr ab. Ich jogge ihn einfach hinauf. Punkt. Mich beschleicht sogar das leise Gefühl, dass ich mir die viele Bewegung ein wenig wieder abtrainieren muss, wenn ich je wieder acht Stunden an einem PC sitzen möchte. Aber das kommt erst noch. Jetzt erst mal rauf da.

* * *

Wir liegen im Bett und krümmen uns. Die Spätzle mit Linsen und Saitenwürstle rumoren fies in unseren Mägen.

»Mann, so große Probleme mit der Verdauung hatten wir doch auf der ganzen Reise nicht.«

Ich hingegen erinnere mich lebhaft daran zurück, wie Daniel sich mit einem Strahl in den Fluss in Tadschikistan entleert hat, während wir anderen unten am Frühstücken waren. Na ja, aber damals hatte er sich wirklich den Magen verdorben. Im Moment versuchen unsere Innereien sich einfach wieder den mitteleuropäischen Umständen anzupassen. Und das poltert eben.

* * *

Ich sitze in der Schwarzwaldbahn und genieße den Ausblick. Schwarze Tannen, dazwischen immer mal wieder eine Lichtung, die ein wenig weiter blicken lässt. Ich bin allein. Das heißt, es gibt schon noch andere Menschen im Zug. Aber Daniel ist nicht bei mir. Es ist der erste Tag nach über einem Jahr, an dem wir nicht zusammen sind. Und es fühlt sich komisch an. Und herrlich gleichzeitig. Allein über die Tatsache, dass ich es als etwas Besonderes empfinde, dass er nicht bei mir ist, muss ich schmunzeln. Vor der Reise wäre mir das nie in den Sinn gekommen. Da gab es oft Tage oder ein Wochenende, das wir getrennt voneinander verbracht haben. Weil es einfach schön ist, auch einmal nur mit sich oder mit Freunden zu sein. Ich kuschele mich tiefer in den Sitz und genieße das Mit-mir-Sein.

* * *

Konstanz. Ich blicke über die Rebhänge auf den See und fühle mich fremd und heimisch zugleich. Noch eine Nacht bei Freunden, dann können wir wieder in unsere Wohnung.

* * *

Ich liege in meinem Bett und atme aus. Was für ein Marathon. Aber jetzt ist alles wieder schön sauber und unser Zwischenmieter hat hoffentlich verstanden, dass das keine Glanzleistung war, uns die Wohnung so zurückzugeben. Ich höre Daniel neben mir atmen. Morgen beginne ich wieder meinen alten Aushilfsjob im Bio-Restaurant. Vorübergehend, bis wir wissen, was wir nun anfangen möchten. Ich freue mich.

47 WAS BLEIBT?

Ich wische den Tisch neben zwei Frauen, die sich angeregt unterhalten. Der Morgen ist bereits so warm, dass man ohne Jacke auf der Terrasse des Bio-Restaurants sitzen kann. Vom nahen See weht der typisch würzige Geruch herüber. Es hat etwas von Italienurlaub. Aber es ist nicht das, was mich innehalten lässt.

Es ist der kehlige, mir jetzt so vertraute russische Zungenschlag, den die beiden Damen miteinander reden. Das Gefühl von Verbundenheit überflutet mich unerwartet. Bilder aus Kasachstan, Usbekistan und Aserbaidschan laufen vor meinem inneren Auge ab. Es sind Momentaufnahmen, an die ich schon lange nicht mehr gedacht habe. Kleine, eigentlich bedeutungslose Sequenzen, die sich mein fleißiges Unterbewusstsein wohl abgespeichert hat. Ich bin fasziniert von der Bandbreite der Bilder und mit einem Schlag wird mir klar: Diese Verbundenheit wird für immer bleiben. Diese Reise hat mir ermöglicht, einen Blick ins Universum zu werfen. In die universelle Erfahrung von Verbundenheit, in das Urmenschliche. In die Erfahrung, dass wir alle eins sind.

Auch wenn wir uns oft über unsere Unterschiede definieren, ergibt sich auf solch einer Reise doch von ganz allein das Bild unserer Zusammengehörigkeit. Auch wenn andere Menschen andere Sprachen sprechen, andere Traditionen haben, andere

Bilder benutzen, um universelle Wahrheiten zu beschreiben. Wir suchen alle nach Liebe, nach Zufriedenheit und nach Sinn im Leben.

Und so wie ich mich den beiden fremden Damen gerade verbunden fühle, so fühle ich mich mit der Unendlichkeit des Universums verbunden. Im Wissen, dass wir als Menschheit nur bestehen können, wenn wir das Offensichtliche wiederfinden: unsere Zusammengehörigkeit, unseren Respekt füreinander und die Fähigkeit, diesen Blickwinkel auch im Alltag einzunehmen. Denn das erdet unser Leben und lässt uns demütig erkennen, wie viele Wunder uns umgeben. Wir müssen nur losgehen und mit offenen Augen und offenem Herzen all diese Wunder wahrnehmen.

Auf die Weise, wie wir es machen durften, oder auf einem anderen Weg. Unserer ist ganz sicher nicht der einzige. Doch für uns war er ein Geschenk. Und wann immer ich will, kann ich das Geschenkband, das all die Geschichten zusammenhält, öffnen und sie betrachten, sie liebkosen, sie noch einmal vor meinem inneren Auge ablaufen lassen.

Diese Reise hat mich, neben vielem anderen, gelehrt, dass Menschen, die in ihr Inneres schauen, und Menschen, die wenig materielle Ablenkung und mehr Verbindung zur Natur haben, die Fähigkeit behalten haben, ihre eigene Position innerhalb des Universums klarer zu sehen. Ich bewundere sie dafür und möchte ihrem Vorbild folgen. Unabhängig davon, ob man mich versteht oder nicht, nehme auch ich mir die Freiheit, diese Reise anzutreten. Diesmal ist es eine innere. Ich bin noch auf dem Weg. Aber er lohnt sich. Das spüre ich jetzt schon.

So, wie sich unsere Reise mit dem Tandem gelohnt hat. Jeder Kilometer. Weil das Lernen und das Staunen nie aufhören. Weil man immer wieder Menschen trifft, die einen beeindrucken, herausfordern und die etwas geben wollen.

Falls ich einmal das Vertrauen in die Menschheit verlieren sollte, steige ich auf ein Rad und fahre los. Es wird nicht lange dauern und ein *wanderwonder,* ein Wunder am Wegesrand, wird mir zeigen, dass die Reise immer weitergeht. Und dass man keine Angst vor ihr zu haben braucht, sondern sich freuen kann auf all das Unbekannte, das einen erwartet. Denn:

Die Welt ist voller *wanderwonder.*

48 EPILOG

Meine Stimme bebt. Die Härchen an meinen nackten Armen stellen sich auf. Ich schaue einen Moment von meinen Notizen auf, um ins Publikum zu blicken. Ich sehe einzelne, mir vertraute Gesichter, ich sehe aufgerissene Augen, Tränen, die langsam Wangen hinunterrollen. Ich lausche der gebannten Stille und blicke dann einen Moment in den blauen Himmel über mir. Die Weite, das strahlende Blau, die Gewissheit, dass dieser Himmel vor mir da war und immer noch da sein wird, wenn ich nicht mehr bin, gibt mir die Kraft, meine Stimme wiederzufinden und den letzten Absatz vorzutragen:

»Wenn man die ganze bewegende Geschichte der beiden kennt, dann ist es noch viel erstaunlicher und bewundernswerter, dass diese wunderschönen Menschen heute vor uns sitzen, um ihrer Liebe nochmals ganz öffentlich Ausdruck zu verleihen. Das machen sie jetzt. An einem Tag im August.«

Ich drehe den Kopf zu dem Pavillon, unter dem das Brautpaar inmitten dieses wunderschönen Gartens im Donautal sitzt, und darf nun endlich auch meiner Rührung Raum geben. Die beiden nicken uns Vortragenden dankbar zu, bevor sie nur noch Augen füreinander haben und zu ihren Trauversprechen ansetzen.

Ich darf mich nun ebenfalls ins Publikum setzen, und mein Herz ist voller Freude für meine liebe Freundin Aftab, die mir die Ehre erwiesen hat, ihre Trauzeugin zu sein. Als ich sie da so sitzen sehe in ihrem schulterfreien Kleid, erinnert sie mich ein wenig an eine griechische Göttin. Endlich darf sie ihre nackten Schultern zeigen und ihr gelocktes Haar darf ihre Arme und den Rücken streicheln. Eine freie Frau, die ihre Liebe gewählt hat und den Mut besessen hat, alles hinter sich zu lassen und in Deutschland ganz neu anzufangen. Ich fühle Stolz, Bewunderung und Liebe für diese Frau und bin mir bewusst, was es heißt, als Trauzeugin erwählt zu sein. Ich werde versuchen, so gut wie möglich für die beiden da zu sein, immer ein offenes Ohr zu haben, und freue mich immens, dass sie weiterhin in Deutschland und somit erreichbar für mich bleiben.

Aftab atmet tief aus, unsere Blicke treffen sich. Ich lege all meine Gefühle in meine Augen und sie lächelt kurz, bevor ihre Aufmerksamkeit wieder Stefan gehört und sie ihm ihre Liebe zu Füßen legt.

* * *

Daniel grinst und hält mir sein Smartphone vor die Nase. Der Bildschirm zeigt einen glücklich lächelnden Sarper und seine Freundin. Beide im Bikedress. Darunter steht »Drinking Turkish coffee during a sunday bike tour … Hugging you all!« Sofort kriecht mir der Geruch des Marmarameeres in die Nase, an dem wir mit Sarper seinen »Schrebergarten« besucht haben. Fernweh!

* * *

Ich sende Monir ein Foto der Schatulle, in der sie mir den Ring im fernen Mashad übergeben hat. Sie steht nun farbenfroh, wie sie ist, auf unserer weißen Fensterbank in unserer neuen Wohnung in der Schweiz. Monir freut sich: »It did cheer me up to see that colourful box sitting in your living room.« Ich denke: *Du weißt gar nicht, was für ein Lichtblick du warst, inmitten einer der konservativsten Städte im Iran* und streichle sanft über die Schatulle.

* * *

»*Merhaba, Özgür!*«, in meiner Stimme schwingt überschwängliche Freude mit, mein Brustkorb platzt fast vor Kribbeln. Mann, finde ich es schön, diese Stimme wieder zu hören. Wieder diese Energie zu spüren. Auch wenn wir knapp 3000 Kilometer voneinander entfernt sind. Özgür im gemächlichen Gerze an der türkischen Schwarzmeerküste und ich viel näher an den Bergen als am Meer in Winterthur in der Schweiz. Er ist gerade bei einem ausladenden türkischen Abendessen bei seiner Mutter. Ich sitze im Schneidersitz in der Wohnzimmer-Orientecke, die, durch unsere Reise inspiriert, mit gemütlichen Kissen bestückt ist. Ich höre seinen Sohn im Hintergrund brabbeln und freue mich für dieses wunderbare Ehepaar. Schade, dass der kleine Atatürk nicht schon da war, als wir Özgür und seine Frau vor nun fast drei Jahren kennenlernen durften. Ich kenne ihn nur von Fotos, liebe aber seine großen haselnussbraunen Augen, die verschmitzt in die Welt blicken.

»Antonia, I am so moved.«

Und ich kann die Rührung in seiner Stimme hören. Ich hatte ihm vor ein paar Tagen die Passage aus »*wanderwonder*« geschickt, in der es um seine Geschichte geht. Ich wollte sichergehen, dass es für ihn okay ist, wenn ich seinen richtigen Namen benutze. Außerdem hat mich interessiert, was er dazu sagt, wie ich alles wahrgenommen habe. Manchmal nimmt man die Welt ja doch sehr durch seinen eigenen Filter auf. Er hat mir ein Dokument mit Anmerkungen zurückgesendet und heute wollen wir darüber reden.

Özgür schildert mir gerade in warmen Worten, wie sehr es ihn überrascht hat, dass ich bei einer solch langen Reise ausgerechnet die Begegnung mit ihm ausgesucht habe. Ich grinse. Manchmal sind wir uns gar nicht bewusst, was andere Menschen aus einer Begegnung mit uns ziehen. Im selben Maß, wie er seine Wirkung auf mich unterschätzt hat, habe ich unsere Wirkung auf die Stadtverwaltung von Gerze unterschätzt.

Ich hatte mich bis dato gewundert, dass uns so große Aufmerksamkeit zuteil wurde, nur weil wir einen Blogbeitrag über Gerze hatten schreiben wollen. Die Anmerkungen von Özgür zeichnen jedoch ein anderes Bild: »We met you only a couple of months after Gerze got the Cittaslow title. I'm not exaggerating, but it was a dream come true.«

Ich erkannte auf einmal die Tragweite unserer Interviewanfrage. Für die Stadtverwaltung von Gerze waren wir nicht einfach bloß zwei Radler, die aus Versehen in ihrer Stadt gelandet waren. Wir waren »two solid awards of a real human body size«, wie Özgür es ausdrückt, die die große Energie wertschätzten, die Gerze in die Zertifizierung durch die Cittaslow-Schnecke gesteckt hatte.

Eine Welle der Freude überrollt mich, während ich Özgürs Worten lausche.

Als ich mich von ihm verabschiede, geht das natürlich nicht ohne die obligatorische Frage: »Friends, when will me meet again?« Ich sage ihm, wie ich es immer tue, dass ich es ihn wissen lassen würde, wenn wir mal wieder losstrampelten.

Das Gespräch mit Özgür hat mich an eine ganz wichtige Sache erinnert: dass das, was man selbst tut, eine immense Bedeutung für andere haben kann. So wie ich einfach meiner Eingebung gefolgt bin und Özgür für ein Interview für den Blog angefragt habe. Das war eigentlich nichts Großes. Aber für die Menschen, die daran gearbeitet haben, ihre Stadt bekannter zu machen, war es eben doch etwas Großes. Die Bestätigung für ihre Arbeit. Der Beweis, dass sie nicht umsonst war. Ob nun mehr Touristen nach Gerze kommen oder nicht, ob das Label der Cittaslow dafür verantwortlich ist oder nicht, sei dahingestellt.

Es geht um etwas viel tiefer Liegendes. Darum, dass wir manchmal denken, wir könnten nichts bewirken, unsere Taten seien nutzlos oder würden nicht wahrgenommen, solange wir nichts Großes tun oder sagen wie die Gandhis und Dalai Lamas dieser Erde.

Die Wahrheit ist: Wir können viel mehr bewirken, als wir uns zutrauen. Wir können für einzelne Leben einen gravierenden Unterschied machen. Wir können Menschen neuen Mut machen, ihnen ein Lächeln entlocken oder ihnen den entscheidenden Anstoß geben. Auf der anderen Seite der Skala können wir dadurch, dass wir nichts tun oder etwas nicht aus vollem Herzen tun, auch Einfluss auf andere nehmen, der sicher nicht so positiv ist. Sich dessen bewusst zu sein, lässt uns vielleicht ein wenig mehr in die Tiefe des Lebens sehen und uns verstehen, dass alles miteinander verwoben ist.

Özgür hat mich heute wieder daran denken lassen, dass wir alle gemeinsam im Leben stecken. Wir stecken alle in diesem wunderbaren, manchmal anstrengenden, manchmal Kräfte zehrenden, uns manchmal zur Verzweiflung treibenden Sog namens Leben. Was uns auffängt, uns zeigt, dass wir nicht allein durch all das gehen, dass wir Teil von etwas Größerem sind, ist eben die Erfahrung von Verbundenheit. Dieses Wissen darum, dass wir und unsere Aktionen mit allem verbunden sind und dass wir deswegen auch nie ganz allein in irgendetwas stecken.

So wie ich nicht allein dieses Buch geschrieben habe. Es gab Worte, die einfach so durch mich hindurchgeflossen sind. Manche musste ich mühsam hervorziehen. Es gab Tage, da konnte ich mir nichts Schöneres vorstellen, als all diese Geschichten zu teilen. An anderen habe ich mich gefragt, wer das eigentlich lesen will.

Was mich letztendlich dazu gebracht hat, dieses Buch fertig zu schreiben, war die Tatsache, dass es so viele Menschen gab, die mich durch ihre Ermutigungen, Nachfragen, durch ihr Interesse und ihre Anteilnahme immer weitergebracht haben. Ein besonderes Danke gilt hier Julia, meiner Lektorin, die es sich über fast drei Jahre nicht hat nehmen lassen, immer wieder neue Kapitel zu lesen, mich immer wieder anzutreiben und die nie müde geworden ist, zu betonen, dass sie an das Buch glaubt. Du bist ein Schatz, Julia.

Und ich denke eben, genau das ist auf das ganze Leben übertragbar. Wir sind nicht allein darin. Wir gehören zum großen Ganzen und (nur) wir können einen ganz bestimmten Teil dazu beitragen. Diese Geschichten zu teilen, die von Menschlichkeit, Verbundenheit und Zusammengehörigkeit erzählen, ist wohl einer meiner Beiträge. Aber diesen hätte ich allein nie bewerkstelligen können. Sondern nur mithilfe der wundervollen Menschen, denen ich auf der Tandem- und auf meiner Lebensreise begegnen durfte. Ich bin ja nicht mal allein geradelt. Danke, Daniel, dass du meine Freiheit ermöglicht hast.

Dank gilt auch meiner liebsten Freundin Julia Deshkin, die es trotz zweier Schwangerschaften, diverser Schreibaufträge und eines Umzugs von den USA in die Schweiz geschafft hat, mich immer wieder zu motivieren, meine kreativen Krisen auszuhalten, und mich mit liebevollen Kommentaren eines riesigen Word-

Dokuments zum Lachen zu bringen. Du hast entscheidend dazu beigetragen, dass ich meinen Lebenstraum, ein Buch zu schreiben, verwirklichen konnte.

Dankbar bin ich auch meinem radbegeisterten Agenten Niclas Schmoll von der Michael Meller Literacy Agency. Er hat es geschafft, mich von 360 auf 320 Seiten Buch herunterzuhandeln, ohne dass die Magie des Buches verloren geht, und eine unglaubliche Geduld mit meinen neuen Autorinnen-Allüren gezeigt. Gianna Slomka, stellvertretende Programmleitung bei Goldmann und Mosaik, hat nicht nur sofort erfasst, was das Buch ausmacht, sondern mit ihrer freundlich schelmischen Art und ihrem Durchsetzungsvermögen auch dazu beigetragen, dass es das Buch in dieser Form überhaupt gibt. Meine Lektorin Nina Schnackenbeck hat das Buch durch ihr Lektorat noch mal auf eine neue Stufe gehoben und ich bin sehr dankbar für ihre intelligenten Einwürfe.

Und dann sind da noch meine Familie und meine Freunde, die nicht müde geworden sind, mich immer wieder nach dem Stand des Buches zu fragen, ebenfalls meine Launen ertragen haben, wenn es nicht lief, aber nie die Hoffnung aufgegeben haben.

Danke.